E. ROSSE

GUIDE INTERNATIONAL

DU

COMMANDANT

DE

BATIMENT DE GUERRE

GUIDE INTERNATIONAL

DU

COMMANDANT DE BATIMENT DE GUERRE

PARIS. — IMPRIMERIE L. BAUDOIN, 2, RUE CHRISTINE.

GUIDE INTERNATIONAL

DU

COMMANDANT

DE

BATIMENT DE GUERRE

PAR

E. ROSSE

SOUS-COMMISSAIRE DE LA MARINE

(D'après Calvo, Fauchille, Ortolan, Hautefeuille, etc.)

PARIS

LIBRAIRIE MILITAIRE DE L. BAUDOIN

IMPRIMEUR-ÉDITEUR

30, Rue et Passage Dauphine, 30

1891

A Monsieur le Contre-Amiral HUMANN,

      Amiral,

C'est sous vos ordres que j'ai appris à m'intéresser aux questions de droit international.

Permettez-moi de vous dédier ce livre destiné à mes camarades de la Marine.

Vous me ferez grand honneur, et vous prêterez en même temps à mon ouvrage un peu de la haute autorité qui vous est connue en ces matières.

Veuillez agréer, Amiral, l'assurance de la respectueuse affection de votre bien dévoué serviteur.

E. ROSSE.

GUIDE INTERNATIONAL

DU

COMMANDANT DE BATIMENT DE GUERRE

DÉFINITION DU BATIMENT DE GUERRE
SES CARACTÈRES CONSTITUTIFS

On entend par *bâtiment de guerre* tout navire armé par l'État et pour sa défense, monté et dirigé par un personnel militaire.

En principe, ce qui constitue le bâtiment de guerre ce n'est pas la force de l'armement, le nombre des canons, mais bien le fait de la possession par l'État et de l'exercice du commandement par des officiers appartenant à l'armée de mer, délégués ou agents d'un pouvoir souverain, ayant droit de ce fait à l'indépendance et au respect dus à la nation dont ils sont les représentants armés.

En présence des immunités et des droits spéciaux conférés aux navires de guerre en temps de paix et en temps de guerre, il est important de bien préciser leurs caractères constitutifs.

La réunion des deux conditions : possession par la puissance et commandement exercé par des officiers faisant partie de la marine militaire, me semble absolument indispensable.

A ce titre, je ne saurais considérer comme bâtiments de guerre les navires armés dans les conditions de l'ordonnance allemande du 24 juillet 1870, portant création d'une marine volontaire dans laquelle les navires mis en réquisition étaient des navires privés, dont les capitaines recevaient un brevet et étaient autorisés à porter l'uniforme de la marine fédérale.

C'était en réalité, sous une forme déguisée, le rétablissement de la course dont la déclaration de 1856, comme nous le verrons, a prononcé l'abolition.

La France s'était réservé d'appliquer à ces bâtiments les mesures de rigueur que comportait le droit de guerre, mais l'Allemagne renonça d'elle-même à équiper aucun bâtiment de cette espèce.

On sait que la France et l'Angleterre mobilisent en temps de guerre leurs grands paquebots pour en faire des croiseurs. Ne faut-il pas voir dans ce fait un cas analogue au précédent, et refuser à ces navires le caractère de bâtiment de guerre ?

Je ne le crois pas. Ces navires sont, en effet, destinés à être commandés par des officiers de marine, les équipages actuels seront régulièrement mobilisés et complétés par des cadres militaires. Tous les règlements militaires leur deviennent applicables, ils sont complètement incorporés dans la marine de guerre. L'État en devient possesseur et responsable. C'est une sorte de vente conditionnelle dont le prix est stipulé par avance.

Ces navires constituent donc, dans la plénitude de la définition, de véritables navires de guerre.

Ses conditions d'existence ainsi posées, le navire de guerre possède des obligations et des droits spéciaux. Ce sont eux que nous nous proposons d'étudier.

Les uns et les autres se rapportent aux états suivants, qui forment la division toute naturelle du droit international public : la paix et la guerre.

Dans le livré Ier, nous examinerons les droits et les obligations d'un ordre pacifique.

Dans le livre II, nous examinerons les conflits internationaux qui ne sont pas la guerre.

Enfin le livre III sera consacré à l'étude des questions se rapportant à l'état de guerre.

LIVRE PREMIER

DU COMMANDANT DE BATIMENT DE GUERRE EN TEMPS DE PAIX — SES DROITS ET SES DEVOIRS

TITRE PREMIER

DU BATIMENT DE GUERRE EN MER COMMUNE

Le principe de la liberté des mers, autrement dit du droit pour toute nation de se servir de la mer au même titre que les autres pour les besoins de la navigation, est aujourd'hui universellement admis.

Nous ne reproduirons donc pas les théories et les contradictions auxquelles a donné lieu la reconnaissance de ce principe consacré législativement par le traité de Paris de 1856.

La liberté du commerce et l'indépendance du pavillon ne sauraient donc subir en temps de paix ni exception ni restriction.

Nous voyons cependant que plusieurs États se sont réciproquement accordé en temps de paix un droit de police en vue de sauvegarder certains intérêts spéciaux, notamment pour empêcher la piraterie et la traite des noirs.

Dans les trois chapitres suivants, nous examinerons :

1º Les droits du bâtiment de guerre quant à l'exercice général du droit d'enquête sur pavillon ;

2° Les mesures à prendre en ce qui concerne la piraterie ;

3° Enfin, la traite des noirs.

CHAPITRE PREMIER

VÉRIFICATION OU RECHERCHE DU PAVILLON

La question à résoudre peut se poser en ces termes :

En temps de paix, un navire de guerre rencontre à la mer un navire de commerce sans pavillon ou portant pavillon étranger ; a-t-il le droit d'exiger que le bâtiment rencontré arbore ses couleurs, ou, dans le second cas, a-t-il le droit d'en vérifier la sincérité ?

Les principes de liberté des mers et de souveraineté mutuelle des nations suffiraient à nous faire répondre par la négative.

La question donne lieu cependant à certains développements, en raison des prétentions contraires d'une seule puissance et de ses efforts pour arriver à fausser la notion si simple de la situation respective des États. Il s'agit naturellement de l'Angleterre.

Considérant, en effet, que la recherche ou perquisition pacifique du pavillon constitue uniquement l'exercice de cette police maritime naturellement dévolue aux bâtiments de guerre, l'Angleterre entend exercer en temps de paix, sur les navires marchands qui parcourent les mers, un véritable droit de visite.

Les États-Unis ont, dès les premiers temps de leur indépendance, protesté vivement contre le droit de recherche que la Grande-Bretagne prétendait s'arroger, hors le cas de guerre. Ils ont engagé à ce sujet, avec beaucoup d'éclat, une lutte diplomatique qui s'est terminée à leur avantage par le traité spécial du 9 août 1842.

Poussé en effet dans ses derniers retranchements, le ministère anglais, lors de la discussion de ce traité qui consacrait l'abolition du droit de recherche, prononça, par l'organe de lord Lyndhurst, ces mémorables paroles: « Nous n'avons renoncé à aucun droit, car aucun droit comme celui en discussion n'a jamais existé. Nous avons abandonné l'usurpation d'un droit, et, en le faisant, nous avons agi avec justice, sagesse et prudence. Ce droit n'a jamais été affirmé par aucun des auteurs qui ont écrit sur le droit international. Il n'est pas de décision de cours de justice ayant juridiction pour se prononcer sur de telles questions, dans laquelle ce droit ait jamais été admis.

« La règle, relativement à la pleine mer, c'est que là toutes les nations sont égales et indépendantes. Un navire marchand fait partie du domaine du pays auquel il appartient. Quel droit a le navire d'une nation d'arrêter un navire d'une autre nation, quand leurs droits sont égaux ?... »

Les publicistes français n'ont pas moins énergiquement combattu les prétentions de l'Angleterre : « En temps de paix, dit Hautefeuille, il n'y a pour aucun navigateur nécessité de reconnaître le navire qu'il rencontre en haute mer ; il n'y a nul intérêt à savoir si le pavillon qu'il porte est sincère ou simulé. Le bâtiment de guerre de la nation à laquelle appartient ce pavillon, qui, par conséquent, a juridiction sur le navire marchand qui le porte, a seul droit de le vérifier. Il faut remarquer que lorsqu'il n'existe pas de guerre, les nations n'ont aucun autre devoir réciproque que les devoirs d'humanité, qu'il n'existe entre elles aucun devoir de nature à les lier les unes envers les autres, aucun droit en faveur de l'une sur l'autre; en un mot, elles sont complètement et parfaitement indépendantes. »

Conformément à ces principes, les instructions données aux navires de guerre recommandent aux commandants de ne procéder en temps de paix à la recherche et à l'enquête sur pavillon que dans le cas où il y a des soupçons graves et réels de piraterie.

Au cas où un commandant voudrait l'exercer, en quoi consiste l'enquête sur pavillon ?

Tout le monde reconnaît aux navires de guerre deux droits :

1º Le droit d'approche, c'est-à-dire le droit de manœuvrer pour atteindre le navire de commerce et s'en approcher à portée de la voix. Le chasseur doit hisser, au préalable, son pavillon et l'assurer d'un coup de canon à poudre. Cette manœuvre a pour but d'engager le navire chassé à hisser lui-même ses couleurs ;

2º Le droit de faire *raisonner* le navire, c'est-à-dire de le héler et de lui adresser des questions qui ont ordinairement rapport soit à la route suivie par le navire, soit à sa destination.

L'usage constant et les instructions de tous les pays admettent ces droits; mais *quid*, si le navire refuse de hisser son pavillon et de répondre ?

Deux autres moyens se présentent :

1º Si c'est possible, détacher une embarcation et envoyer un officier à bord du navire marchand.

Ce moyen est d'abord rarement pratique; il faudrait supposer en effet que le navire chassé soit immobilisé par les calmes ou une avarie de machine.

Il est en outre incorrect, et, pour ne pas être suivi de

réclamations diplomatiques, ne doit être employé qu'à coup sûr ;

2° Contraindre par la force le navire de commerce à s'arrêter.

La France ne considère pas comme un droit les moyens de coercition dans ce cas, et recommande à tout commandant de n'agir de cette façon qu'à la dernière extrémité, car il engage la responsabilité de la nation.

Ces principes s'appliquent avec plus de rigueur encore dans le cas de rencontre de deux navires de guerre.

Les usages internationaux et les règlements particuliers à chaque marine recommandent dans ce cas de hisser les couleurs. Toutefois si l'un des navires y contrevient, l'autre n'a aucune qualité pour l'y contraindre.

Ce manque d'égards pourrait tout au plus faire l'objet d'une plainte, si le bâtiment étranger a été reconnu.

CHAPITRE II

BATIMENTS DE GUERRE ET PIRATES

SECTION I

Qu'est-ce qu'un pirate ?

Aux termes de la loi du 10 avril 1825, « *sont poursuivis et jugés comme pirates : tout individu faisant partie de l'équipage d'un navire quelconque armé et naviguant sans être ou avoir été muni pour le voyage de passeport, de rôle d'équipage, de commission ou d'autres actes constatant la légitimité de l'expédition...; tout individu faisant partie d'un navire français qui commettrait à main armée des actes de déprédation ou de violence soit envers des navires français, soit envers des navires d'une puissance avec laquelle la France n'est pas en guerre...; tout individu faisant partie de l'équipage d'un navire étranger qui, hors de l'état de guerre et sans être pourvu de lettres de marque ou de commissions régulières, commettrait lesdits actes envers des navires français. »*

Cette loi définit le crime de piraterie dans des termes tellement larges qu'elle embrasse évidemment des actes qui n'ont aucun titre à cette classification : c'est ce que fait judicieusement remarquer M. Royer-Collard, professeur de droit des gens à la Faculté de Paris, quand il dit :

« Personne ne pensera que les tribunaux français en temps de paix, puissent juger et condamner l'équipage d'un navire étranger qui, n'ayant commis aucun acte de violence ou d'hostilité, naviguerait armé et sans passeports légitimes et réguliers, ou serait muni de commissions de différents États. »

La question de savoir quels sont les éléments du crime de piraterie a son importance en droit international; car si chaque nation possède une loi réservée au crime de piraterie et à sa définition, il est possible qu'une nation revendique un navire capturé pour crime de piraterie, prétendant qu'il y a course et non piraterie. La question fait dès lors l'objet de revendications internationales.

Nous dirons donc que l'élément essentiel de la piraterie, à côté des faits de déprédation et de prise maritime, est *l'absence de commission constatant que le navire avait le droit de tenir la mer en armes.*

C'est cette absence de commission qui différencie la piraterie de la course, distinction fort utile encore pour les nations qui n'ont pas adhéré à la convention de 1856, et vis-à-vis desquelles la course est toujours une institution régulière.

L'application de ce principe donne lieu aux quatre difficultés suivantes :

1re *Hypothèse*. — Quelle est la situation d'un navire armé en guerre qui, pendant que sa nation d'origine reste neutre, prend commission d'un État belligérant et capture les vaisseaux de la nation ennemie de cet État ?

Tout le monde s'accorde à reconnaître qu'il y a là un fait contraire au droit des gens. En effet, une nation peut utiliser contre l'ennemi toutes ses ressources personnelles, mais elle n'a pas le droit de faire appel aux forces, même privées, d'un État qui reste neutre. De plus, tout navire doit avoir sa nationalité, et le navire en question est dénationalisé ; il ne peut en effet être réclamé par aucune nation : ni par la nation à laquelle il appartient, car en le revendiquant elle sortirait de sa neutralité, ni par la nation au compte de laquelle il agit, puisqu'il ne lui appartient pas.

Mais y a-t-il là un fait de piraterie ?

Ortolan admet que ce fait constitue un acte de piraterie : le navire coupable de cette action se met absolument en dehors du droit des gens ; il est dénationalisé, dit-il, et, par suite, doit être traité comme pirate.

Je ne partage pas cet avis : ce fait est sans doute contraire au droit des gens ; mais il y a différence notable entre celui dont les actes ne peuvent s'expliquer que par un désir de vol, et celui qui court les mers en vertu d'un titre irrégulier sans doute, mais enfin en vertu d'un titre, d'autant plus qu'il n'est pas interdit aux étrangers de faire la guerre contre l'ennemi. Puis, quand il s'agit d'un véritable pirate, les nations sont toutes intéressées à sa répression : mais ici il ne capture que les vaisseaux d'une puissance déterminée.

Je dois dire pourtant qu'au point de vue du droit international positif le premier système prévaut. Tous les traités assimilent aux pirates les navires ainsi commissionnés, et nous l'avons vu, notre loi du 10 avril 1825 considère comme pirate tout Français qui prendrait commission d'une nation étrangère pour armer un navire en course.

Pendant la guerre du Mexique, puissance qui, n'ayant pas adhéré à la convention de 1856, conserve encore le droit d'armer en course, la France déclara :

« *Ne sont considérés comme Mexicains que les navires armés dans l'un des ports du Mexique, pourvus d'une lettre de marque régulière émanée directement de ce pays, et dont le capitaine et les deux tiers de l'équipage au moins seront Mexicains. Tout corsaire sous pavillon mexicain qui ne satisferait pas à ces conditions serait traité comme pirate.* »

2e Hypothèse. — Un navire armé en guerre peut-il courir les mers avec les commissions de deux nations différentes ?

Ici il ne peut y avoir doute. Il y a piraterie. Le navire ainsi commissionné ne peut invoquer un autre motif que le but de lucre.

Aussi la loi du 10 avril 1825 admet-elle en pareil cas la punition du crime de piraterie, mais seulement à l'égard des officiers. La loi exempte de ce traitement les matelots, parce qu'elle pense qu'ils n'ont pas compris l'engagement qu'ils ont contracté.

Toutefois il en serait différemment si le navire était commissionné par deux nations alliées contre un ennemi commun. Il est de bon sens que deux États alliés puissent employer à la défense l'un de l'autre toutes les forces dont ils peuvent disposer.

3° *Hypothèse.* — Si le même navire était commissionné à la fois par deux États en guerre l'un contre l'autre, il y aurait incontestablement fait de piraterie.

4° *Hypothèse.* — Un gouvernement est-il fondé à proclamer pirates les rebelles qui parcourent les mers pour s'emparer des biens appartenant aux sujets demeurés fidèles au pouvoir établi?

En principe, et tant qu'elle ne se propose que le renversement du pouvoir établi, la substitution d'un pouvoir à un autre, la rébellion est un crime rentrant exclusivement dans le droit interne de chaque nation, et justiciable de ses lois intérieures. Le gouvernement dont la rébellion met l'existence en péril, est libre et souverain pour poursuivre et réprimer comme il l'entend les attaques dirigées contre lui; mais il ne suffit pas qu'il attache au fait la qualification de piraterie pour que cette rébellion se transforme *ipso facto*, à l'égard des États étrangers, en crime de droit des gens et devienne punissable comme tel.

La guerre civile qui désola l'Espagne en 1873 fournit aux grandes puissances l'occasion d'exposer nettement cette politique.

L'affaire du *Huascar*, en 1877, en est un exemple de plus. Le *Huascar* était un cuirassé péruvien, qui dans la soirée du 6 mai 1877, fut enlevé à l'obéissance de ses chefs par la défection de quelques officiers, et réussit à sortir du Callao pour se diriger vers le Sud. Deux jours après cet événement, le gouvernement du Pérou déclarait la République irresponsable des actes des rebelles, et autorisait la capture du *Huascar* en offrant de récompenser quiconque, en dehors des équipages de l'escadre d'opération (on appelait ainsi les flottes étrangères réunies sur rade du Callao) ramènerait le *Huascar* sous l'autorité du gouvernement établi.

Le contre-amiral anglais de Horsey, prenant texte de cette déclaration et considérant le *Huascar* comme pirate, se lança à sa poursuite avec le *Shah* et l'*Amethyst*, et n'aboutit d'ailleurs qu'à un échec peu flatteur dans un combat de plusieurs heures contre le bâtiment rebelle. L'amirauté anglaise, à la suite des réclamations du gouvernement péruvien, ne voulut pas désapprouver complètement la conduite du contre-amiral, parce qu'elle considérait que le *Huascar* avait porté atteinte à l'inviolabilité de propriétés ou de sujets anglais, mais elle déclara que l'amiral de Horsey aurait agi plus judicieusement en essayant d'obtenir du *Huascar* une réparation légitime au moyen de remontrances.

Elle ne considérait donc pas le *Huascar* comme se trouvant dans le cas d'être poursuivi comme pirate.

SECTION II

Traitement à infliger aux pirates.

Les pirates n'ayant ni pavillon ni nationalité, et étant ennemis de toutes les nations, peuvent être attaqués, pris et jugés partout et par tous les États.

La puissance qui constate des faits de piraterie a le droit de les poursuivre et de les punir, quelle que soit la nationalité d'origine des coupables.

La piraterie a de tout temps été réprimée par les peines les plus sévères ; à une époque peu éloignée, toutes les nations procédaient, à l'égard des pirates, suivant la même forme sommaire, c'est-à-dire qu'elles les faisaient pendre au bout des vergues, au moment de leur capture.

L'adoucissement des mœurs et un sentiment plus vrai des devoirs qu'impose la justice humaine ont proscrit cet usage barbare.

De nos jours, chaque nation a réglementé, par sa législation propre, les formes de procédure à observer pour la répression de la piraterie ; les peines qu'elles infligent sont toujours rigoureuses, mais du moins elles sont justes, graduées et entourées de garanties voulues pour épargner des innocents et ne frapper que les coupables.

SECTION III

A qui appartiennent les reprises opérées sur les pirates ?

Les objets trouvés en la possession des pirates doivent être restitués à leurs légitimes propriétaires, le vol ne pouvant jamais devenir un titre légitime d'appropriation. « *Pirate ne peut changer de domaine* », disait notre ancien droit.

Nous n'avons pas besoin d'ajouter que la restitution aux propriétaires des objets dont ils ont été dépouillés est subordonnée aux preuves et justifications de droit.

Ces principes sont universellement admis, sauf par la législation espagnole, qui attribue comme butin et intégralement, au capteur, les reprises faites sur un pirate qui les a possédées pendant au moins vingt-quatre heures.

Quant au navire et aux objets qui sont la propriété des pirates ou qui ne sont pas réclamés, il y a lieu de leur appliquer toutes les règles concernant les prises en temps de guerre (art. 51 et 52 de l'arrêté du 2 prairial an XI. *B. O. R. C.*, 31 mars 1847. *Avis du conseil d'État* du 16 décembre 1873, *B. O.*, 708).

Les règles concernant la procédure des prises faites sur les pirates étant les mêmes que celles des prises effectuées sur l'ennemi, trouveront leur place lorsque nous parlerons du droit de prise en général.

De nos jours, la piraterie organisée n'existe plus que dans les mers de l'Indo-Chine et de l'Océanie. Les actives poursuites dont elle est l'objet de la part des croisières européennes dans ces parages, et surtout l'emploi de la marine à vapeur, ne tarderont pas sans doute à en amener la disparition complète.

CHAPITRE III

BATIMENTS DE GUERRE ET NÉGRIERS

Il ne paraît pas, au premier abord, que l'esclavage et la traite des nègres rentrent dans l'étude des questions internationales. Il semble au contraire que l'esclavage et la traite soient un droit pour chaque nation.

Il n'en est pourtant pas ainsi, et nous verrons intervenir dans cette matière les conventions internationales.

Dès le commencement du siècle, en effet, l'Angleterre, désirant mettre à profit les idées humanitaires et la réprobation universelle soulevée par les abus du trafic des esclaves, demanda qu'on consacrât par des conventions européennes l'abolition de la traite.

Les mesures qu'elle proposait pour y arriver étaient de deux sortes :

1º Accorder un droit réciproque de recherche et de visite sur les navires des puissances contractantes.

2º Assimiler la traite à la piraterie.

Ces propositions parurent peu désintéressées, et les

puissances les repoussèrent successivement aux congrès de Vienne et de Vérone, se bornant à émettre un vœu commun, mais platonique, en faveur de l'abolition du trafic des esclaves.

L'Angleterre ne se tint pas pour battue et aboutit successivement à un certain nombre de traités consacrant l'abolition de la traite, et prévoyant surtout les moyens à employer pour la poursuivre.

1er *moyen*. — L'assimilation de la traite à la piraterie, qu'elle fit admettre par la plupart des nations européennes (*traité de Londres* du 20 novembre 1841), était une atteinte portée à la liberté des mers et un instrument des plus dangereux entre les mains de l'Angleterre qui, sous prétexte de police à exercer, pouvait se permettre toutes les tracasseries. La France n'admit pas cette assimilation, et je crois qu'au point de vue théorique il en doit être ainsi ; car, à supposer que la traite soit aussi coupable, il ne suffit pas d'une criminalité légale pour assimiler ainsi deux faits complètement différents, et puis, au point de vue international, la traite n'est pas aussi dangereuse que la piraterie ; elle est certainement contraire à l'humanité, mais elle n'intéresse pas la sécurité de la mer.

La traite des nègres est punie par la loi du 4 mars 1831.

2e *moyen*. — Le droit de recherche ou de visite. — Ce droit, exercé par des navires de guerre envoyés à cet effet, à l'égard des navires marchands seulement, ne pouvait être exercé ni dans la Méditerranée, ni dans aucune mer territoriale ; les recherches faites pouvaient entraîner la saisie du navire, et en faire traduire le personnel devant les cours de justice, non seulement en cas de flagrant délit, mais encore, si ces recherches aboutissaient à la décou-

verte de certains objets énumérés, démontrant l'affectation coupable du navire.

Ainsi défini, le droit de visite fut inséré par l'Angleterre
dans le traité du 20 novembre 1841, comme le complément
nécessaire des mesures prises. La France, désavouant son
plénipotentiaire, qui avait accepté cette clause du traité,
se refusa absolument à admettre ce droit, quoique les
deux traités antérieurs des 30 novembre 1831 et 22 mars
1833 l'eussent stipulé temporairement. Plus tard, les négociations furent reprises entre la France et l'Angleterre,
et aboutirent à une convention du 29 mars 1845, faite
pour dix ans.

Le traité n'admettait pas le droit de visite, il y substi-
tuait l'engagement, pour les deux nations, d'entretenir sur
la côte d'Afrique une force navale de croiseurs destinés à
agir de concert, mais séparément, pour la suppression de
la traite.

« *Attendu*, dit l'article 8, *que l'expérience a fait voir que,
dans les parages où elle est habituellement exercée, la traite
des noirs est souvent accompagnée de faits de piraterie dangereux pour la tranquillité des mers et la sécurité de tous
les pavillons ; considérant en même temps que si le pavillon
porté par un navire est* prima facie *le signe de la nationalité
de ce navire, cette présomption ne saurait être considérée
comme suffisante pour interdire de procéder à sa vérifica-
tion, puisque, s'il en était autrement, tous les pavillons
pourraient être exposés à des abus en servant à couvrir la
piraterie, la traite des noirs, ou tout autre commerce illicite ; afin de prévenir toute difficulté dans l'exécution de
la présente convention, il est convenu que des instructions
fondées sur les principes du droit des gens et sur la pratique constante des nations maritimes seront adressées aux*

commandants des escadres française et anglaise sur la côte d'Afrique. »

La traite est devenue sans objet en France depuis l'abolition de l'esclavage dans nos colonies (*loi* du 3 mai 1848). De nos jours, elle ne se fait plus que par les Arabes pour les pays musulmans qui laissent subsister l'esclavage.

Des efforts tout récents ont été tentés pour en faire disparaître les derniers vestiges.

Jusqu'à ces dernières années, le commerce d'esclaves n'était proscrit qu'en tant que trafic maritime, et aucune stipulation internationale n'obligeait à le poursuivre à son origine sur les marchés terrestres.

Une déclaration unanime des plénipotentiaires réunis au congrès de Berlin a réalisé ce progrès dans les contrées formant le bassin conventionnel du Congo.

En ce qui concerne la surveillance des rivages libres de toute souveraineté, et par lesquels se fait généralement l'expédition, on dut se borner à échanger des vœux.

La conférence de Bruxelles, ouverte en 1890, ne semble pas devoir aboutir davantage à ce dernier point de vue.

Les idées humanitaires des diverses puissances qui y sont représentées cachent trop d'ambitions personnelles pour qu'on puisse attendre qu'il sorte de leurs délibérations une solution désintéressée, respectueuse, dans l'exercice du droit de recherche, du principe d'égalité des nations.

TITRE II

DU BATIMENT DE GUERRE DANS LES EAUX OU PORTS D'UNE NATION ÉTRANGÈRE

Il est de principe, nous l'avons vu, que la mer est de droit ouverte aux navires de tous les pays, lesquels sont uniquement soumis aux lois de leur pavillon.

Ce principe comporte toutefois certaines restrictions résultant de la proximité des côtes, ou de l'accord commun des nations.

Ainsi les eaux qui baignent les rivages d'une nation cessent d'être communes et sont dites *territoriales*.

Certains détroits, canaux, mers fermées sont l'objet d'une législation particulière.

Nous étudierons les devoirs spéciaux résultant pour le navire de guerre de sa présence momentanée dans ces eaux.

CHAPITRE PREMIER

DU BATIMENT DE GUERRE DANS LES EAUX TERRITORIALES ÉTRANGÈRES.

SECTION PREMIÈRE

Mers territoriales proprement dites.

La *mer territoriale* est celle qui baigne les rivages d'une nation et lui sert de frontière. On l'appelle territoriale parce qu'elle est soumise à la nation maîtresse des côtes qu'elle baigne.

§ 1ᵉʳ. — *Quelle en est l'étendue ?*

Il n'y a pas unité à cet égard ; il n'existe pas de traité commun à toutes les nations. Un certain nombre de traités particuliers établissent les limites de la mer territoriale de nation à nation.

Ainsi, entre l'Angleterre et les États-Unis, l'étendue de la mer territoriale est de 3 milles marins, à compter de la laisse de basse-mer. (*Traité* du 20 octobre 1818.)

Cette même limite a été établie, par le traité du 11 novembre 1867 entre la France et l'Angleterre, le rayon de 3 milles étant mesuré pour les baies à partir d'une ligne droite tirée en travers de la baie, au premier point où l'ouverture n'excède pas 10 milles.

La Belgique a également adopté cette règle. (*Loi* du 7 juin 1832.)

Mais, en l'absence de traités, quelle est l'étendue de la mer territoriale ?

Les publicistes sont loin d'être d'accord à ce sujet. A mon avis, jusqu'à ce qu'il ait été pris une décision, sanctionnée par le consentement de la majorité des États, la démarcation de 3 milles marins constitue une règle fixe, qui doit être observée et respectée toutes les fois que les traités n'en ont pas établi d'autre.

§ 2. — *Obligations résultant du passage d'un navire dans les eaux territoriales étrangères.*

Pour résoudre la question d'une manière à la fois rationnelle et pratique, il ne faut pas perdre de vue que les États n'ont pas sur la mer territoriale un véritable droit de propriété, mais seulement un droit de surveillance et de juridiction, dans l'intérêt de leur défense propre ou de la protection de leurs intérêts fiscaux.

La nature des choses veut donc que le droit s'étende jusqu'au point où son existence se justifie, et qu'il s'arrête là où cessent la crainte d'un danger sérieux, l'utilité pratique, et la possibilité de faire sentir l'action défensive.

De là les conséquences suivantes :

Le passage est libre dans les eaux territoriales pour les navires qui se bornent à longer les côtes.

Ils doivent respecter toutefois les ordonnances militaires ou de police prises par l'État riverain pour la protection de son territoire et de sa population côtière.

Sous tous les autres rapports, ils sont aussi libres que s'ils se trouvaient en pleine mer.

C'est ainsi qu'un commandant de bâtiment de guerre devra interdire toute pêche ou dragage dans les eaux territoriales étrangères. Il devra s'abstenir aussi de faire des tirs d'exercice dans ces limites, éviter en un mot toute cause possible d'offense et de désaffection de la part des autorités ou des habitants.

Il ne doit pas non plus se refuser aux explications qu'on lui demanderait sur le but de son voyage dans le cas où il y stationnerait, mais sa parole suffit, et les autorités de la nation riveraine manqueraient gravement aux égards internationaux s'ils ne bornaient pas là leurs exigences. Cette observation s'applique surtout en ce qui concerne la police douanière, à laquelle ne sont pas soumis les navires de guerre.

L'Angleterre possède sur cette matière une loi fort précise, celle du 28 août 1833, aux termes de laquelle tout navire marchand étranger qui est rencontré en dedans d'une lieue de la côte et qui, le temps le permettant, ne se dirige pas sur le port de sa destination, est sommé de se retirer dans un délai de 48 heures, et, en cas de désobéissance, devient passible de confiscation, si l'on trouve à son bord des marchandises de contrebande.

Comme nous le verrons quand nous traiterons des opérations de guerre, le bâtiment de guerre ne doit pas troubler la paix intérieure dans les eaux juridictionnelles neutres. Ainsi, en 1864, pendant la guerre de Sécession, le *Kerseage* et l'*Alabama* qui, s'étant rencontrés sur la rade de Cherbourg, avaient manifesté l'intention d'en venir aux mains, furent conduits par les autorités françaises en dehors des eaux territoriales, et, en cas de manquement à cette règle, auraient pu y être contraints par la force.

SECTION II
Des golfes.

Les golfes doivent être traités comme mer territoriale ou mer libre, suivant que la nation riveraine du golfe peut ou non exercer sur leur étendue des actes de souveraineté.

Ainsi les golfes et les baies défendus soit naturellement, par des îles, des bancs de sables ou des roches, soit par le feu croisé de canons placés à leurs deux ouvertures, se rattachent à la souveraineté territoriale contiguë et sont, quant à leur liberté d'accès, régis par les principes que nous venons d'établir.

SECTION III
Des détroits et des mers fermées.

Les détroits appartiennent à la nation propriétaire des deux bords, quand elle peut les couvrir du feu de ses canons.

Tel est le principe, mais il subit des restrictions, suivant

que les mers dans lesquelles les détroits donnent accès
sont ouvertes ou fermées. Définissons d'abord ce qu'on
entend par mer fermée, et nous examinerons ensuite la
question des détroits.

Une mer est dite *fermée* si les deux conditions suivantes
concordent :

1° Le détroit qui y donne accès doit être tel qu'on ne
puisse y pénétrer sans s'exposer aux effets de l'artillerie de
la nation maîtresse des deux rives. S'il existe au milieu un
intervalle qui puisse être traversé librement, le détroit se
confond avec la mer libre.

2° Toutes les côtes de cette mer intérieure sont soumises
sans restriction à la nation maîtresse du détroit.

Cette deuxième condition est indispensable, car, s'il en
était autrement, la nation qui ne possède qu'une partie des
côtes commettrait, en s'arrogeant la domination de la mer
intérieure, une double usurpation : d'abord à l'égard de la
nation riveraine dont elle entraverait le commerce, puis à
l'égard des autres nations, qui seraient ainsi privées des
relations qu'elles voudraient avoir avec la nation corive-
raine.

Pourtant il faut admettre à cette deuxième condition un
tempérament : dans le cas où une mer intérieure serait
bordée par plusieurs riverains, l'accord unanime des
nations propriétaires des côtes et riveraines des détroits
qui y donnent accès suffirait pour faire de cette mer une
mer intérieure.

Ainsi par de nombreux traités, notamment en 1759-1780
et 1861, toutes les nations qui bordaient les rivages de la
Baltique : Russie, Suède, Danemark déclarèrent que la
Baltique serait, pendant la durée de la guerre, considérée
comme mer territoriale et fermée; elles en interdisaient
l'entrée à tous les vaisseaux de guerre et y prohibaient

tout acte d'hostilité. Au point de vue du droit des gens, ces conventions étaient licites : chacune des nations co-riveraines apportant sa part de propriété, leur entente arrivait ainsi à faire considérer la Baltique comme mer intérieure.

Revenons maintenant à la question des détroits : deux hypothèses peuvent se présenter.

1re *Hypothèse*. — Si le détroit conduit à une mer fermée, on admet que la nation riveraine est maîtresse du détroit et de la mer. Sans doute, le droit international reconnaît, en pareil cas, l'*usage innocent*, c'est-à-dire que la nation propriétaire permet aux étrangers le passage du détroit comme elle permet de circuler sur son territoire ; mais il n'y a là qu'une simple tolérance limitée par l'intérêt de la nation maîtresse du détroit.

2e *Hypothèse*. — Le détroit unit deux mers ouvertes, par exemple le détroit de Gibraltar, les Belt et le Sund. Le passage doit-il être libre ? Il y a eu longtemps contro-verse sur ce point.

Grotius estimait qu'il n'y avait dans la concession du droit de passage qu'une tolérance. Il s'ensuivait que la nation maîtresse du détroit aurait pu refuser le passage aux vaisseaux armés, alors même qu'ils ne commettraient aucun acte d'hostilité, les soumettre au droit de visite, enfin leur imposer des droits de péage. Actuellement l'opinion universellement admise enseigne que le détroit ainsi spécifié fait partie de la mer libre. C'est qu'en effet le principe de la liberté des mers implique celui de la liberté des détroits qui les unissent, sans quoi la nation maîtresse du détroit peut empêcher de pénétrer dans une mer qui ne lui appartient pas.

Quant aux droits de péage, quoique, à mon avis, l'entretien du rivage soit la conséquence du droit de propriété et que, dès lors, sous prétexte d'indemnité de frais d'éclairage et de balisage, la nation riveraine n'a aucunement le droit d'exiger remboursement des nations qui y trouvent utilité, cependant certains traités ont pensé qu'il y avait lieu d'accorder à la nation une indemnité générale.

Il est d'ailleurs bien entendu que quand je parle de détroits unissant deux mers ouvertes, je n'entends nullement décrire le régime de détroits, même unissant deux mers libres, s'ils sont l'œuvre du travail de l'homme comme le canal de Suez.

Ces principes généraux qui peuvent servir à faire justice de certaines prétentions inadmissibles ou contestées en matière de détroits ou de mers particulières, se trouvent appliqués plus ou moins exactement par plusieurs conventions internationales relatives :

1° Au péage des Belt et du Sund ;

2° Au canal de Constantinople et à la mer Noire ;

3° Au détroit de Magellan.

§ 1er. — *Péage des Belt et du Sund.*

De temps immémorial, le Danemark prélevait un droit de péage sur tous les navires qui traversaient soit les deux Belt, soit le Sund. L'origine, au point de vue historique, paraît en avoir été dans les prétentions mêmes des corsaires normands.

Dès le XVe siècle, le Danemark avait fait admettre sa prétention par un certain nombre de nations. Un traité de 1450 avait été stipulé en ce sens entre le Danemark et l'Angleterre. En 1663, nouveau traité du même genre entre le Danemark et la France. Les plus grandes résistances aux prétentions du Danemark partirent naturellement des nations voisines : la Suède et la Hollande notamment. Cependant en 1701, la Hollande ayant admis le droit du Danemark, ce droit fut dès lors considéré comme incontestable.

Vers le milieu de ce siècle, des négociations s'engagèrent pour obtenir le changement de cet état de choses. Elles s'engagèrent sous l'influence de cette idée que les droits de péage étaient doublement fâcheux, d'abord pour la nation qui les supportait, puis pour la nation même qui les percevait. En effet, disait-on, elle éloigne d'elle le commerce, et avec lui l'impulsion des différentes branches de l'industrie nationale provenant de l'affluence des étrangers attirés par le libre transit.

Ces négociations aboutirent au traité du 14 mars 1857 entre la Belgique, l'Autriche, la France, l'Angleterre, la Hollande, la Prusse, la Russie, la Suède, tous les États maritimes de l'Allemagne et le Danemark.

Ce traité comprend cinq stipulations principales :

1º Le roi de Danemark s'engage à ne prélever aucun des droits de douane, de tonnage, de feux, de phares, de balisage, de bouées ou autres charges quelconques, à raison de la coque ou des cargaisons, sur les navires qui se rendront de la mer du Nord dans la Baltique et réciproquement. Ces droits ne doivent d'ailleurs être perçus en aucun cas, soit que les navires se bornent à traverser les eaux danoises, soit que des opérations commerciales ou des circonstances de mer les obligent à y mouiller ou à y relâcher.

2º Aucun navire ne pourra, sous quelque prétexte que ce soit, être assujetti désormais, lors du passage du Sund et des Belt, à une détention ou entrave quelconque. Cette clause consacre explicitement le principe même de la liberté des détroits qui unissent les mers libres.

Tout en réservant le droit fiscal du Danemark quant aux navires qui appartiennent aux puissances non signataires, le traité prohibe que les accords à intervenir entre elles et le Danemark puissent renfermer le droit de détention ou de visite vis-à-vis d'elles. Le but des nations paraît avoir été d'empêcher que le Danemark pût, vis-à-vis de personne, prétendre à la souveraineté du détroit. On lui réservait bien le droit de péage, parce qu'il peut s'expliquer comme indemnité des dépenses que la nation riveraine peut faire.

3° Le traité prévoit l'hypothèse où des navires, au lieu de traverser seulement la mer danoise, entreraient dans les ports du Danemark pour y décharger et y négocier leurs cargaisons. Dans ce cas, il pouvait arriver que le Danemark cherchât par de nouvelles taxes douanières à revenir sur les concessions faites. D'après les principes du droit des gens, ces taxes auraient été régulièrement établies puisqu'elles l'étaient sur son territoire. Ce traité déclare que le péage aboli ne pourra être rétabli par une augmentation dans ce but des taxes de port ou de douane actuellement existantes, ou par l'introduction dans le même but de nouvelles taxes de navigation ou de douane.

4° Le Danemark s'engageait à conserver et maintenir dans le meilleur état d'entretien tous les feux et phares existant alors, soit à l'entrée, soit à l'approche de ses ports, havres, rivières ou canaux, soit même le long de ses côtes. De même, le Danemark s'engageait à conserver les bouées et balises existant alors. Dans ce même but, le Danemark doit permettre à tous de stationner dans les eaux danoises avec des navires remorqueurs.

5° Comme dédommagement et compensation des sacrifices que les stipulations ci-dessus devaient imposer au Danemark, les puissances s'engageaient à payer au Danemark une somme équivalente à 86 millions.

L'Angleterre et la Russie en supportaient à elles seules les deux tiers; la France n'avait à sa charge qu'un peu plus de deux millions de francs.

Deux observations sont à noter en ce qui concerne cette clause :

1° On n'a pas entendu racheter des droits préexistants. Le rachat eût admis la légitimité des droits perçus et on ne voulut pas admettre cette légitimité en tant qu'elle reconnaîtrait la souveraineté du Danemark sur des eaux qui font partie de la mer libre. Cette allocation avait simplement pour but d'indemniser le Danemark des dépenses auxquelles il était obligé dans l'intérêt des puissances. Cette allocation ne pouvait pas, comme les taxes, être modifiée par la seule volonté du Danemark.

2° Il fut entendu expressément que les parties ne seraient pas tenues solidairement. Chacune d'elles n'est tenue que pour la quote-part mise à sa charge. D'après les précédentes conventions intervenues en matière analogue, la garantie aurait été solidaire, si les parties avaient voulu racheter une servitude pesant sur elles, et la nation eût conservé ses droits jusqu'au payement intégral. Comme il s'agit d'une indemnité, la dette s'est divisée entre les parties contractantes.

§ 2. — *Canal de Constantinople et mer Noire.*

Le canal de Constantinople, au point de vue du droit des gens, est considéré comme mer fermée. La convention du 13 juillet 1841, signée à Londres entre les grandes puissances européennes, garantit la fermeture des Dardanelles et du Bosphore aux bâtiments de guerre de toutes les nations, tant que la Porte se trouvera en paix avec elles. Le sultan se réservait toutefois le droit de délivrer des firmans de passage aux bâtiments légers sous pavillon de guerre. Il était d'ailleurs entendu que le libre transit des navires de commerce qui constitue l'usage innocent, était conservé comme par le passé.

Le traité de 1856 consacra à nouveau le principe de la clôture des détroits, et le traité de Berlin du 13 juillet 1878, confirme une fois de plus les stipulations conclues à cet égard. Toutefois, devant le traité de 1871 qui, comme nous le verrons tout à l'heure, annule la clause relative aux armements maritimes dans la mer Noire, bien que tous les actes diplomatiques soient muets sur ce point, le Bosphore se trouve actuellement ouvert aux vaisseaux russes.

La mer Noire est une mer intérieure par rapport à la Russie et à la Turquie. Jusqu'en 1856, elle est restée soumise au droit commun. A cette époque sa neutralisation fut considérée comme une garantie nécessaire au maintien de la paix, et le principe en passa dans le traité du 30 mars. Ouvertes à la marine marchande de toutes les nations, les eaux de cette mer étaient interdites au pavillon de guerre soit des puissances riveraines, soit de toute autre puissance. Aucun arsenal militaire et maritime ne devait s'élever sur ses rives. La Turquie et la Russie ne pouvaient y entretenir que dix bâtiments de guerre légers pour la surveillance des côtes.

A la suite de la guerre franco-allemande, la Russie, contre laquelle cette neutralisation était dirigée, demanda la revision du traité de 1856. L'Angleterre eut la faiblesse de céder, et une conférence réunie à Londres supprima, au mois de février, l'article qui limitait les forces maritimes de la Russie et de la Turquie dans la mer Noire. Elle perdait ainsi un des fruits principaux de la guerre de Crimée. (*Abrogation des art.* 11, 13 et 14 *du traité, ainsi que de la* 2e *annexe.*)

Il résulte de ces abrogations les conséquences suivantes :

1° Chacune des puissances riveraines pourra désormais pénétrer sous pavillon de guerre dans la mer Noire ;

2° La Russie et la Turquie peuvent désormais établir sur la mer Noire toute espèce de ports et d'arsenaux ;

3° Enfin, les deux nations ne sont plus limitées quant au nombre de navires de guerre qu'elles peuvent entretenir dans la mer Noire.

§ 3. — *Détroit de Magellan.*

Réunissant deux mers libres, le détroit de Magellan échappe au principe de souveraineté des nations riveraines.

Pour assurer l'application plus rigoureuse encore de ce droit, la République Argentine et le Chili, par le traité du 23 juillet 1881, se sont interdits à eux-mêmes tout acte d'hostilité dans le détroit.

SECTION IV

Canaux maritimes.

Les canaux que les progrès de la science et de l'industrie permettent aujourd'hui de creuser pour relier entre elles les mers dont la jonction était interceptée par des isthmes, constituent une innovation relativement récente dans la pratique du droit maritime.

Ces voies de communication artificielles sont, par leur destination, généralement accessibles et libres pour tous.

Il ne faut pas perdre de vue toutefois que la portion du territoire occupée par le canal ne cesse pas, pour avoir été transformée en un détroit artificiel, d'être la propriété de l'État dans les limites duquel elle est comprise, et cet

État n'a pas, par la concession du canal, aliéné sa prérogative de juridiction exclusive. Le libre usage qu'il en garantit est purement conventionnel.

Ces principes généraux ont d'ailleurs servi de base aux conventions intervenues à raison du canal de Suez.

Le canal de Suez a été, dès l'origine, dans la pensée de ses auteurs et dans la concession accordée en 1854 par Saïd-Pacha, une voie maritime ouverte à la navigation et au commerce de toutes les nations. L'État sur le territoire duquel le canal était situé renonçait au droit de l'exploiter à son profit exclusif.

Un acte international tout récent, comme nous le verrons plus tard à l'occasion du blocus, fait de ce libre usage le patrimoine de tous, et met la nouvelle voie de communication à l'abri de toute entreprise hostile dans l'éventualité d'une guerre.

CHAPITRE II

DU BATIMENT DE GUERRE DANS LES PORTS ET RADES DE L'ÉTRANGER

SECTION PREMIÈRE

De la faculté d'y pénétrer et des obligations qu'elle entraîne.

Les ports et rades appartiennent de plein droit à la nation qui possède les côtes sur lesquelles ils sont situés. Cette propriété, conséquence nécessaire de la position géographique des États, et qui ne lèse nullement le droit des autres nations au libre parcours des mers, est sanctionnée et reconnue comme incontestable par le droit international. La possession souveraine des ports et des rades donne à l'État qui en jouit le droit de les déclarer fermés, ouverts ou francs, et d'y soumettre librement, sans avoir égard aux autres nations, les navires et les marchandises qui y arrivent à tels droits fiscaux ou à tels règlements intérieurs qu'il juge convenables à ses intérêts.

Tout gouvernement est donc autorisé à interdire l'accès de ses ports aux bâtiments de guerre étrangers, s'il a des motifs sérieux pour ne pas suivre à leur égard les règles ordinaires du droit des gens, ou à prendre des moyens de surveillance et de sûreté, s'il croit leur présence dangereuse ; il n'outrepasserait même pas son droit s'il venait, dans ce cas, à sommer ces navires de quitter le port ou la mer territoriale, sauf naturellement à assumer la responsabilité d'actes qui, suivant les circonstances, pourraient perdre leur caractère défensif pour revêtir celui de véritable offense, et constituer une cause légitime de guerre.

Ces principes admis, il faut reconnaître qu'à moins de prohibitions, les ports sont considérés comme libres et ouverts pour tous les navires de guerre.

Toutefois, pour prévenir les difficultés qui pourraient se présenter, plusieurs gouvernements ont réglé la question par avance au moyen de clauses conventionnelles ; ils ont stipulé notamment qu'ils ne recevront dans leurs ports qu'un nombre limité de navires de guerre étrangers variant de 3 à 6 au plus.

Traités entre la France et les Pays-Bas du 12 décembre 1739, art. 10 ; entre la France et la Russie du 11 janvier 1787, art. 19 ; entre le Danemark et les Deux-Siciles du 6 avril 1748, art. 12.

Il appartient au chef d'escadre de prendre, avant d'entrer dans un port, les mesures qui lui paraîtraient convenables.

En 1842, le vice-amiral Hugon, entrant à Naples, dut partager son escadre et en laisser une partie à Castellamare.

Tout récemment, le vice-amiral italien Lovera di Maria, venant à Toulon pour saluer le chef de l'État à son passage, n'entra tout d'abord en rade qu'avec un cuirassé et un croiseur, laissant le reste de son escadre aux îles d'Hyères. Ce ne fut que sur l'invitation qui lui en fut faite qu'il lui donna l'ordre de le rejoindre le lendemain.

L'admission des bâtiments de guerre dans certains ports peut être subordonnée à certaines conditions qui procèdent de motifs d'ordre public et de sécurité.

C'est ainsi que, dans certaines places de commerce, on ne laisse pénétrer les bâtiments de guerre qu'après qu'ils ont déposé en lieu sûr les poudres qu'ils ont à bord.

Ces mesures sont absolument régulières, et le navire de guerre doit s'y soumettre sans difficulté.

Les règlements sanitaires doivent aussi être scrupuleusement observés.

Le navire de guerre doit encore se soumettre aux ordonnances locales sur les ports, aux prescriptions de l'autorité concernant les remorquages, les pilotes, les signaux d'approche, etc.

Ces obligations, toutes fort justiciables, étant observées, le navire de guerre échappe à la juridiction territoriale du pays dans les eaux duquel il se trouve.

Représentant l'État dont il porte le pavillon, il jouit, dans toute sa plénitude, pour les crimes et délits commis à son bord ou par les personnes de son équipage, du privilège de l'exterritorialité.

Toutefois, il ne faut pas perdre de vue que l'inviolabilité reconnue en tout lieu aux bâtiments de guerre, et étendue aux personnes qui les montent, n'entraîne pas l'irresponsabilité de celles-ci ; seulement, les actions à diriger contre elles doivent être poursuivies par voie diplomatique.

En outre de ces immunités qui sont reconnues aujourd'hui de droit acquis, les nations s'en accordent réciproquement d'autres, de nature spéciale, pour leurs bâtiments de guerre.

En France, notamment, les vaisseaux de guerre étrangers sont exemptés des droits de douane et des taxes de consommation intérieure, à l'égard des marchandises qu'ils embarquent pour la traversée et pour leur ravitaillement journalier (*Accord* avec les États-Unis au sujet de leur entrepôt à Villefranche, et immunité réciproque de toute taxe ou droit).

SECTION II

Cérémonial maritime. — Saluts. — Visites et devoirs de courtoisie dans les ports étrangers.

Le cérémonial maritime repose sur les égards et le respect mutuels que les nations se doivent les unes aux autres. Sous plusieurs rapports, ce cérémonial peut sembler futile ; mais il perd ce caractère d'insignifiance relative quand on l'envisage au point de vue de l'idée qu'il représente et des nécessités auxquelles il correspond.

Il ne faut pas d'ailleurs oublier que l'inobservation des règles ou usages consacrés à cet égard a, dans plus d'une occasion, donné naissance à des différends internationaux et à des inimitiés, qui ont parfois dégénéré en guerres longues et désastreuses.

Le cérémonial maritime, qui correspondait anciennement aux prétentions de quelques États à la souveraineté absolue des mers, a éveillé l'attention particulière des publicistes et des gouvernements.

Un assez grand nombre de traités sont intervenus à cet égard. Le dernier est celui du 10 mars 1865, entre l'Angleterre et l'Espagne, au sujet du passage du détroit de Gibraltar. Les principes qui ressortent de toutes ces conventions sont les suivants :

1° Les navires marchands ne doivent aucun salut; les capitaines qui s'en acquittent accomplissent un acte absolument gracieux ;

2° Tous les États souverains sont égaux en ce qui concerne le cérémonial maritime ;

3° A défaut de stipulations expresses, les saluts ne sont pas obligatoires et ne constituent, lorsqu'ils sont faits spontanément, qu'un acte de courtoisie et d'étiquette. Par suite, l'acte de ne pas rendre un salut peut bien être considéré comme une impolitesse justifiant une demande d'explications, mais ne saurait autoriser le recours à des actes hostiles.

Telle est la théorie, ou plutôt le droit strict.

Dans la pratique, les États sont entre eux d'une courtoisie parfaite. En ce qui nous concerne spécialement, le décret du 20 mai 1885 sur le service à bord fixe d'une façon précise les saluts et les visites que les commandants de bâtiments de guerre doivent aux forces et aux fonctionnaires étrangers.

Il nous suffira d'énumérer les articles de ce décret qui se trouve dans la possession de tout officier, et auquel il lui est toujours facile de se reporter :

1° Saluts à la terre en pays étranger (art. 833);

2° Saluts aux commandants de forces navales et aux fonctionnaires étrangers (art. 832) ;

3° Saluts et pavois lors des solennités étrangères (art. 834) ;

4º Saluts à rendre ou à ne pas rendre (art. 835 et 836);
5º Renouvellement des saluts (art. 837) ;
6º Dispense des saluts (art. 841-843) ;
7º Salut au moyen du pavillon (art. 844);
8º Visites aux étrangers (art. 851).

SECTION III
De la protection des nationaux à l'étranger.

§ 1er. — *Droits et devoirs des États vis-à-vis des étrangers résidant sur leur territoire.*

Tout État est libre d'admettre les étrangers sur son territoire ou de les en exclure en cas de nécessité, pour motifs d'ordre public ; à plus forte raison est-il libre de ne les admettre qu'à certaines conditions et sous certaines restrictions.

Toutefois, l'usage généralement suivi par les gouvernements permet, en temps de paix, aux étrangers, l'entrée sur leur territoire, la liberté d'y faire du commerce ; mais il est bien entendu que tout individu qui se présente sur le territoire étranger contracte tacitement, par ce seul fait, l'obligation de se soumettre aux lois du pays qui le reçoit, de payer les impôts et d'observer les règlements de la police locale.

Par réciprocité, le résident étranger a droit à la protection des lois et des coutumes du pays, pour sa personne, sa famille et ses biens.

Quelles sont les conditions de cette protection, et dans quelle mesure la responsabilité des gouvernements peut-elle être engagée ?

On peut résumer ainsi les circonstances dans lesquelles

la responsabilité internationale s'impose aux gouvernements, à raison d'actes accomplis par des personnes dont ils doivent répondre :

1º Pour qu'un État soit responsable du dommage causé à un résident étranger, il faut que celui-ci prouve que le fait qui lui a causé le dommage est moralement imputable à l'État, ou que cet État pouvait l'empêcher et a volontairement négligé de le faire.

2º Un gouvernement ne peut se soustraire à la responsabilité et à l'obligation de réparer le dommage, s'il a autorisé ou accompli lui-même l'acte qui a occasionné le dommage ; mais il y échappe si, en agissant ainsi, il est demeuré dans les bornes légales de l'exercice du pouvoir public, ou s'il y a été contraint par des circonstances de force majeure.

En général, les actes du pouvoir public, les faits de gouvernement proprement dits ou d'administration ne donnent pas lieu à la responsabilité de l'État : tels sont les faits de guerre, les mesures prises dans un intérêt d'ordre public, de salubrité, ou, dans l'ordre économique, la prohibition d'exporter certaines marchandises, l'établissement et la modification des tarifs de douane, etc.

Lorsque nous étudierons les règles spéciales à l'état de guerre, nous retrouverons l'application de ces principes.

Doivent-ils être étendus aussi aux dommages résultant de troubles intérieurs ou de guerres civiles ?

La question, longtemps discutée, a finalement été résolue par l'affirmative, conformément à l'adage :

> Qui use de son droit ne nuit à personne.
> *Neminem lædit qui suo jure utitur.*

« Les hommes que l'esprit mercantile attire dans d'autres pays, déclarait le gouvernement anglais à l'occasion de l'intervention européenne au Mexique en 1862, doivent, en y allant, être préparés à affronter, comme les nationaux, les périls auxquels tous sont exposés par les désordres et les dissensions intestines. »

Toutefois, la législation intérieure de plusieurs États a consacré, dans la mesure propre à chacun d'eux, le système des secours pécuniaires en faveur des victimes de semblables désastres, mais en déclarant explicitement qu'ils entendaient faire acte de libéralité spontanée, et ne point s'acquitter d'une obligation que la loi aurait mise à leur charge.

Exemples : Loi de 1830, après les journées de juillet ; décret du 24 décembre 1851, pour la révolution de 1848.

Les mêmes principes ont présidé à la distribution d'indemnités à la suite de la Commune.

Les étrangers, dans la même mesure que les nationaux, ont été, dans chacun de ces cas, appelés à profiter des mesures bienfaisantes décrétées par la loi.

C'était les traiter conformément à l'équité la plus absolue. La responsabilité des gouvernements envers les étrangers ne peut en effet être plus grande qu'à l'égard de leurs propres citoyens.

Plus récemment encore, après le bombardement d'Alexandrie, les Anglais ont accordé des dommages-intérêts aux personnes lésées, sans distinction de nationalité.

§ 2. — *Droits et devoirs des États vis-à-vis des navires de commerce étrangers mouillés dans leurs rades ou dans leurs ports.*

Nous avons dit que la fiction d'exterritorialité s'applique au navire de guerre d'une façon complète, lorsqu'il séjourne dans les eaux juridictionnelles d'une nation.

Toute infraction, tout délit, tout crime commis par un des hommes du bord échappe complètement à la juridiction de l'État riverain. Le commandant ne peut sous aucun prétexte, livrer le marin de l'État à la juridiction du pays où le crime s'est accompli ; il ne doit non plus tolérer à son bord aucun acte de police ni d'instruction.

Quant aux navires de commerce, le droit des gens admet qu'en ce qui les concerne, la fiction d'exterritorialité n'est pas absolue, et les motifs de cette différence sont faciles à comprendre.

Quand une nation est placée en face d'un navire de guerre, elle se heurte à une souveraineté, représentée par des agents administratifs et militaires, en un mot, à une force armée. Elle doit donc le traiter comme la puissance qu'il représente effectivement.

Le navire de commerce appartient bien à une nation, mais il ne la représente pas. C'est un peu le particulier sur territoire étranger. Il n'est pas absolument soumis aux lois du pays où il se trouve, mais cependant il ne peut les éluder toutes. Cette situation mixte n'a pas donné lieu à moins de difficultés en droit international que la même situation en droit civil.

Quelques auteurs, et entre autres un jurisconsulte américain, Wheaton, enseignent que le navire de commerce est exclusivement soumis à la juridiction territoriale, en s'appuyant sur l'identité qu'ils invoquent entre un navire de commerce et un simple particulier. (*Voir circulaires ministérielles* des 26 juillet 1832, 24 juin 1856, contenant application de ces principes à la recherche des déserteurs à bord des navires étrangers.)

La France au contraire soutient une opinion mixte. Elle distingue trois catégories d'infractions.

1re CATÉGORIE D'INFRACTIONS

INFRACTIONS COMMISES PAR UN HOMME DE L'ÉQUIPAGE CONTRE UN AUTRE HOMME DE L'ÉQUIPAGE ET NE TROUBLANT PAS LA TRANQUILLITÉ DU PORT.

La France prétend, et fait respecter ce principe, que ces infractions ne sont pas justiciables de la nation dans les eaux de laquelle se trouve le navire. Je puis citer trois circonstances dans lesquelles cette manière de voir s'est manifestée :

En 1806, une rixe entre deux matelots américains avait eu lieu dans le port d'Anvers, alors français, à bord d'un navire américain, le *Trenton*. La même année, et dans les mêmes circonstances, un autre Américain avait assassiné un matelot à Marseille.

Les coupables furent réclamés par le consul américain, et l'affaire vint au Conseil d'État qui, le 20 novembre, rendit un arrêt qui peut se résumer ainsi :

Le Conseil admettait dans ses considérants qu'un navire étranger ne peut être considéré indéfiniment comme territoire étranger, et que notamment il est soumis aux lois de police qui régissent le lieu où il est reçu. En second lieu, le Conseil admettait qu'à l'égard des délits commis, même à bord, sur des personnes étrangères à l'équipage, la loi française est applicable. En troisième lieu, le Conseil admettait qu'en ce qui concerne les hommes de l'équipage, les infractions commises relèvent plutôt de la discipline du bord, dans laquelle le pays riverain est désintéressé, tant que la tranquillité du port n'est pas compromise. En vertu de ces motifs, le Conseil d'État constatant que, dans les deux affaires qui lui étaient soumises des sujets américains se trouvaient seuls compromis, concluait qu'il y avait lieu d'accueillir la réclamation et d'interdire aux tribunaux français la connaissance de ces deux affaires.

Même solution, en 1837, à bord d'un navire suédois mouillé en Loire.

Certains États ont admis comme principe la solution du Conseil d'État, la Grèce notamment, et voici en quels termes le Ministre des affaires étrangères indique à ses consuls la conduite à tenir :

« La juridiction territoriale n'est pas compétente à l'égard des délits qui se commettent à bord entre hommes de l'équipage. Il s'agit ici de la discipline du navire, et l'autorité locale ne doit intervenir que si son secours est réclamé, ou si la tranquillité du port est compromise. »

2e CATÉGORIE D'INFRACTIONS

INFRACTIONS COMMISES A BORD CONTRE TOUT AUTRE OU PAR TOUT AUTRE QU'UN HOMME DE L'ÉQUIPAGE, OU DE NATURE A COMPROMETTRE LA SURETÉ INTÉRIEURE DU PORT.

La France admet alors la compétence de la juridiction locale. En effet, si l'un des intéressés est étranger, la nationalité du navire ne peut ni protéger l'un, ni être opposée à la victime. L'auteur du crime ou celui qui en a été victime a droit à la protection de la nation dans les eaux de laquelle il se trouve.

En second lieu, si le crime compromet la tranquillité intérieure du port, la nation ne peut tolérer des faits qui troublent chez elle l'ordre public. Ces principes sont appliqués par la jurisprudence soit française, soit internationale.

1er *Exemple*. — Un pilote français, en 1856, avait été l'objet d'actes de brutalité commis par le second d'un navire américain. Le consul américain de Marseille réclama le délinquant, et le procureur impérial en référa au gouvernement. Les Ministres des affaires étrangères et de la justice, et même le représentant des Etats-Unis, n'eurent aucun doute sur la compétence des tribunaux français. La compétence était fondée sur la nationalité de la victime.

2e *Exemple.* — Au Havre, en 1859, un second Américain avait tué à son bord un de ses matelots et blessé un autre. Les équipages américains s'étaient ameutés et avaient voulu lyncher le coupable. Celui-ci s'était remis entre les mains des autorités françaises. Traduit devant la Cour d'assises, il demanda à être renvoyé devant les tribunaux américains. La Cour de cassation admit la compétence de la Cour d'assises. Elle se fondait sur le principe de la territorialité des lois pénales, et paraissait admettre d'une façon absolue que le navire de commerce, étant assimilé à un particulier, devait être soumis aux lois pénales.

En second lieu, la Cour invoquait cette circonstance que l'émotion populaire produite par cet événement avait été telle que, pour faire cesser les divers incidents produits, et spécialement pour assurer la sécurité lors de l'enterrement de la victime, l'autorité locale avait dû intervenir et organiser un service spécial. Le crime avait donc compromis la tranquillité au Havre.

Enfin 3e *Exemple.* — Dans le port de Riga, en 1844, un matelot, à bord d'un navire anglais, avait assassiné un autre homme d'équipage. L'assassin fut saisi par les autorités russes, et la Russie ne voulut pas le juger sans en avoir référé à l'Amirauté anglaise. La Russie proposait à l'Angleterre d'adopter la jurisprudence française et de lui livrer le coupable, parce que le crime n'avait pas troublé l'ordre public. Mais la Russie demandait un engagement d'honneur contenant la promesse d'une juste réciprocité, si de pareils faits venaient à se produire dans les eaux anglaises. L'Angleterre refusa, pour conserver la juridiction absolue qu'elle prétend s'attribuer dans ses eaux.

3ᵉ CATÉGORIE D'INFRACTIONS

DES INFRACTIONS COMMISES A TERRE. — LE PRINCIPE EST LA COMPÉTENCE DES AUTORITÉS DU LIEU OU LE CRIME A ÉTÉ COMMIS.

Pour l'appliquer, il importe cependant de faire une distinction entre les navires de guerre et les bâtiments de commerce.

En ce qui concerne les premiers, les autorités locales ont bien compétence pour réprimer les infractions commises à terre par des hommes appartenant à l'équipage ; mais les convenances diplomatiques imposent aux autorités locales certaines précautions, notamment celle de prévenir les représentants diplomatiques ou consulaires de la nation à laquelle appartiennent les coupables.

Dans le cas où un traitement excessif aurait été infligé aux délinquants, la nation serait fondée à faire une réclamation.

Exemple : trois officiers anglais avaient été arrêtés à terre, au Brésil, pour insulte à une sentinelle.

L'Angleterre demanda réparation au gouvernement brésilien. Ne pouvant s'entendre, les deux nations s'en référèrent au jugement arbitral du roi des Belges qui, le 18 juin 1863, donnait raison au gouvernement brésilien, en se fondant d'abord sur ce que ces officiers avaient commis un délit à terre ; en indiquant, en second lieu, qu'ils avaient été traités avec humanité, et enfin qu'ils n'étaient pas en uniforme au moment de leur arrestation.

Il en serait d'ailleurs différemment, si les délinquants pouvaient regagner leur bord ; ils profiteraient alors du principe d'exterritorialité.

En ce qui concerne les navires de commerce, la règle est plus rigoureuse. Ainsi, outre que les mêmes précautions ne sont plus nécessaires, le refuge à bord ne les protégerait nullement contre les actes de poursuite, tant que le navire reste dans les eaux territoriales.

§ 3. — *Situation particulière aux étrangers résidant en Orient.*

Par exception aux principes généraux concernant les résidents étrangers, plusieurs États ont établi réciproquement des conventions en vertu desquelles leurs sujets respectifs, lorsqu'ils résident hors de leur pays, restent soumis, au civil comme au criminel, aux lois et à la juridiction de leur pays d'origine.

C'est le régime établi entre les nations chrétiennes et la Turquie, les régences barbaresques, et les contrées d'Extrême-Orient, telles que la Perse, la Chine et le Japon.

Ce régime privilégié s'explique tout naturellement quand on songe à la barrière infranchissable que les mœurs et la religion des pays musulmans élèvent entre les chrétiens et les indigènes.

Ces arrangements connus sous le nom de *capitulations* ne rentrent pas précisément dans le cadre de cette étude. Les règles générales nous suffiront pour juger des difficultés qui pourraient survenir.

Lorsqu'une personne appartenant à la nationalité du Consul a un différend avec un sujet du pays, l'autorité locale appelée pour en connaître ne peut néanmoins procéder ni prononcer un jugement sans la participation du Consul et la coopération de son interprète, qui doit assister à la procédure pour défendre les intérêts de l'ayant droit étranger.

Il en est de même en cas de crime commis par un des nationaux du Consul sur un sujet du souverain territorial; mais si le crime a été commis par une personne de la nation du Consul sur un autre de ses nationaux ou sur un étranger, le Consul est seul appelé à en connaître, sans l'intervention des autorités locales.

Dans tous les cas d'arrestation d'un étranger, son Consul peut le réclamer en donnant caution.

L'hôtel du Consul est un asile inviolable où peuvent se réfugier, en cas de poursuite, non seulement les nationaux du Consul, mais encore tout autre étranger.

Quant à l'étendue intrinsèque de cette juridiction consulaire, elle n'est pas la même pour tous les agents, certains gouvernements ayant, par des lois spéciales, réservé à leurs propres tribunaux, l'appel des sentences civiles rendues en Orient et le jugement définitif des affaires criminelles dont l'instruction seule appartient aux Consuls.

Telles sont les principales dispositions de ces traités qui remontent en ce qui concerne la Turquie et les Échelles du Levant à 1535 et 1740, pour la Chine au 14 octobre 1844 et à 1865 pour le Japon.

§ 4. — *Droits et devoirs des États vis-à-vis des agents diplomatiques et consulaires.*

1° **Agents diplomatiques**. — Un des attributs essentiels

de la souveraineté et de l'indépendance des nations est le *droit de légation*, qui consiste dans la faculté de se faire représenter au dehors par des agents diplomatiques chargés d'entretenir avec les autres nations des relations d'amitié et de bonne harmonie.

Sans doute, aucun État n'est obligé d'entretenir des missions politiques à l'étranger, ou de recevoir chez lui les représentants des autres nations ; toutefois l'usage et les règles de la courtoisie internationale ont établi à cet égard entre les peuples une sorte de devoir réciproque ; et de même que l'existence de rapports diplomatiques entretenus par des agents permanents est un signe de paix et d'a-mitié, de même on peut regarder comme un indice de désaccord ou d'hostilité le rappel ou l'absence absolue des légations politiques.

Quelle est la situation des représentants d'un pays à l'étranger ?

L'importance de la mission dont les représentants d'un pays sont investis, et les exigences impérieuses de leur situation à l'étranger ne permettaient pas de placer ces agents sur la même ligne qu'un simple particulier : c'est ainsi qu'ont pris naissance les privilèges et les immu-nités diplomatiques qui dérivent toutes de deux droits principaux.

L'inviolabilité personnelle et l'*exterritorialité* ou l'exemp-tion de la juridiction locale.

L'inviolabilité qui s'applique à tout agent diploma-tique, à sa famille, à toutes personnes attachées à sa mission et même à son service, est un caractère qui place au-dessus de toute atteinte, de toute poursuite la personne qui en est investie.

Elle était déjà admise chez les Romains, *Sanctum inter gentes jus legationum, sancta corpora legatorum.*

L'inviolabilité toutefois n'entraîne pas l'impunité. Lors donc qu'un ministre public oublie sa dignité, se permet des empiètements ou des actes arbitraires, trouble l'ordre public, manque au souverain, aux habitants, etc., sa conduite tombe sous l'action des lois pénales, mais la répression ne peut être exercée que par le gouvernement qui l'a nommé.

Le souverain près duquel l'agent réside peut seulement prendre à son égard les mesures conseillées par la sûreté publique, interrompre ses rapports avec lui, le renvoyer de ses États, et, en cas de résistance, recourir à la force pour le contraindre à en sortir, car alors l'agent devient lui-même l'auteur de la violence qui lui est faite.

L'exterritorialité est une fiction d'après laquelle le représentant étranger est toujours supposé demeurer sur son territoire national, et reste soumis aux lois de sa patrie : conséquemment aucune action ne peut être formée contre lui devant les tribunaux de sa résidence, aucune contrainte par corps, aucune saisie ne peut être exercée contre lui ; sa maison, considérée comme hors du territoire aussi bien que sa personne, n'est pas accessible aux officiers de justice du pays.

2° **Des Consuls.** — Les Consuls sont des agents chargés de la protection du commerce et de la navigation de leurs nationaux en pays étranger, et des agents d'information destinés à fournir les renseignements nécessaires pour assurer la prospérité de l'industrie, du commerce et de la navigation de leurs nationaux dans le lieu de leur résidence.

Ce ne sont donc pas des agents diplomatiques. Leur mission est essentiellement commerciale. Il en résulte qu'ils ne peuvent prétendre à l'intégralité des immunités diplomatiques accordées aux représentants de leur pays.

En règle générale, les Consuls ne jouissent pas de l'inviolabilité personnelle ; ils sont soumis à la juridiction civile et criminelle de l'État de leur résidence, et leurs biens peuvent être saisis et vendus au profit de leurs créanciers en vertu de sentences judiciaires.

Les prérogatives et immunités dont ils jouissent varient suivant l'usage et les stipulations conventionnelles.

La France, sauf stipulation contraire dans les traités, attribue à ses consuls et reconnaît aux agents étrangers un caractère public, et comme tels leur garantit l'exemption des charges nationales et municipales quand ils ne possèdent pas de biens-fonds et n'exercent pas le commerce.

On·leur reconnaît le droit de mettre sur la porte de leur maison les armes de leur nation et d'y arborer le pavillon.

Ils sont autorisés à communiquer directement avec les autorités judiciaires et administratives de leur résidence.

Ils sont seuls compétents pour connaître des crimes et délits commis à bord des navires de leur nation par un homme de l'équipage envers un autre, dans les conditions ci-dessus décrites.

Leurs archives sont inviolables, insaisissables et échappent à toute perquisition de la part des autorités territoriales.

Ce dernier principe a nettement été reconnu en 1887, lors de la violation des archives du Consulat à Florence.

Tel est l'esprit général des traités consulaires conclus par la France :

En 1862 avec l'Espagne ;

En 1853 avec les États-Unis ;
1855 avec les Pays-Bas ;
1856 avec le Vénézuela ;
1860-66 avec le Brésil ;
1862 avec l'Italie ;
1866 avec l'Autriche et le Portugal ;
1878 avec la république de Salvador.

L'Angleterre voulant conserver toute son indépendance à ce sujet refuse toute convention relative aux immunités consulaires.

Elle dénie toute espèce d'immunités particulières et personnelles aux Consuls qu'elle admet dans ses ports, ce qui ne l'a pas empêchée dans plus d'une occasion de réclamer pour les siens le traitement de la nation la plus favorisée.

Les règles de droit commun qui servent de base à la législation anglaise sont d'une inflexibilité telle que l'on a vu, il y a quelques années, saisir et vendre les archives du consulat général de France à Londres, comme gage de l'impôt mis à la charge du propriétaire de la maison louée pour le service de la chancellerie.

Les Consuls, en Orient, nous l'avons vu, ont une situation toute particulière dont les privilèges comportent même une extension aux immunités diplomatiques.

§ 5. — *Du commandant du bâtiment de guerre quant à la protection de ses nationaux à l'étranger.*

Nous avons examiné dans les quatre paragraphes précédents la condition des nationaux habitant à l'étranger.

Nous avons défini leurs devoirs et leurs droits. Il nous reste à examiner quels sont leurs protecteurs ?

En première ligne les Consuls, et au-dessus les agents diplomatiques.

Le Ministre étranger doit protéger ses nationaux contre les procédés arbitraires et les dénis de justice dont ils peuvent avoir à souffrir de la part des autorités locales, surtout s'il s'agit d'atteintes portées aux traités et aux conventions en vigueur.

Toutefois, cette protection ne saurait être qu'officieuse et facultative dans les affaires purement privées, sans corrélation avec les intérêts généraux du pays.

Dans des circonstances plus graves, en cas de guerre civile ou de mauvais traitements exercés contre des nationaux, il peut y avoir lieu à intervention :

Intervention diplomatique d'abord, intervention armée ensuite.

Les exemples d'intervention armée sont nombreux :

Intervention armée en Syrie (1860) ;
Intervention en Crète (1866) ;
Intervention à la Plata (1838-1840-1843-1850) ;
Intervention au Mexique (1861-1867) ;
Intervention de l'amiral Bergasse du Petit-Thouars à Lima (1878).

Quel est le rôle du commandant de bâtiment de guerre dans ces circonstances ?

Les articles 137 et 138 du décret du 20 mai 1885 sur le service à bord, qui doivent être son guide en cette matière, sont ainsi conçus :

Lorsqu'il se présente une circonstance politique de nature à motiver l'intervention d'un ou plusieurs bâtiments, et si le commandant en chef n'a pas reçu à cet égard des instructions du Ministre de la marine, il se concerte avec les agents diplomatiques ou les autorités consulaires de France, ayant qualité pour prendre l'initiative de cette démonstration.

En pays étranger, le commandant en chef ne doit pas recourir à la force ni à des mesures susceptibles de conduire à l'emploi de la force, sans y avoir été spécialement autorisé par le Ministre de la marine, à moins que l'honneur du pavillon ne soit engagé, ou qu'il n'ait à repousser une attaque contre le représentant de la France, contre des nationaux ou contre des bâtiments français.

Dans les circonstances prévues ci-dessus, et autant que cela est possible, le commandant en chef se concerte avec l'agent diplomatique ou l'autorité consulaire de France ; mais il demeure seul juge de l'opportunité d'une démonstration de ses forces, pouvant conduire à engager, sans l'autorisation du Ministre, une action militaire.

Un des moyens de protection les plus fréquemment employés, en cas de trouble intérieur, est le refuge à bord.

Lorsque pendant le séjour de bâtiments de guerre sur une rade étrangère, la sécurité des sujets français est menacée d'un péril imminent, le commandant en chef doit, si les circonstances le permettent, faciliter leur départ en mettant des canots à leur disposition, et donner asile à ceux que peuvent recevoir sans inconvénient les bâtiments qu'il commande. (Art. 147 du décret précité.)

A moins d'urgence, il s'entend préalablement avec les agents diplomatiques ou consulaires.

Il prescrit qu'une surveillance sévère soit exercée pour empêcher les réfugiés d'entretenir des intelligences avec la terre et, dès que les circonstances le permettent, il les fait débarquer dans un lieu où leur sécurité soit assurée.

Le droit de refuge est absolument refusé aux navires marchands.

Pour terminer l'examen des situations spéciales créées aux bâtiments de guerre par leur passage dans les eaux territoriales étrangères, disons que le commandant exerce sur les navires de commerce français qui s'y trouvent une action disciplinaire spéciale, et préside le tribunal maritime commercial à raison des délits commis à bord.

On peut encore regarder comme se rattachant à la mission protectrice des bâtiments de guerre les règles relatives à l'extradition des déserteurs.

L'extradition des matelots déserteurs fait quelquefois l'objet d'accords spéciaux entre les nations, mais le plus souvent elle fait partie des clauses maritimes insérées dans les traités de commerce et de navigation, et les traités consulaires.

Citons comme tels : une déclaration du 23 juin 1854, entre la France et l'Angleterre ; le traité de commerce avec les États-Unis, du 23 février 1853, etc.

Aux termes de ces diverses conventions, les autorités locales prêtent aux consuls ou aux commandants de navire de guerre toute aide et assistance pour la recherche, la saisie et l'arrestation des marins français déserteurs, qu'ils soient ou non inculpés de crimes, de délits ou de contraventions commis à bord des bâtiments qui les réclament.

TITRE III

DES ACQUISITIONS PACIFIQUES DE TERRITOIRE

L'examen des divers modes d'acquisitions pacifiques de territoires intéresse tout particulièrement notre sujet. C'est en effet par la marine qu'elles se réalisent le plus souvent.

Les États acquièrent la propriété comme les individus, par les mêmes moyens et de la même manière, c'est-à-dire par achat, cession, échange, héritage ou prescription. Ils ont de plus un mode d'acquisition à eux propre, la conquête, que nous examinerons, comme conséquences de la guerre, dans le livre suivant.

Nous parcourrons ici les moyens pacifiques d'acquisition, dont l'application se rencontre le plus fréquemment dans les rapports entre États constitués.

§ 1er. — *Découvertes et occupations de contrées désertes.*

La découverte de l'Amérique et celles qui, vers la fin du Moyen Age, ont été faites en Asie et en Afrique ont introduit dans le droit international un mode nouveau d'acquisition et de possession : la priorité de découverte et la première occupation.

Aujourd'hui il ne reste plus, à proprement parler, de contrées à découvrir : l'exploration, qui remplace la découverte, a déjà scruté presque tous les coins du globe, et il n'est guère de territoires qui aient échappé à ses recherches.

Quoi qu'il en soit, il existe encore des régions qui ne font partie d'aucun État, étant inoccupées ou possédées par des tribus plus ou moins sauvages.

1° Dans le premier cas (inoccupation), un État peut acquérir la souveraineté sur de semblables territoires par la prise de possession, mais il faut que cette prise de possession soit effective, c'est-à-dire accompagnée ou suivie d'un commencement d'organisation administrative ou d'exploitation commerciale ou industrielle. Il est bien certain, d'ailleurs, qu'il suffit d'une occupation effective d'une portion du pays pour assurer la prise de possession du pays tout entier; mais le simple fait de planter un drapeau, des poteaux avec inscriptions, une croix ou d'autres emblèmes ne suffit pas pour donner à un pays un titre exclusif, quand on n'en fait pas un usage actuel.

Je m'empresse de reconnaître que la pratique des nations s'est, dans bien des cas, contentée de mesures semblables.

La doctrine que je viens d'exposer a pourtant reçu une consécration solennelle dans les décisions de la conférence internationale de Berlin de 1884-1885 qui avait, entre autres tâches, celle de prévenir les contestations que pourraient soulever, à l'avenir, les prises de possession nouvelles sur la côte d'Afrique.

Les articles 34 et 35 de l'acte général sont ainsi conçus : *La puissance qui, dorénavant, prendra possession d'un territoire sur les côtes du continent africain situées en dehors de ses possessions actuelles ou qui, n'en ayant pas eu jusque-là, viendrait à en acquérir, et de même la puissance qui y assumera un protectorat, accompagnera l'acte d'une notification adressée aux autres puissances signataires, afin de faire valoir, s'il y a lieu, leurs réclamations.*

Les puissances signataires du présent acte reconnaissent l'obligation d'assurer, dans les territoires occupés par elles sur les côtes du continent africain, l'existence d'une autorité suffisante pour faire respecter les droits acquis.

Ces règles paraissent acquises désormais à la pratique internationale ; la portée n'a pas tardé d'ailleurs à en être étendue d'une façon explicite et absolue.

Ce fut, en effet, en invoquant les principes de la conférence de Berlin que l'Allemagne contesta à l'Espagne la propriété des archipels des Carolines et des Palaos, dans l'Océanie, en alléguant que jamais l'Espagne n'avait rempli, à l'égard de ces îles, les conditions prescrites par le droit des gens et revêtues récemment d'une nouvelle et si solennelle sanction.

Le médiateur appliquant les principes suivis par la conférence reconnut le droit historique de l'Espagne, corroboré par des faits positifs, des actes d'occupation, d'intervention, de protectorat ou d'administration.

2° *Droit de civilisation.*—Lorsque le pays n'appartenant à aucun État reconnu est possédé par des peuplades sauvages ou barbares, on paraît reconnaître, comme en justifiant l'occupation par un État civilisé, le devoir nécessaire d'étendre le domaine de la civilisation ; on ne saurait admettre cependant qu'il résulte de là, pour l'État qui désire s'emparer de ce territoire, le droit d'en expulser les possesseurs, quels qu'ils soient, car enfin, comme le fait observer Vatel, ces barbares possèdent leur pays, ils s'en servent à leur manière, ils en tirent un usage approprié à leur genre de vie, au sujet duquel ils n'ont à recevoir la loi de personne.

Par suite, nous déciderons que, pour établir un titre de

possession légal, il faut obtenir leur consentement, et, dans ce cas, leur fournir un dédommagement équitable, comme ont fait les Puritains qui débarquèrent dans la Nouvelle-Angleterre et les Quakers dans la Pensylvanie, bien qu'ils fussent munis d'une charte de leur souverain. Ils achetèrent des Indiens la terre sur laquelle ils dési-raient s'établir.

La plupart des prises de possession effectuées depuis un certain temps sur le continent d'Afrique ont pour base des arrangements directs avec les chefs indigènes. Tel est, notamment, le cas des acquisitions faites par la France sur la côte occidentale et dans le bassin du Congo, et par l'Allemagne dans l'est et l'ouest de l'A-frique.

Cette pratique semble devoir s'imposer désormais à toute entreprise de colonisation; elle consacre jusqu'à un certain point un principe que les nations chrétiennes ont presque constamment méconnu du XVe au XVIIIe siècle, principe en vertu duquel les tribus indigènes, en tant qu'États indépendants, auraient en général le droit de signer des traités, de consentir l'abandon total ou partiel de leur souveraineté, soit par la cession définitive de leur territoire, soit par la stipulation d'un protectorat.

§ 2. — *Prescription.*

La prescription constitue pour les États des titres très légitimes d'acquisition.

Fondée et légitime en droit civil, elle est, jusqu'à un certain point, plus nécessaire entre États souverains qu'entre particuliers. Il faut, en effet, dans l'intérêt de la bonne harmonie des nations, décider que le droit de pos-session qui a reçu la consécration du temps doit être regardé comme imprescriptible et légitime. S'il était permis, pour établir la possession primordiale d'un État, de remonter indéfiniment le cours des années et de se perdre dans la nuit des temps, combien de droits, actuellement incontestés, pourraient établir un légitime fondement ?

§ 3. — *Droit d'acquisition d'associations privées.*

La prise de possession d'un nouveau territoire peut s'opérer par des particuliers ; mais si ceux-ci ont agi sans pouvoirs, leurs actes doivent être ratifiés par l'État duquel ils dépendent, pour que leur occupation revête un caractère définitif et valable à l'égard des autres États.

Cette question a, dans ces derniers temps, pris une place importante dans le droit international, notamment à l'occasion des récentes annexions sur le continent africain. On a contesté aux associations privées d'un caractère philanthropique la capacité d'accepter des chefs indigènes des cessions de territoire emportant des droits complets de souveraineté.

On ne conteste pas que des sociétés formées dans un but commercial et auxquelles les gouvernements ont octroyé des chartes ou lettres patentes, soient capables d'acquérir une situation internationale dans le cas où elles auraient obtenu de chefs indigènes des cessions de territoires. On en pourrait citer d'ailleurs de nombreux exemples, tant en Asie qu'en Amérique ; mais la reconnaissance de ces établissements comme États indépendants a longtemps donné lieu à des pourparlers et à des difficultés.

Ainsi, la société de colonisation américaine pour l'établissement en Afrique d'hommes de couleur libres des États-Unis, fondée en 1846, n'a été reconnue pour la première fois comme puissance indépendante, sous le nom de république de Liberia, qu'en 1848, et par l'Angleterre seulement. Depuis, l'indépendance de ce petit État a été reconnue par les principales nations européennes.

A l'occasion de la conférence de Berlin, une société formée, dans l'origine, sous les auspices du roi des Belges et ayant pour objet la colonisation et l'exploitation, au point de vue commercial, des contrées explorées par Stanley, a réclamé et obtenu son admission au nombre des États, et sa reconnaissance sous le nom d'association internationale africaine.

Toutes les puissances représentées ont, en effet, accédé à cette demande, et l'association a obtenu des divers gouvernements, au nombre desquels se trouve la France, des traités dont une des dispositions reconnaît son pavillon comme celui d'un État ou d'un Gouvernement.

Tels sont les principes que nous proposons comme règles de [nature à éviter les difficultés, auxquelles un commandant de bâtiment de guerre peut se trouver mêlé, dans les acquisitions de territoire.

LIVRE II

DU COMMANDANT DE BATIMENT DE GUERRE

EN CAS DE CONFLIT INTERNATIONAL QUI N'EST PAS LA GUERRE

Avant de confier la solution d'une question internationale au sort des armes, les États sont moralement tenus d'épuiser toutes les voies possibles et honorables pour arriver à un arrangement amiable et pacifique.

Dans l'état actuel des sociétés et du droit, les nations n'ont que deux moyens de les aplanir et de les résoudre : les négociations amiables et des actes plus ou moins violents.

Dans la première catégorie, on range généralement les transactions, médiations, arbitrages, et les conférences.

Dans la seconde, les retorsions, les représailles, les séquestres et les embargos.

Il nous semble absolument indispensable qu'un commandant de navire de guerre soit au courant de ces questions auxquelles il est souvent mêlé, qu'il est même parfois appelé à diriger. Nous les parcourrons donc successivement avant de traiter de la guerre et des difficultés juridiques auxquelles elles peuvent donner lieu.

CHAPITRE PREMIER

DES NÉGOCIATIONS AMIABLES

Les précédents historiques nous fournissent sept moyens différents d'arriver à une entente. Ce sont :

§ 1er. — *Les arrangements amiables.*

Par l'arrangement amiable, l'une des parties, pour éviter des discussions ou un conflit plus sérieux, abandonne ses prétentions ou renonce à la chose à laquelle elle croit avoir droit.

Les circonstances de chaque différend peuvent seules déterminer, dans ce cas, s'il est préférable de sacrifier complètement ses droits ou bien de renoncer à les faire valoir, tout en en sauvegardant le principe par un acte bilatéral qui en reconnaisse au moins l'existence.

Les publicistes ne sont pas d'accord sur la signification et la portée véritable de l'arrangement amiable. Les uns l'envisagent comme une renonciation de la part des parties intéressées ; d'autres, comme un désistement réciproque de toutes les prétentions qui ne sont pas complètement justifiées ; quelquefois aussi, comme une solution de fait sur un point accessoire, la question principale demeurant réservée.

Mais quel que soit le sens qu'on veuille y attacher, l'arrangement amiable n'en est pas moins une preuve évidente de l'esprit de modération et de bonne foi dont sont animés les États qui y ont recours, et à ce titre, il faut souhaiter d'en voir généraliser l'emploi.

On en peut citer comme exemple le traité signé à

Washington, en 1842, par les États-Unis et l'Angleterre ;
par ce traité, cette dernière puissance abandonnait sa prétention de visiter les navires de commerce américains
sous prétexte de répression de la traite.

§ 2. — *Les transactions.*

La transaction implique toujours une renonciation simultanée et réciproque à tout ou partie des prétentions
mises en avant de part et d'autre. C'est une entente sur
un terme moyen qui résout la difficulté pendante, tandis
que dans l'arrangement amiable c'est, en général, l'une
des parties qui facilite l'accord en abandonnant isolément
le droit ou l'objet dont la revendication formait la matière
du débat.

Comme exemples de transactions, nous citerons les
traités intervenus en 1842 et en 1846, entre les États-Unis
et l'Angleterre, pour régler les limites du Maine et de
l'Orégon, et le traité, dit de l'Escurial, conclu en 1790
entre l'Angleterre et l'Espagne.

§ 3. — *Congrès.*

Lorsque les États veulent régler leurs différends, sans
en référer à la décision des tiers, ils se concertent entre
eux pour peser et discuter leurs prétentions dans un mu-
tuel esprit de bienveillance et de modération, fixer et
déterminer d'un commun accord leurs droits respectifs ;
en un mot, ils se parlent et s'abouchent.

Les Conférences et les Congrès sont un des moyens auxquels on a eu le plus fréquemment recours pour aplanir et
concilier pacifiquement les désaccords qui portent sur des
questions d'intérêts complexes.

Les plus récents sont les Congrès de Vienne, en 1815; de Vérone, en 1822; de Paris, en 1856; de Berlin, en 1878.

§ 4. — *Conférences.*

Les Conférences sont des réunions comme les Congrès, ayant également pour objet d'aplanir les difficultés internationales et de faciliter la conclusion de certains traités.

Les Conférences ne se distinguent guère des Congrès que par la situation des personnes qui y prennent part.

Tandis que souvent dans les Congrès on voit figurer les chefs même des États ou leurs ministres des affaires étrangères, les Conférences sont exclusivement composées d'ambassadeurs ou d'agents diplomatiques spécialement délégués.

Souvent aussi les Conférences préparent la solution des questions sans les décider, et elles sont les préliminaires des congrès.

Les Conférences les plus importantes des temps modernes sont par ordre de date :

1828 et années suivantes. — Affaires de Grèce.

1831 à 1839. — Affaires de Belgique.

1858. — Principautés danubiennes.

1861. — Affaires de Syrie et du Liban.

1862. — Question mexicaine.

1864 et 1869. — Conférences de Londres. — Questions danoise, allemande et du Luxembourg.

1868. — Paris. — Différend turco-grec à propos de la Crète.

1877-1878. — Constantinople. — Question des principautés vassales de la Porte.

1884-1885. — Berlin. — Règlement des affaires du Congo.

1890. — Bruxelles. — Conférence antiesclavagiste.

Les travaux des Conférences ne se traduisent pas toujours sous la forme de traité, on se contente assez souvent de consigner les principes sur lesquels l'accord s'est établi dans des documents diplomatiques, qui prennent le nom de *déclarations*, et donnent lieu à un échange de notes ministérielles.

§ 5. — *Entrevues de princes et de souverains.*

Un moyen auquel on a parfois recours pour aplanir les difficultés, sans l'intervention d'un tiers, consiste dans les entrevues personnelles des souverains avec ou hors la présence de leurs ministres et d'autres agents officiels.

Ces entrevues prennent le nom de *Congrès* lorsqu'elles donnent lieu à des traités ou à des stipulations écrites. On en a eu un exemple dans l'entrevue qui eut lieu à Varsovie, le 20 octobre 1800, entre les souverains de l'Autriche, de la Prusse et de la Russie.

§ 6. — *Médiation.*

Il y a *médiation* quand un État ami prête ses bons offices pour résoudre et régler des questions internationales pendantes entre deux ou plusieurs autres États.

Le but de la médiation est de concilier les intérêts divergents et de suggérer les bases d'une entente amiable, mais en laissant aux parties directement en cause toute liberté pour se rallier ou non à la transaction proposée. C'est ce caractère suspensif, et non absolument obligatoire de ses effets, qui distingue avant tout la médiation de l'arbitrage dont nous aurons à parler ensuite.

Le droit de médiation repose tantôt sur des conventions expresses, tantôt sur des traités de garantie. L'histoire nous en fournit de nombreux exemples :

Ainsi, à l'époque de la paix de Westphalie, la France et la Suède garantirent en commun la constitution de l'Empire germanique, et formèrent de cette manière une convention de médiation éventuelle.

En 1713, lors de la paix d'Utrecht, on vit l'Angleterre offrir sa médiation qui eut pour résultat d'amener l'Empire à conclure le traité de Bade.

L'organisation de la Confédération helvétique a été préparée, en 1813, sous la médiation des grandes puissances alliées, et reconnue par elles deux ans après, au Congrès de Vienne.

La Constitution des États-Unis garantissant à chaque membre de l'Union la forme de gouvernement républicain, l'autorité fédérale est tenue de protéger chacun des États fédérés contre les attaques extérieures ou les dissensions intestines, toutes les fois qu'elle en est requise par l'État dont la sécurité est menacée.

Le 23e protocole du Congrès de Paris, de 1856, se termine par le vœu que les États entre lesquels s'élèverait un différend, avant d'en appeler aux armes, eussent recours aux bons offices d'une puissance amie. Le protocole toutefois ne contient pas une stipulation obligatoire, il fournit purement et simplement aux puissances qui veulent l'invoquer un moyen honorable d'éviter la guerre.

Se conformant aux principes contenus dans ce document international, l'Angleterre, en 1870, s'offrit comme médiatrice entre la France et l'Allemagne.

La médiation ne résulte pas toujours d'un traité formel

ou d'une convention de garantie intérieure. Elle peut aussi se produire sous forme d'arbitrage librement sollicité ou accepté par la partie intéressée.

Voici les exemples les plus saillants de cette seconde sorte de médiation :

En 1812, le gouvernement russe offrit sa médiation dans les différends survenus entre l'Angleterre et les États-Unis. Ceux-ci acceptèrent la médiation proposée, mais l'Angleterre la déclina. La Russie, en agissant ainsi, proposait ses bons offices et espérait faciliter, par un examen impartial du différend, la conclusion d'une transaction amiable.

Nous pouvons encore citer comme cas de médiation, le règlement du différend survenu, en 1885, entre l'Espagne et l'Allemagne, au sujet des Carolines.

§ 7. — *Arbitrages.*

Il y a *arbitrage* lorsque deux États, ne pouvant s'entendre entre eux pour vider un différend, délèguent d'un commun accord à une ou plusieurs autres personnes le soin de décider et de statuer comme juges en dernier ressort, par analogie avec ce qui se passe entre particuliers pour la solution d'affaires d'un caractère civil ou commercial.

Dès les temps les plus reculés nous voyons les chefs des nations, des villes se soumettre à la sentence de certains juges choisis pour trancher leurs démêlés.

Au moyen âge, les exemples d'arbitrages sont nombreux. En Italie notamment, de continuels arbitrages rendent la paix aux républiques municipales. Toutefois, pendant plusieurs siècles, la domination religieuse et morale de la papauté avait fait perdre à l'arbitrage son caractère de spontanéité. Rome enseignant qu'elle avait reçu du ciel le pouvoir de faire cesser les inimitiés entre les peuples chrétiens, tentait d'imposer son pouvoir aux princes régnants.

Le cas le plus mémorable d'arbitrage pontifical est la sentence prononcée le 4 mai 1493 par Alexandre VI, entre l'Espagne et le Portugal, qui se disputaient la possession du Nouveau Monde.

Pendant les XVIe, XVIIe et XVIIIe siècles, périodes de guerres continuelles, les arbitrages sont rares, mais ils deviennent relativement plus fréquents dans le nôtre.

Nous allons citer ceux qui nous paraissent les plus propres à faire apprécier la nature et la portée de ce mode d'arrangement amiable.

1° *Arbitrages relatifs à des questions de personnes.* — En 1863, le roi des Belges fut pris pour arbitre par le gouvernement anglais et celui du Brésil dans les circonstances suivantes :

Trois officiers de marine anglais avaient été arrêtés à terre pour insulte à une sentinelle brésilienne. L'Angleterre vit dans cette arrestation une grave offense à son pavillon et demanda réparation.

L'arbitrage ayant été agréé de part et d'autre, le roi des Belges fut choisi et nous avons déjà vu qu'il donna raison au gouvernement brésilien.

En 1875, un conflit faillit éclater entre la Chine et le Japon, à la suite de meurtres de sujets japonais commis par des Chinois, à Formose. Les deux gouvernements étaient près d'en venir aux hostilités lorsque, sur les instances des ministres de Londres et de Washington, ils résolurent de s'en remettre à l'arbitrage de sir Wade, ministre d'Angleterre à Pékin.

Ce diplomate rendit une sentence en faveur du gouvernement japonais, à qui la Chine fut condamnée à payer une indemnité.

2° *Questions de territoire ou d'indemnités.* — Un litige était pendant depuis 1823 entre l'Angleterre et le Portugal, au sujet de la possession des territoires de Tembé et de Maputo et de deux îles situées dans la baie de Delagoâ, sur la côte orientale d'Afrique. En 1872, à la suite d'un protocole signé à Lisbonne, les deux gouvernements décidèrent de s'en remettre à l'arbitrage définitif du Président de la République française, qui, le 24 juillet 1875, rendit une sentence favorable au Portugal, dont les droits étaient prouvés et établis.

En 1872, une question de frontière a été réglée entré l'Angleterre et les États-Unis par sentence arbitrale de l'Empereur d'Allemagne, à raison du détroit de Fuca, sur la côte occidentale du Canada.

Pendant la guerre entre l'Angleterre et les États-Unis, dans la nuit du 26 septembre 1814, une collision sanglante éclata dans le port de Fayal, entre les matelots du corsaire américain, *Général-Amstrong*, et des hommes montant des embarcations anglaises dépendant d'une escadre entrée au port dans la soirée.

Le lendemain, l'escadre anglaise vint canonner le corsaire et le coula. Les États-Unis prétendirent faire tomber la responsabilité de ces actes sur le Portugal, responsable de la police de sa rade.

Cette réclamation fut soumise, en 1852, à l'Empereur des Français, qui, le 30 novembre de la même année, déclara le gouvernement portugais irresponsable d'une collision qui avait eu lieu au mépris de ses droits de souveraineté, en violation de la neutralité de son territoire, et sans que les officiers locaux eussent été en temps utile mis en demeure d'accorder aide et protection à qui de droit.

Le cas d'arbitrage le plus considérable que nous ayons à citer est, sans contredit, celui qui a mis fin, en 1872, au différend soulevé entre l'Angleterre et les États-Unis, au sujet des réclamations de ces derniers, connues sous le nom d'Alabama-Claims. Nous reviendrons sur cette affaire lorsqu'il sera question des devoirs de la neutralité. Disons seulement que, dans ce cas, le gouvernement des États-Unis accusait les autorités anglaises d'avoir compromis leur qualité de neutres pendant la guerre de Sécession, en favorisant l'armement et l'équipement des corsaires confédérés, et réclamait de ce fait une grosse indemnité.

Après plusieurs années de discussion, les parties convinrent, en 1871, par le traité de Washington, de s'en remettre à la sentence d'un tribunal d'arbitrage composé de 5 membres, qui se réunit à Genève, et, le 14 septembre 1872, fit connaître sa décision.

Le 1er avril 1884, une sentence arbitrale a terminé également le différend pendant entre la France et les États-Unis, pour le règlement des dommages causés à l'une ou à l'autre des puissances pendant la guerre du Mexique et la guerre de Sécession.

Citons encore les cours arbitrales chiliennes, chargées de juger les réclamations relatives aux dommages subis par les étrangers pendant la guerre péruano-chilienne, et enfin la commission arbitrale internationale d'Égypte, qui a déterminé le chiffre des indemnités après le bombardement d'Alexandrie (février 1883 à mars 1884).

Tels sont les cas les plus marquants d'arbitrage international. La procédure employée est généralement la suivante :

Et d'abord, pour constituer l'arbitrage, il est essentiel que les États qui ont entre eux un sujet de contestation s'accordent préalablement à en déférer la décision à un tribunal étranger. Il est nécessaire, en outre, que les États ou les personnes choisis pour former ce tribunal consentent à en faire partie.

Aussi, avant de recourir à l'arbitrage, et pour mieux assurer le but définitif que l'on poursuit, est-il d'usage que les parties en présence signent ce que, en langage de droit, on appelle un compromis, c'est-à-dire une convention spéciale précisant nettement la question à débattre, exposant l'ensemble des points de fait et de droit qui s'y rattachent, traçant les limites du rôle dévolu à l'arbitre et, sauf les cas d'erreur matérielle ou d'injustice flagrante, impliquant l'engagement de se soumettre de bonne foi à la décision qui pourra intervenir.

Les parties ont le droit de choisir librement celui ou ceux auxquels elles veulent confier les fonctions d'arbitres, car on peut appeler un seul arbitre ou plusieurs.

Si les parties ne peuvent s'accorder sur le choix des arbitres, chacune d'elles en choisira un nombre égal et, comme alors l'éventualité peut se présenter qu'il y ait partage, il est opportun de nommer un susarbitre ayant vote prépondérant, qu'elles désignent elles-mêmes ou dont elles remettent le choix à un tiers.

Souvent, le choix du tribunal arbitral est confié, dès le principe, à un tiers ou à plusieurs. Ce fut la méthode adoptée au sujet du règlement des Alabama-Claims.

Reste à déterminer l'endroit où siégera le tribunal arbitral, formalité subsidiaire, mais de quelque importance au point de vue de la possibilité d'une décision impartiale à l'abri de toute influence.

Les arbitres une fois nommés forment un corps indépendant, un véritable tribunal judiciaire.

Quand le compromis n'a rien prévu à ce sujet, le tribunal arbitral établit lui-même la procédure à suivre, les formes et les délais de la production des demandes des parties et des pièces à l'appui, de l'accomplissement des enquêtes nécessaires, en appliquant, autant que possible, les règles de la procédure ordinaire. A défaut d'obligations nettement tracées dans l'acte de compromis, les arbitres, pour l'exécution de leur mandat, se guident d'après les règles du droit civil. Ainsi, ils ne peuvent procéder séparément, ils doivent discuter et délibérer en commun, décider à la majorité; en cas de partage, le susarbitre, s'il y en a, a voix prépondérante, et, s'il n'y en a pas, il y a lieu d'en nommer un, le choix de ce susarbitre appartenant, bien entendu, aux parties, à moins qu'elles n'en aient convenu autrement, le droit international n'admettant pas le principe du droit romain, qui autorisait les arbitres élus à nommer un tiers arbitre.

Quid si l'un des arbitres empêche, par une absence résultant d'un parti pris, de continuer les procédures?

Dans ce cas, je ne vois qu'un moyen : c'est de pourvoir à son remplacement.

L'arbitrage prend fin, à l'expiration du délai stipulé dans le compromis : par le décès ou l'empêchement de l'arbitre ou de l'un des arbitres, par la conclusion d'un arrangement direct entre les parties elles-mêmes, enfin par le prononcé de la sentence qui doit être rendue à la majorité des voix.

La sentence arbitrale est obligatoire sans appel. Elle oblige les parties par les mêmes raisons et les mêmes conditions que les traités. Les arbitres, toutefois, ne peuvent disposer d'aucun moyen pour contraindre les parties à s'y conformer, car il ne leur appartient pas d'ajouter à la sentence une clause pénale en cas de non-exécution.

De l'avenir de l'arbitrage. — Les bons offices que l'arbitrage a rendus, dans toutes les circonstances où il a été employé, légitiment le vœu unanime des jurisconsultes et des philosophes de voir les nations recourir à cette institution d'une manière permanente et irrécusable pour apaiser les conflits de toute nature. Des sociétés philanthropiques se sont proposé, comme but de leurs efforts, la réalisation d'un tribunal d'arbitrage international.

L'Institut de droit international de Gand, dans sa session d'août 1875, a voté un projet de règlement international concernant la procédure arbitrale.

Enfin, l'association pour la réforme et la codification du droit des gens a pris pour programme de ses travaux la discussion du principe de l'arbitrage international.

Il ne faut pas toutefois se faire illusion, cette réforme est encore loin de pouvoir se réaliser.

L'œuvre, en effet, ne serait praticable et durable qu'à la condition d'avoir pour base le consentement unanime de tous ; or, ce consentement, en présence des sentiments actuels des peuples, ne peut qu'être le fruit d'une transformation sociale progressive, mais lente.

Nous ne voyons pas non plus comment faire disparaître l'objection principale soulevée contre l'efficacité des sentences arbitrales en général ; quelle sanction en garantit l'exécution ?

L'emploi des moyens de coercition est inadmissible. L'intervention de tous les gouvernements érigée en règle aurait pour résultat de substituer les guerres générales aux guerres particulières. .

Reste l'opinion publique, dont on invoque la puissance.

Il nous faut espérer que le jour où l'opinion, par sa pression constante, sera parvenue à imposer aux nations le recours à l'arbitrage, elle sera, par la même pression, en mesure d'imposer également aux parties contestantes le respect des décisions arbitrales, comme cela du reste a eu constamment lieu, car il n'est pas de cas qu'on puisse citer où des États ayant remis leur différend au jugement d'arbitres, aient même tenté de se soustraire aux effets de la sentence prononcée contre eux.

CHAPITRE II

SOLUTIONS VIOLENTES — RÉTORSION — REPRÉSAILLES
EMBARGO — BLOCUS PACIFIQUE

§ 1er. — *Rétorsion.*

Lorsqu'un État a fait en vain un sérieux appel aux moyens de conciliation et qu'il ne veut pas encore recourir à une guerre ouverte pour vider le différend, il ne lui reste qu'à se placer sur le terrain des voies de fait, parmi lesquelles se présente tout d'abord la *rétorsion*, qui est la moins violente.

Elle consiste, pour un État, dans l'application réciproque des procédés dont il a à se plaindre.

Ainsi, quand un État cesse de respecter les usages établis, qu'il augmente démesurément les droits d'entrée ou de transit sur les produits d'un autre État, de manière à en diminuer les débouchés naturels, le recours à la rétorsion se justifie de lui-même.

Comme exemple de rétorsion, citons le décret de la Convention en date du 16 août 1797, qui ordonnait la confiscation des biens des sujets espagnols en France pour répondre aux mesures semblables décrétées par le roi Charles VI relativement aux propriétés des Français en Espagne. Le blocus continental n'était, dans son but, qu'une application exagérée du droit de rétorsion.

§ 2. — *Représailles.*

Il se produit parfois, dans les rapports internationaux, des actes qu'une simple mesure de rétorsion ne saurait combattre efficacement ou qui ne comportent pas ce mode de redressement, soit par exemple la suspension, sans motif valable, de l'exécution d'un engagement, le refus de payement d'une dette reconnue, le refus de réparer une injure ou dénis de justice évidents.

Dans toutes ces circonstances, avant d'en appeler aux armes, le pays offensé ou lésé a le droit incontestable de recourir à des mesures de contrainte plus ou moins étendues, désignées généralement sous le nom de *représailles*.

User de représailles c'est donc s'emparer d'un gage pour sauvegarder ses droits, reprendre son bien partout où il se trouve, en un mot, se faire justice soi-même.

Jusqu'à la fin du siècle dernier, les particuliers eux-mêmes, lorsqu'ils étaient lésés dans leurs intérêts par des étrangers, étaient fondés à tirer seuls et directement vengeance du tort qui leur avait été causé, non seulement sur les biens de leur offenseur, mais encore de toute autre personne appartenant à la même nation. Le gouvernement de l'offensé, pour régulariser ce mode de justice sommaire, lui délivrait des lettres de représailles l'autorisant à agir hostilement en pleine paix. Ainsi nous voyons Louis XVI, en 1778, accorder à deux armateurs de Bordeaux auxquels les Anglais avaient capturé onze navires, sous prétexte qu'ils portaient des munitions à leur colonie révoltée, des lettres de représailles sur les biens des sujets du roi d'Angleterre jusqu'à concurrence de la valeur des navires confisqués.

Aujourd'hui, la responsabilité des injures pèse sur les États et non sur leurs nationaux, et c'est l'État seul qui peut user de représailles.

Pour être autorisé *en droit* à recourir aux représailles, il faudrait que l'État qui a souffert des dommages appuyât sa prétention sur des titres incontestables. Nous verrons toutefois que, dans la pratique, l'exercice de ce mode de contrainte n'est pas toujours équitable. Les quelques cas de représailles que nous citons ci-dessous ne le démontrent que trop :

Représailles de l'Angleterre contre les Deux-Siciles (1840). — Par un traité intervenu en 1816 entre le gouvernement anglais et celui des Deux-Siciles, certains avantages commerciaux avaient été assurés à l'Angleterre, qui se trouvait ainsi placée sur le pied de la nation la plus favorisée.

Au mois de juin 1838, le roi des Deux-Siciles ayant accordé à une compagnie étrangère le monopole de l'exploitation des soufrières de la Sicile, l'Angleterre considéra cette concession comme une infraction au traité, demandant la clôture de l'opération et une indemnité pour le préjudice causé. Après quelques réponses évasives, le gouvernement napolitain notifia finalement qu'il avait été décidé par le roi, en conseil, que le contrat relatif aux soufres ne pouvait être regardé comme une violation du traité de 1816 et qu'il était impossible de souscrire aux exigences anglaises.

A cette réponse, le cabinet anglais donna l'ordre à son escadre de la Méditerranée de commencer les hostilités contre le pavillon napolitain. Le 17 avril 1840, des navires de guerre capturèrent plusieurs navires dans le voisinage de Naples, et l'embargo fut mis sur tous les vaisseaux portant les couleurs des Deux-Siciles qui se trouvaient dans le port de Malte.

Force fut à la cour de Naples de se soumettre aux exigences de l'Angleterre.

Affaire Pacifico. — En 1850, l'Angleterre déploya un appareil de forces maritimes considérable pour obtenir du gouvernement grec, par la contrainte, la solution d'une affaire de mince importance.

Il s'agissait d'une réclamation d'indemnités au nom de sujets anglais qui avaient été molestés dans une sédition. Le principal réclamant était un juif espagnol né à Gibraltar, nommé David Pacifico.

Le gouvernement grec objecta que les autorités avaient fait tous leurs efforts pour arrêter la perpétration de l'acte déplorable qui était déjà commencé lors de leur intervention ; que ces efforts n'avaient pas pleinement réussi pour des raisons indépendantes de ces autorités. Pacifico d'ailleurs n'avait qu'à introduire devant les tribunaux grecs une demande de dommages-intérêts contre ceux qu'il pouvait considérer comme les auteurs de cet acte coupable, et ce ne serait que dans le cas où, justice lui ayant été rendue, le gouvernement ne ferait pas exécuter la sentence, qu'il pourrait invoquer la protection de sa nation d'origine.

Une longue correspondance fut échangée, mais n'amena

aucune solution. Enfin, le 16 janvier 1850, le ministre d'Angleterre posa l'ultimatum : payement immédiat ou saisie de gages par l'escadre britannique.

Le gouvernement grec protesta contre l'ultimatum, mais ne paya pas. L'escadre anglaise agit alors avec vigueur, bloquant les ports, saisissant les navires grecs, jusqu'au moment où la médiation de la France ayant été acceptée, ordre lui fut transmis de se borner à conserver en nantissement les prises déjà faites.

L'indemnité accordée à Pacifico fut de beaucoup réduite, mais le gouvernement hellénique dut quand même céder.

La conduite du gouvernement anglais dans cette affaire souleva l'indignation de l'Europe, et la Russie, par l'entremise de son ambassadeur à Londres, lui adressa les plus vives remontrances.

Au mois de juin 1861, un navire de commerce anglais, le *Prince of Wales*, se perdit corps et biens sur les côtes du Brésil, mais quelques épaves et quatre cadavres étant venus à la côte, le consul anglais de Rio-Grande prétendit que le navire avait été pillé par des sujets brésiliens, qui avaient en outre assassiné les quatre matelots.

Se fondant sur les allégations de son consul, l'Angleterre adressa au gouvernement brésilien une demande d'indemnités. Refus de ce dernier, l'enquête ayant prouvé que les assertions du consul étaient dénuées de tout fondement.

A la suite de ce refus, la division anglaise réunie dans les eaux du Brésil, reçut l'ordre de bloquer le port de Rio-de-Janeiro.

Le gouvernement brésilien, forcé d'obéir à la contrainte, versa la somme réclamée en demandant que le gouvernement anglais exprimàt ses regrets des faits qui avaient accompagné les mesures de représailles et consentît à indemniser, suivant liquidation arbitrale, les dommages résultant de la saisie illégale des cinq navires brésiliens qui avaient été capturés.

L'Angleterre, en possession de l'argent, répondit par des faux-fuyants à la suite desquels le ministre brésilien demanda ses passeports. Les relations diplomatiques entre l'Angleterre et le Brésil demeurèrent suspendues jusqu'à la deuxième moitié de 1865.

§ 3. — *Embargos.*

L'*embargo* consiste dans la mainmise, à titre de gage ou comme mesure de précaution, sur les propriétés publiques ou privées d'une nation, notamment sur les navires marchands qui portent son pavillon et se trouvent mouillés dans les ports, rades ou baies de la juridiction territoriale.

Dans les premières années de ce siècle, la plupart des nations maritimes se sont donné le tort de recourir, comme préliminaires d'une guerre formelle, à ce moyen si préjudiciable aux intérêts du commerce.

De nos jours, de pareilles mesures sont condamnées par la pratique internationale, et toute nation qui va faire la guerre accorde aux navires de commerce ennemis un délai moralement suffisant pour se mettre à l'abri.

C'est ce que firent notamment la France et l'Angleterre en 1854, lors de la guerre d'Orient. Les mèmes principes furent observés en 1859, en 1862-1866 et 1870, dans les guerres d'Italie, de Danemark et d'Allemagne.

Dans l'état actuel du droit international, les embargos ne peuvent avoir d'autre caractère que celui d'un moyen

de coaction pour amener, hors le cas de guerre, le redressement de griefs sérieux, un changement d'attitude
politique, ou la réparation de violation flagrante du droit
des gens.

Nous citerons, comme embargos de ce genre, celui dont
la France frappa la marine portugaise en 1831, lors de ses
démêlés avec dom Miguel; celui mis en 1838 par l'Angleterre sur les navires napolitains, et enfin celui auquel les
gouvernements de France et d'Angleterre eurent recours,
en 1839, pour forcer la Hollande à reconnaître l'indépendance de la Belgique.

En ce qui concerne le traitement des personnes, marins ou autres, embarquées sur les navires frappés d'embargo, la justice et la raison font un devoir aux gouvernements de les considérer comme des hôtes et non comme
des prisonniers de guerre.

Il ne faut pas confondre l'embargo tel que nous venons
de le caractériser avec ce qu'on appelle l'*arrêt de prince*,
mesure de guerre par excellence.

Par cette mesure, qui a en général pour but d'empêcher la divulgation d'un fait que l'on veut tenir secret,
l'État s'oppose à ce que les navires neutres quittent ses
ports, sauf, bien entendu, règlement postérieur d'une indemnité équivalente au préjudice causé.

A défaut de traité, les lois intérieures sont formelles à
cet égard. En ce qui nous concerne, l'article 153 du décret du 20 mai 1885 sur le service à bord indique à ce
sujet les formalités que comporte l'exécution de cette
mesure.

§ 4. — *Blocus pacifiques.*

Depuis la chute du premier Empire, il s'est introduit
dans les relations internationales une pratique qui n'a pas

encore reçu la sanction du droit conventionnel et n'est pas soumise à des règles uniformes : nous voulons parler des *blocus pacifiques*, de ces actes évidemment hostiles, malgré leur dénomination, auxquels la plupart des puissances maritimes de l'Europe ont eu recours contre des États secondaires pour appuyer leurs réclamations.

Ce qui caractérise ces sortes de blocus, c'est que les gouvernements les établissant à titre de représailles pacifiques, prétendent rester en paix avec la nation bloquée, bien qu'ils infligent à son commerce les mêmes dommages, et le soumettent aux mêmes effets que s'il y avait eu déclaration formelle de guerre.

Le premier exemple que l'histoire nous offre d'un fait de ce genre, se rapporte à la Grèce. Il eut lieu en 1827, et se termina par l'écrasement des Turcs à Navarin. Le combat avait été précédé d'un blocus, pendant lequel les puissances alliées ne cessèrent de protester de leurs intentions pacifiques vis-à-vis de la Turquie.

En 1831, à la suite de mauvais traitements que dom Miguël avait fait subir à plusieurs sujets français, le gouvernement, sans déclarer la guerre au Portugal, dirigea contre Lisbonne l'escadre de l'amiral Roussin, qui franchit de vive force l'embouchure du Tage, bloqua divers points de la côte et captura un grand nombre de navires portugais.

Cette démonstration armée, que la France qualifia toujours de pacifique, se dénoua par un accord signé à Lisbonne qui, tout en allouant à nos compatriotes lésés, de légitimes réparations, stipula la restitution pure et simple de tous les navires capturés.

En 1833, pour vaincre les résistances du roi des Pays-Bas à la séparation de la Belgique, la France et l'Angleterre, sans rompre leurs relations pacifiques avec le cabinet de La Haye, établirent le blocus de tous les ports et de toutes les côtes de la Hollande.

Quelques années plus tard, en 1838, la France appliquait la même mesure aux ports du Mexique et s'emparait du fort de Saint-Jean-d'Ulloa, tout en protestant de son désir du maintien des relations pacifiques.

Deux autres exemples de blocus pacifiques nous sont fournis par l'expédition que la France, en 1838, la France et l'Angleterre, en 1854, dirigèrent contre la Confédération Argentine, sous la dictature de Rosas.

L'Angleterre recourut de nouveau au même procédé en 1850, contre la Grèce, au sujet de l'affaire Pacifico, que nous avons exposée dans le paragraphe précédent; en 1861, contre le port de Rio, à raison du naufrage du *Prince of Wales*.

Nous arrivons enfin au blocus de Formose, en 1884.

Après l'affaire de Lang-Son, au mois de juin 1884, la France considérant que la Chine avait violé le traité de Tien-Tsin, par le fait de la non-observation de la note Fournier, touchant l'évacuation du Tonkin, réclama du Gouvernement du Céleste-Empire une indemnité considérable, à titre de compensation, pour les familles des soldats tués à Lang-Son, et de dédommagement pour les frais occasionnés par les hostilités que ces événements avaient prolongées au Tonkin.

Cette indemnité, portée d'abord au chiffre de 250 millions, fut ensuite réduite au chiffre plus modeste de 50 millions, payables en 2 ou 3 ans, ou 80 millions payables par annuité de 8 millions.

Cette réclamation étant restée sans réponse catégorique, M. Ferry, fort des pleins pouvoirs des Chambres, fit remettre le 16 août, par M. de Semallé, notre chargé d'affaires à Pékin, la communication suivante :

« Le gouvernement de la République française ayant été invité par le vote des deux Chambres à prendre les mesures nécessaires pour faire respecter le traité de Tien-Tsin, le vicomte de Semallé a l'honneur de faire savoir, d'ordre de son gouvernement, à Leurs Excellences les membres du Tsong-li-Yamen, que le chiffre de l'indemnité a été réduit, à raison de la première satisfaction qui résulte de la publication du décret impérial du 16 juillet, à la somme de 80 millions, payables en dix ans ; mais si, dans un délai de 48 heures à dater de la présente notification, il n'a pas été fait droit à cette demande, M. de Semallé a l'ordre de quitter Pékin, et l'amiral Courbet prendra immédiatement toutes les dispositions qui lui paraîtront utiles, pour assurer au gouvernement français les réparations auxquelles il a droit. »

Cette notification étant restée sans réponse, l'amiral reçut l'ordre de détruire, à titre de représailles, les forts et l'arsenal de Fou-Tchéou, et de capturer les navires chinois, ordre qui fut exécuté dans les journées des 27 et 28 août.

L'amiral Courbet devait ensuite s'emparer de Formose, à titre de gage. A la suite de l'échec subi à Tamsui par les troupes de débarquement, l'amiral jugea nécessaire d'établir le blocus d'une partie des côtes pour prévenir l'envoi de renforts chinois, et empêcher la nouvelle de l'insuccès de Tamsui de se répandre en Chine.

Le président du Conseil, dans la séance du 26 novembre 1884, déclara formellement que le blocus établi l'était sans déclaration de guerre, pour éviter toutes difficultés avec les neutres.

Dans ces conditions, était-il conforme au droit des gens, et la France était-elle fondée à empêcher l'entrée des navires étrangers dans les ports de l'île ?

Interrogé sur cette question à la chambre des Communes, le sous-secrétaire d'État du Foreign Office reconnut à la France le droit d'établir le blocus de Formose et d'exiger le respect de ce blocus par les neutres.

Mais il refusa d'admettre la prétention du gouvernement français de n'être point en guerre avec la Chine, prétention qui paraissait absolument inexplicable après Fou-Tchéou et Tamsui.

Au reste, après la mise en vigueur du *Foreign Enlistment act*, le gouvernement français renonça à soutenir cette thèse, et en vint lui-même à se qualifier de belligérant.

M. Ferry écrivait le 24 janvier 1885, à notre ambassadeur à Londres : « Le *modus vivendi* consacré par la pratique des derniers mois, se trouve évidemment modifié à notre désavantage par les instructions qui viennent d'être envoyées aux autorités des possessions coloniales anglaises. Nos croiseurs ne devant plus rencontrer dans les ports étrangers les facilités qu'ils y ont rencontrées jusqu'à présent, il n'y a plus de raisons pour qu'ils s'abstiennent de soumettre les bâtiments neutres à une exacte surveillance. La situation nouvelle qui leur est faite, par une application rigoureuse des règles de la neutralité, nous détermine à avancer l'heure que nous aurions choisie pour revendiquer le plein et entier exercice des droits reconnus aux belligérants par la loi internationale ».

Le gouvernement allait donc, conséquence directe du fait qu'il se reconnaissait belligérant, exercer le droit de visite et confisquer les cargaisons constituant de la contrebande de guerre.

Nous ne nous trouvons donc pas, par suite, en présence d'un blocus pacifique bien déterminé. J'ai voulu en retracer ici les diverses phases, parce qu'il est ainsi communément désigné.

Il ne peut fournir au droit des gens, en matière de blocus pacifique, ni données, ni principes.

Il en est tout autrement de celui qu'il nous reste à étudier :

Le blocus des côtes de la Grèce, en 1886, est, en effet, malgré les réserves que l'on doit faire sur sa légitimité, le seul à mériter par son exécution la dénomination de pacifique, qui, appliquée aux blocus précédents, est en si grande contradiction avec les faits.

En septembre 1885, la nation hellénique, poussée par les espérances d'agrandissement qu'elle avait pu concevoir lors du traité de Berlin, témoigna la plus vive agitation, lorsque parvint à Athènes la nouvelle de la révolution de Philippopoli.

Aux yeux des Grecs, tolérer sans compensation une expansion si considérable de la race slave dans les Balkans, c'était souscrire à l'anéantissement des destinées futures de l'Hellénisme.

Le ministre Delyannis, cédant à la pression générale, prépara des armements compromettant au plus haut degré le maintien de la paix en Orient. Alarmées par ces menaces de guerre, les grandes puissances résolurent d'intervenir.

Leurs tentatives d'apaisement ayant échoué devant l'ardeur belliqueuse des Hellènes, les représentants d'Allemagne, d'Autriche, d'Angleterre, d'Italie et de Russie firent, le 8 mai 1886, au gouvernement hellénique la communication suivante (la France, qui avait suivi jusque-là les autres puissances, refusa de prendre part à l'exécution des mesures coercitives) :

« La réponse du cabinet d'Athènes à la note collective

des 14 et 26 avril n'étant pas de nature à satisfaire les puissances, les gouvernements susmentionnés ont donné ordre aux commandants de leurs escadres combinées d'établir un blocus sur les côtes de la Grèce contre tout navire sous pavillon grec. »

Le blocus ne devint effectif qu'à partir du 13 mai ; et le 7 juin seulement, les puissances, prenant acte des assurances pacifiques du cabinet d'Athènes, lui notifièrent que les commandants des escadres combinées avaient reçu l'ordre de lever le blocus.

Nous connaissons maintenant les divers cas de blocus pacifiques qui se sont produits dans le monde ; qu'en penser au point de vue de la légitimité ?

La plupart des publicistes les condamnent. Nous citerons parmi eux : Pistoye et Duverdit, Fauchille, Hautefeuille, Geffcken, Wolsey, Bluntschli, de Martens, etc.

Tous se basent sur le fait que le blocus pacifique constitue réellement un acte de guerre, et doit être accompagné d'une déclaration de guerre.

D'après M. Geffcken, le blocus pacifique ne peut être considéré comme un acte de représailles. Le droit des gens, dit-il, reconnaît la légitimité des représailles, mais elles doivent être des actes isolés. Il n'y a pas de représailles générales : entre elles et la guerre ouverte il n'y a pas de différence saisissable.

Or, pour se prévaloir des avantages concédés aux belligérants, il faut accepter les devoirs, les charges, les responsabilités qu'entraîne la guerre : on ne peut pas séparer l'un de l'autre et exercer les droits sans accepter les charges.

Une telle mesure pour un grand État, ajoute-t-il, est un moyen fort commode d'imposer sa volonté aux faibles, tandis qu'une guerre est une mesure grave, dont on ne peut calculer d'avance les conséquences. Mais c'est un principe essentiel du droit des gens que les États sont égaux et qu'il n'est pas permis de traiter des États secondaires comme on n'oserait pas traiter les puissances de premier ordre.

Quelques autres, Heffter, Cauchy, Perels et Blummering lui sont favorables ; la jurisprudence française et les lois intérieures de quelques pays admettent la légalité de ce genre de voies de fait.

Les arrêts du Conseil d'État intervenus à l'occasion du blocus pacifique des ports de la République Argentine ont validé les prises faites par la flotte bloquante.

Les partisans du blocus pacifique invoquent naturellement l'équité internationale qui veut qu'avant de commencer des hostilités si préjudiciables à tous les intérêts, on ne se prive pas d'un moyen de contrainte qui peut encore rendre inutile l'emploi de procédés plus étendus et plus violents.

A quelle solution nous arrêterons-nous ?

Théoriquement les adversaires du blocus pacifique sont absolument dans le vrai.

Le blocus pacifique est incontestablement un acte agressif, hostile, et portant gravement atteinte aux droits imprescriptibles d'une nation, en un mot un acte de guerre. Les gouvernements qui en ont établi n'ont pu soutenir jusqu'au bout la prétention de rester en paix avec la puissance bloquée, et se sont eux-mêmes qualifiés de belligérants.

Témoins le langage de M. Ferry lors du blocus de Formose, et la lettre que lord Palmerston écrivait à son ambassadeur à Paris au sujet du blocus de La Plata.

Dans les traités qui ont terminé ces opérations, il n'a d'ailleurs jamais été question de blocus pacifique ; les expressions dont on use pour désigner les États en cause éveillent toujours l'idée de guerre et de rapports belliqueux. Nous ne croyons donc pas qu'un blocus puisse être pacifique.

Nous ne voudrions pas en déduire pourtant que ce moyen de contrainte doive être proscrit des usages internationaux. Le principe en est utile, si l'on arrive à en faire une juste application : il doit par suite être conservé.

Le blocus de la Grèce en 1886, vu ses motifs d'intérêt général, et ses conséquences bienfaisantes pour la paix de l'Europe, plaide en faveur du principe du blocus pacifique.

Décidé dans un but pacifique par l'autorité collective des grandes puissances, par le concert européen, il nous semble fournir, malgré les doutes que l'on pourrait élever sur la légitimité d'une intervention des puissances dans les affaires politiques d'une nation indépendante, le modèle du procédé d'après lequel un blocus pacifique doit être décrété, pour s'imposer légitimement au respect des nations neutres.

Ce n'est donc que subordonné à la légitimité de sa cause, que nous admettons le blocus pacifique à titre de représailles, et comme dernier moyen d'éviter les calamités de la guerre.

Maintenant quels en sont les effets ?

En tant que moyen pacifique de contrainte, il ne peut être opposé aux neutres.

En 1886 le blocus ne s'exerçait que sur les navires de la nation bloquée, et nous avons vu que, lors du blocus de Formose, aussitôt que nous avons voulu le faire observer par les neutres, l'Angleterre nous considérant comme belligérants appliqua immédiatement à notre force navale la stricte observation de l'*Enlistment act*.

L'Institut de droit international, composé de publicistes de toutes les nationalités, dans sa session de 1887 a émis à ce sujet l'opinion suivante que je veux citer tout entière :

L'établissement d'un blocus, en dehors de l'état de guerre, ne doit être considéré comme permis par le droit des gens que sous les conditions suivantes :

1º Les navires de pavillon étranger peuvent entrer librement malgré le blocus.

2º Le blocus pacifique doit être déclaré et notifié officiellement. Il doit être maintenu par une force suffisante.

3º Les navires de la puissance bloquée qui ne respectent pas un pareil blocus peuvent être séquestrés. Le blocus ayant cessé, ils doivent être restitués avec leur cargaison à leurs propriétaires, mais sans dédommagement à aucun titre.

Toutes ces règles ont d'ailleurs été intégralement observées lors du blocus de 1886.

Soumis à de pareilles conditions, le blocus pacifique changerait de caractère : d'arme dans la main des grandes puissances pour imposer leur volonté aux puissances secondaires, il deviendrait un moyen réservé au concert des nations pour réprimer les actes politiques, soulevant la réprobation universelle et évidemment contraires à la justice et au bon droit. Il pourrait devenir aussi la sanction la plus efficace et la plus équitable des décisions arbitrales.

LIVRE III

DU COMMANDANT DE BATIMENT DE GUERRE
EN TEMPS DE GUERRE

GÉNÉRALITÉS

« La vie des États, dit Montesquieu, est comme celle
des hommes. Ceux-ci ont le droit de tuer dans le cas de
la défense naturelle, ceux-là ont le droit de faire la guerre
pour leur propre conservation. Dans le cas de défense
naturelle j'ai droit de tuer, parce que ma vie est à moi
comme la vie de celui qui m'attaque est à lui ; de même
un État fait la guerre parce que sa conservation est juste
comme toute autre conservation. La guerre dérive donc
de la nécessité et du juste rigide. »

Nécessité sociale, en effet, basée sur l'indépendance
des nations les unes à l'égard des autres, et l'absence
de tout pouvoir supérieur appelé à juger leurs différends.

C'est en se plaçant à ce point de vue que les publicistes
modernes les plus marquants ont proclamé hautement la
légitimité de la guerre.

Les guerres comportent des subdivisions et des classifications aussi nombreuses que variées. Ces distinctions ont,
au fond, une faible portée ; mais comme on les retrouve
dans la plupart des documents diplomatiques, il est intéressant de les faire connaître.

« La guerre, dit Wattel, est défensive et offensive. »

Celui qui prend les armes pour repousser un ennemi qui l'attaque fait une guerre *défensive* ; celui qui prend les armes le premier fait une guerre *offensive*. Cette distinction nous semble peu utile, car il est rare qu'aucune des parties belligérantes accepte l'imputation d'agresseur.

La guerre est dite *auxiliaire* par rapport à un allié qui prend fait et cause pour l'un des belligérants principaux.

On distingue encore les guerres *publiques* ou *privées* ; ces dernières, qui avaient lieu entre plusieurs individus ou entre les fractions d'une nation sans l'autorisation des pouvoirs suprêmes de l'État, ont disparu avec l'organisation féodale, dont elles étaient la conséquence inévitable.

Lorsqu'une nation est placée sous la domination d'une autre et qu'elle veut s'en affranchir, la lutte armée qu'elle engage prend le nom de guerre *d'indépendance*.

Citons en passant les guerres *insurrectionnelles* et *révolutionnaires*, les guerres *religieuses* et *politiques*, les guerres de *conquêtes*, les guerres *d'intervention*, qui ont toutes d'assez nombreux exemples dans l'histoire pour qu'il soit superflu de les définir.

Voici enfin les guerres *civiles*, c'est-à-dire celles qui surgissent entre concitoyens à l'intérieur même d'un État.

Les guerres civiles proprement dites peuvent donner à chacune des parties engagées le caractère et les droits de belligérants, non seulement à l'égard de son ennemi, mais encore à l'égard des États tiers qui veulent rester neutres.

Pour qu'il en soit ainsi, il faut que ces guerres ne puissent se confondre avec de simples rébellions dont les fauteurs sont regardés et punis comme coupables de crimes de droit commun.

En cette matière, on le conçoit, tout dépend des circonstances de temps et de lieu, de l'étendue et de la durée du mouvement insurrectionnel et surtout des principes de droit et de l'idée générale proclamés par le parti qui a pris le premier les armes. Il est donc difficile, sinon impossible de déterminer d'avance les limites absolues de cette distinction.

Après avoir défini ainsi les différentes sortes de guerre, les publicistes se sont efforcés de proclamer que toute guerre doit être juste, et qu'on ne doit pas y recourir sans les raisons les plus impérieuses.

Nous ne pouvons que les approuver sans les suivre dans ces considérations humanitaires ; nous ajouterons simplement que, quoi qu'il en soit des causes ou des prétextes qui peuvent lui donner naissance, la guerre est un fait actuel, réel, que la condition imparfaite des relations des États entre eux rend jusqu'à un certain point utile et nécessaire. Ainsi, dans le cas d'un État attaqué ou menacé, la guerre devient l'exercice d'un droit de nécessité suprême.

Il importe toutefois de restreindre l'exercice de ce droit aux limites de ce qui est réellement utile et nécessaire. Ces limites, qui sont les nôtres, constituent ce qu'on a appelé le *droit de la guerre*. Existe-t-il un droit de la guerre ?

Sans doute, on comprend que deux États qui se font la guerre puissent rompre, en ce qui les concerne, les obligations réciproques créées entre eux par le droit des gens, mais ils ne peuvent les anéantir par rapport aux autres

États, à la souveraineté desquels il leur est interdit de porter atteinte. Ce sont là autant de barrières devant lesquelles l'intérêt personnel est contraint de transiger.

Or, comme ces faits s'imposent également à tous les États qui peuvent se trouver en guerre, tous sont dans la nécessité d'en tenir compte. Il en est résulté une sorte d'entente tacite sur la manière d'employer la force, qui constitue de véritables obligations auxquelles nul État n'ose plus se soustraire, sous peine d'encourir la réprobation générale.

Ces règles, toutefois, ne sont pas fixes et immuables ; elles sont soumises au moins à deux actions agissant en sens contraire : d'une part, celle des hommes qui pratiquent les choses militaires et luttent pour la cause de leur art ; de l'autre, les juristes et les philosophes, qui défendent les droits des faibles et les devoirs de l'humanité.

Livrés à eux-mêmes, les uns et les autres risqueraient de s'égarer ; ce n'est que par des concessions réciproques qu'on peut arriver à fixer des règles qui s'imposent aux nations. Tel est le but du droit de la guerre et tel est le résultat qu'il n'est pas loin d'atteindre. Nous nous en convaincrons au cours de cette étude.

TITRE PREMIER

DES RAPPORTS DES BELLIGÉRANTS ENTRE EUX

CHAPITRE PREMIER

DE LA DÉCLARATION DE GUERRE ET DES MESURES
QUI L'ACCOMPAGNENT

Il fut un temps où une déclaration formelle de guerre était considérée comme absolument nécessaire pour légitimer les hostilités de peuple à peuple. A notre époque, cette formalité est tombée en désuétude. On se borne à rompre les relations diplomatiques avec le gouvernement que l'on veut combattre, en rappelant les représentants qu'on avait accrédités auprès de lui, et on notifie aux puissances neutres, par un manifeste, l'intention de faire la guerre.

Il est rare d'ailleurs que cette intention n'ait pas été révélée explicitement ou implicitement par des actes antérieurs aux hostilités, notamment par la signification de conditions desquelles dépend la continuation ou la rupture des relations pacifiques.

Ces conditions suprêmes constituent ce qu'on appelle un *ultimatum*.

Le droit de déclarer la guerre appartient, chez les nations civilisées, au chef du pouvoir, agissant tantôt seul, tantôt avec le concours des autres corps de l'État.

Le chef de l'État doit publier dans l'intérieur de son pays la déclaration de guerre pour l'instruction et la direction de ses nationaux, pour fixer la date à partir de laquelle ils ont à exercer les droits particuliers que l'état de guerre confère aux sujets d'une puissance belligérante.

Il doit également notifier l'état de guerre aux autres puissances, afin que celles-ci sachent à partir de quelle époque elles sont tenues d'observer les règles de la neutralité.

§ 1er. — Quelle est la conséquence de la déclaration de guerre au sujet des personnes et des choses ennemies qui se trouvent en pays ennemi au moment où la guerre éclate ?

1º Résidents. — Il est incontestable que les belligérants ne sauraient être tenus de se fournir mutuellement des ressources pour accroître les moyens d'attaque et de défense ; par suite, la faculté de retourner librement chez eux peut être refusée aux ennemis que leur situation personnelle obligera, dès leur retour, à entrer dans l'armée.

En 1870, la France en a jugé autrement et a laissé repasser librement la frontière à ceux qui étaient destinés à rendre, comme guides et éclaireurs, les services les plus signalés à l'ennemi. Espérons que l'avenir nous fera profiter de cette cruelle leçon.

2º Commerce et navires ennemis. — L'ouverture des hostilités a pour conséquence immédiate et forcée la cessation et l'interdiction de toute relation commerciale entre les sujets des puissances belligérantes, sauf les exceptions spéciales que les gouvernements intéressés peuvent avoir autorisées.

La France et l'Angleterre ont fait prévaloir, dans leur législation intérieure, la règle absolue de l'interdiction, et elles ont édicté des peines sévères contre ceux qui viendraient à l'enfreindre.

Une pratique, généralement observée dans les guerres modernes, fait toutefois accorder un délai aux ennemis et aux nationaux pour terminer les affaires en cours.

Au commencement de la guerre de Crimée, le gouvernement de Saint-Pétersbourg, en réciprocité d'une autorisation analogue accordée par la Porte ottomane à la marine marchande russe, publia un ukase qui permettait aux navires turcs de sortir librement des ports de la Russie. De leur côté, l'Angleterre et la France assignèrent aux bâtiments russes, mouillés dans leurs ports, un délai de six semaines, pour achever leurs opérations commerciales, et rentrer dans leur pays. Elles firent plus encore : ce délai ayant paru insuffisant, le bénéfice de l'exemption de capture fut ultérieurement étendu à tous les navires qui avaient pris la mer avant le 15 mai 1854.

Nous n'insisterons pas sur l'immense progrès que de semblables principes, déjà consacrés dans un certain nombre de traités de commerce et de navigation, ont fait faire à la loi générale des nations. Il est à regretter que le traité de Paris n'ait consacré aucune disposition générale sur cette matière.

Hâtons-nous d'ajouter, toutefois, que les États engagés quelques années plus tard dans les guerres d'Italie, de Danemark et d'Allemagne, se sont à cet égard strictement conformés aux principes du droit des gens moderne.

Actuellement, on peut donc considérer comme condamnée par le droit international la pratique connue sous le nom d'embargo, et consistant dans la main mise sur les navires marchands qui se trouvaient, au début d'une guerre, mouillés dans les eaux de la juridiction territoriale ennemie.

§ 2. — *Quels effets la déclaration de guerre produit-elle sur les traités qui liaient les parties belligérantes au moment de la rupture des relations pacifiques?*

La solution de cette question dépend naturellement du caractère particulier des engagements contractés.

Ainsi, on s'accorde à admettre la rupture des liens conventionnels, conclus expressément en vue de l'état de paix, de ceux qui ont pour objet spécial de favoriser les rapports de bonne harmonie de nation à nation.

Quant aux arrangements douaniers, postaux, aux conventions de commerce ou de navigation, aux accords relatifs à des intérêts privés, on les considère généralement comme suspendus jusqu'à la cessation des hostilités.

Par une conséquence forcée, il est de principe que toute stipulation souscrite en prévision de la guerre, ainsi que toutes les clauses qualifiées de perpétuelles, conservent, malgré l'ouverture des hostilités, leur force obligatoire aussi longtemps que les belligérants, agissant d'un commun accord, ne les ont pas annulées ou remplacées par d'autres.

CHAPITRE II

DÉFINITION DU CARACTÈRE ENNEMI — NATIONAUX ÉTRANGERS DOMICILIÉS — ALLIÉS

Lorsque deux États se déclarent mutuellement la guerre, les individus se rattachant par la nationalité à l'un ou à l'autre de ces États, deviennent respectivement *ennemis*.

Les étrangers qui ont leur domicile légal ou commercial chez les belligérants, sont aussi, à certains égards, traités comme tels.

Il en est de même de la nation qui est unie à l'un des belligérants par un traité d'alliance, de secours ou de subsides.

Chacune de ces situations donne lieu à certains développements.

SECTION I

De la nationalité ennemie.

Qu'est-ce donc que la nationalité?

La *nationalité* est le lien qui rattache l'individu à la nation.

§ 1er. — *Nationalité d'origine.*

Tout individu a une nationalité d'origine fondée en France sur la filiation.

Est Français, dit l'article 7 du Code civil, *tout enfant né d'un Français, en France ou à l'étranger* (voir *B. O.*, p. 294, loi du 26 juin 1889, sur la nationalité).

Cette règle forme également la base d'un grand nombre de législations voisines.

Le Code civil de la Belgique attribue la qualité de Belge à toute personne née de parents belges, soit en Belgique, soit à l'étranger.

La nationalité espagnole appartient à l'enfant né sur le territoire du royaume, et à l'étranger, de parents espagnols.

En Italie, la nationalité se détermine également par la

filiation. Cependant, la loi comporte cette restriction : est réputé Italien, l'enfant né dans le royaume d'un étranger, qui y a fixé son domicile depuis dix ans.

En Suisse, en Suède, en Autriche, en Grèce, en Hollande, en Russie, en Turquie, en Allemagne, c'est la filiation qui détermine la nationalité.

L'Angleterre fait exception : elle a maintenu le principe que tout individu né sur le territoire britannique est Anglais, alors même que ses parents sont étrangers.

Une loi de 1870 apporte à cette règle le tempérament suivant : Si l'individu né sur le territoire britannique est aussi sujet d'un État étranger, il pourra, au moment où il atteindra sa majorité, faire une déclaration de sa qualité d'étranger, et opter entre la nationalité de ses parents et celle du pays où il est né.

Quant aux colonies britanniques, elles sont autorisées, par l'acte de 1870, à légiférer comme elles l'entendront sur les conditions de naturalisation.

En tout état de cause, un étranger naturalisé dans une colonie anglaise, a droit, en général, à la protection du gouvernement britannique hors du territoire de cette colonie, si cet étranger, à l'époque où il réclame cette protection, ne se trouve pas dans le pays où il est né.

Plusieurs autres pays européens, entre autres le Portugal et le Danemark, se sont également approprié, mais avec certaines réserves, le privilège ainsi accordé à la nationalité du territoire.

Le Code civil portugais accorde la nationalité portugaise à toute personne née sur le territoire du royaume, même de parents étrangers ; mais les enfants nés à l'étranger de parents portugais, sont également sujets portugais, à la condition qu'ils viennent établir leur domicile sur territoire portugais.

La loi danoise reconnaît deux degrés de nationalité :

1° L'*indigénat*, qui rend apte à toutes les fonctions publiques, appartient à toute personne née sur le territoire danois de parents étrangers, à condition que cette personne réside dans le royaume ;

2° La *sujétion*, qui s'acquiert par le domicile permanent, avec intention de fixité.

La plupart des États de l'Amérique, dont la population a sa source principale d'accroissement dans l'immigration étrangère, ont adopté, dans une certaine mesure, le principe féodal du lieu de naissance pour déterminer la nationalité de l'enfant, en ce sens qu'il suffit de naître sur le territoire national pour être citoyen de la République, quelle que soit la nationalité des parents.

Nous citerons, notamment, la République Argentine, le Vénézuela, l'Uruguay, le Chili, le Pérou, la Colombie, la Bolivie, le Brésil.

La législation des États-Unis présente une sorte de compromis entre le droit territorial et celui de la filiation.

Toute personne née dans les États-Unis acquiert de ce fait la qualité de citoyen de l'Union et de l'État où elle réside.

Est également citoyen des États-Unis, tout enfant né à l'étranger d'un père qui était, à l'époque de cette naissance, citoyen des États-Unis.

L'existence d'une double législation sur ces questions de nationalité, donne lieu à de nombreux conflits, on le comprend facilement.

Quelle est alors la doctrine suivie ?

La ligne de conduite de l'Angleterre se trouve exposée tout entière dans la dépêche ci-dessous adressée en 1858, par lord Malmesbury à lord Cowley, alors ambassadeur à Paris :

« Il est permis à tout pays de conférer, par des lois générales ou spéciales, les privilèges de la nationalité aux personnes qui naissent hors de son territoire, mais il ne peut les leur accorder au détriment du pays où elles sont nées, après qu'elles y sont retournées volontairement et y ont fixé leur domicile. En règle générale, ceux qui naissent sur le territoire d'une nation sont, tant qu'ils y résident, soumis aux obligations inhérentes au fait de leur naissance. La Grande-Bretagne ne saurait permettre que la nationalité des enfants nés sur son territoire de parents étrangers soit mise en question. »

La France, dans les conflits de cette espèce, se place à un autre point de vue; à plusieurs reprises, ordre a été donné à nos consuls de soutenir que les gouvernements américains n'avaient pas le droit d'obliger au service militaire les fils de Français nés dans le pays, la loi française restant formelle, à savoir que les fils de Français nés à l'étranger sont Français à tous les points de vue.

Afin de prévenir ou de régler les conflits de cette nature, divers arrangements ont été essayés entre les États intéressés, mais la plupart n'ont eu qu'un effet transitoire.

§ 2. — *Nationalité acquise.*

La nationalité d'origine se modifie selon les conditions suivantes :

1º *Mariage.* — Les femmes suivent de plein droit la nationalité de leur mari.

Ce principe est reconnu par la plupart des États. L'Angleterre, jusqu'en 1870, maintenait à l'Anglaise mariée à un étranger sa qualité de sujette anglaise. L'art. 10 du nouveau statut se conforme à la règle générale posée ci-dessus.

2º *Changement de nationalité des parents durant la*

minorité de l'enfant. — La France conserve à l'enfant dont les parents viennent à changer de nationalité durant sa minorité, sa nationalité d'origine.

L'Angleterre, dans ce cas, attribue à l'enfant la nouvelle nationalité de ses parents si, après avoir atteint sa majorité, il reste domicilié dans le pays d'adoption et ne fait aucune démarche pour s'affranchir de l'allégeance à ce pays.

Les États-Unis considèrent comme citoyen américain l'enfant d'un étranger naturalisé, si au moment de la naturalisation du père, il était mineur et s'il habite les États-Unis.

La Suisse et la Belgique admettent également le principe que la naturalisation conférée au père entraîne de plein droit la qualité de citoyen suisse ou belge pour les enfants mineurs.

Deux arrangements entre la France et ces deux derniers États sont intervenus pour régler les conflits de nationalité qui pourraient naître de cette double manière de voir : conventions du 5 juillet 1879 pour la Belgique, du 23 juillet 1879 pour la Suisse.

Aux termes de ces conventions :

Les enfants dont les parents se font naturaliser Suisses ou Belges pourront choisir dans le cours de leur vingt-deuxième année entre les deux nationalités : ils seront considérés comme Français jusqu'au moment de leur option.

3° *Naturalisation obtenue en pays étranger.* — La plupart des publicistes reconnaissent comme un droit absolu celui de changer de nationalité, mais presque tous les États y mettent toutefois cette restriction que l'expatriation ait été autorisée.

Ainsi, en France, il est vrai que la plupart des pénalités

rigoureuses édictées par le décret du 26 avril 1811 contre tout Français qui se faisait naturaliser à l'étranger sans le consentement du gouvernement ont été successivement abrogées (sauf toutefois celle qui applique l'art. 75 du Code pénal, c'est-à-dire la peine de mort à tout Français naturalisé à l'étranger avec ou sans le consentement du gouvernement qui porterait les armes contre la France); mais le décret lui-même est visé par de nombreuses décisions judiciaires et ne cesse d'être invoqué par le gouvernement.

Le 29 septembre 1873, M. le duc de Broglie disait dans une note adressée au Ministre de la guerre : « Quant aux individus qui, pour se soustraire au service, penseraient à se dénationaliser, ils tomberont sous le coup du décret du 26 août 1811 qui n'a pas cessé d'être en vigueur et aux termes duquel la naturalisation étrangère acquise par un Français, sans l'autorisation du gouvernement, l'expose à des conséquences graves ». Conformément à ces principes, la loi du 26 juin 1889, sur la nationalité dispose que la nationalité étrangère acquise par le Français ne lui fait perdre la qualité de Français que s'il est dégagé des obligations du service militaire pour l'armée active et sa réserve, ou s'il a obtenu l'autorisation du gouvernement.

En Angleterre jusqu'en 1870, la défense d'abdiquer sa nationalité d'origine était absolue. La loi nouvelle reconnaît aux sujets anglais le droit de renoncer à leur qualité par leur naturalisation à l'étranger.

En Autriche, en Bavière, l'expatriation n'est pas permise sans l'autorisation du gouvernement.

En Allemagne, tout droit d'émigration est refusé aux personnes de 17 à 18 ans, à moins qu'elles ne prouvent qu'elles n'ont pas l'intention de se soustraire au service militaire (*Loi d'Empire* du 1er juin 1870).

En Russie et en Turquie, l'autorisation du gouvernement est exigée.

États-Unis. — Un acte voté par le congrès des États-Unis le 27 juillet 1868, a consacré le droit absolu d'expatriation, et en conformité de cette doctrine a signé avec la Prusse le 22 février 1868, la Belgique le 16 novembre 1868; la Suède et la Norvège le 26 mai 1869, l'Angleterre le 13 mai 1870; l'Autriche-Hongrie le 20 septembre 1870 et le Danemark le 20 juillet 1872, des traités qui admettent qu'à l'avenir tout citoyen naturalisé Américain qui aura résidé 5 ans aux États-Unis sera à son retour dans son pays natal, traité exactement comme s'il était Américain.

Avec la Suisse nous tombons dans l'interdiction absolue pour ses nationaux de changer de nationalité.

4° Perte de la qualité de Français par acceptation d'un emploi d'un gouvernement étranger et affiliation à une armée ou corporation militaire étrangère. — Pour que l'acceptation d'un emploi à l'étranger entraîne la dénationalisation, il faut d'abord que les fonctions soient acceptées sans autorisation du gouvernement français, ensuite qu'elles soient publiques et conférées par un gouvernement reconnu et non un pouvoir insurrectionnel, enfin que celui qui les a acceptées se refuse à les résigner nonobstant l'injonction du gouvernement français (art. 17 de la loi du 26 juin 1889).

La position est donc nette et précise en cas de fonctions politiques, judiciaires ou administratives.

Les conséquences sont contestables, s'il s'agit d'un simple service d'honneur auprès d'un prince étranger, à moins qu'il ne constitue une véritable fonction publique.

Relativement aux fonctions religieuses, si l'ecclésiastique est salarié par l'État ou prête serment au pouvoir civil, il perd sa nationalité ; mais s'il reste indépendant, il demeure Français (*arrêt de la Cour de cassation*, du 16 février 1875).

L'engagement ou l'incorporation pendant un temps déterminé dans l'armée régulière d'un État étranger sans permission du gouvernement entraîne également la perte de la nationalité française. Nous ferons observer que la garde nationale, les milices organisées pour la sûreté publique ne sont pas considérées comme faisant partie de l'armée régulière.

5° *Cession de territoire.* — La nationalité d'origine peut se perdre en cas de cession de territoire. Toutefois le droit des gens moderne admet à cette règle un tempérament : les habitants du territoire cédé sont autorisés à opter individuellement pour leur ancienne nationalité. (*Traité de Francfort* du 10 mai 1871).

SECTION II

Des étrangers domiciliés ou résidant chez les belligérants.

1° *Domicile légal emportant changement de nationalité.* — L'établissement du domicile à l'étranger, sans esprit de retour, entraîne la perte de la qualité de Français.

La constatation de l'établissement à l'étranger sans esprit de retour n'est pas sans présenter de difficultés. Comment, en effet, reconnaître s'il y a ou non esprit de retour ? Dans la plupart des cas, on arrive à obtenir des présomptions plutôt que des preuves.

Parmi ces présomptions, nous pouvons mentionner comme les plus fortes : le fait de s'être marié à l'étranger, d'y avoir émigré avec toute sa famille, d'y avoir acquis des immeubles, etc.

Ces présomptions elles-mêmes ne sont pas suffisantes, et en se plaçant sur le véritable terrain international, on ne peut s'empêcher de reconnaître qu'il est nécessaire que l'intention soit corroborée par un acte formel authentique.

Pour la France, la nécessité de cette formalité pour faire produire au domicile ses conséquences juridiques, est nettement établie par un arrêt de la Cour de cassation du 12 janvier 1869, qui a décidé que la succession des étrangers résidant en France, mais sans avoir obtenu l'autorisation d'y établir leur domicile, ne saurait être régie par la loi française (art. 13 et 110 du C. c.).

2° *Domicile commercial.* — En dehors de ce domicile légal emportant changement de nationalité, le fait du séjour à l'étranger pour y faire le commerce entraîne certains effets juridiques qui appellent tout spécialement notre attention.

Pour ce domicile, aucune condition légale n'est requise, c'est une question de fait à déduire des deux éléments constitutifs d'un changement de domicile : la résidence réelle et l'intention clairement manifestée de la continuer.

Dans ces conditions, l'étranger acquiert des droits et des obligations qui naturellement ne s'étendent pas au delà du territoire, et pour des matières qui n'y ont aucun rapport, mais qui, dans ces limites et en matière de commerce, en font presque un sujet étranger.

En cas de guerre entre le pays de son domicile commercial et le pays où il est né, le négociant qui n'a pas rompu son établissement avant l'ouverture des hostilités, ou qui ne s'est pas retiré sur territoire neutre, est, par une sorte de fiction légale, placé sur la même ligne que les belligérants, et ses propriétés assimilées à celles de l'ennemi.

Tout d'abord, certaines professions, telles que celles de capitaine de navire, de matelot, de subrécargue ou d'agent commercial, exercées habituellement sous un pavillon autre que celui du pays d'origine, ne détruisent sans doute pas la nationalité des individus, mais elles peuvent, en temps de guerre, leur faire attribuer, quant à leur personne et à leurs biens, un caractère hostile. Ainsi, généralement, les capitaines et les équipages de navires sont censés posséder, pendant la durée de leur engagement, le caractère national des bâtiments auxquels ils appartiennent. Ces principes nous semblent rationnels, attendu que les individus placés dans cette position sont pour ainsi dire incorporés dans les forces vives du pays qu'ils servent en contribuant à la prospérité de son commerce et de sa marine.

C'est ainsi qu'en 1812, le navire *Aun*, appartenant à un sieur Smith, sujet anglais, et naviguant sous pavillon américain, fut saisi dans les eaux de la Tamise par le marshal de l'amirauté et déclaré de bonne prise, malgré la nationalité anglaise non contestée d'ailleurs de son capitaine et propriétaire.

D'une manière générale, on peut dire du commerçant domicilié chez un belligérant que ses biens situés sur le territoire ennemi sont pour ainsi dire incorporés dans le commerce général de l'ennemi, et peuvent être condamnés comme propriété ennemie.

D'après ces principes, si un négociant domicilié dans un pays ennemi ne prend pas, au commencement de la guerre, des mesures immédiates et suivies d'un commencement d'exécution, ses marchandises expédiées vers un port neutre ou même ami pourront être condamnées comme de bonne prise.

Ajoutons que les atteintes que peuvent subir ses propriétés par les actes que le belligérant accomplit dans l'exercice de ses droits ne donnent lieu à aucune réclamation fondée, à aucune allocation d'indemnité, ni même à aucune ingérence des gouvernements desquels dépendent les parties lésées.

Pour n'en citer qu'un exemple, d'une enquête faite à la suite du bombardement de Valparaiso par la flotte espagnole, il résulte que le commerce neutre avait eu à souffrir plus que celui du Chili ; pourtant, aucune indemnité n'a été accordée aux neutres, en faveur desquels leurs gouvernements respectifs, notamment l'Angleterre, les États-Unis, la France, l'Allemagne, ont refusé d'intervenir officiellement. Quand nous traiterons plus en détail des droits des belligérants, nous verrons que la guerre franco-allemande a donné naissance à des situations analogues et auxquelles il a été fait application de la même doctrine.

SECTION III

Des alliés des belligérants.

Lorsque deux ou plusieurs nations s'associent pour la poursuite d'un but politique commun, on donne à cette association le nom d'*alliance*.

En général, les alliances ont en vue la guerre, soit éventuelle, soit déjà déclarée ; elles tendent à la participation aux hostilités contre de tierces puissances.

Les alliances sont offensives ou défensives, ou bien ont ce double caractère à la fois.

Dans les alliances *offensives*, les nations signataires s'engagent en général à se prêter mutuellement secours et assistance pour agir hostilement soit contre toute nation quelconque, soit contre un pays nettement déterminé.

Dans les alliances *défensives*, l'allié promet sa protection et son appui matériels contre toute agression injuste dirigée contre son coassocié.

Il existe enfin une troisième espèce d'alliance qui réunit les conditions des deux autres et que l'on appelle *offensive et défensive*. Elle se produit le plus habituellement à titre permanent entre États souverains attachés les uns aux autres par des liens fédératifs ; pour l'empire d'Allemagne, par exemple, entre les royaumes et les principautés qui le composent.

Nul doute que l'allié de l'ennemi ne soit un belligérant comme lui-même, par suite, nul besoin, pour entrer en campagne contre les alliés de l'ennemi, d'attendre qu'ils aient prouvé d'une manière irrécusable leur intention de prendre part aux hostilités. Pour repousser des forces qui se coalisent contre lui, un belligérant n'est pas tenu d'attendre qu'elles soient réunies ; au contraire, l'intérêt de sa propre défense lui prescrit d'en prévenir la réunion et de se débarrasser de la coalition par tous les moyens dont il dispose.

Les traités de secours et de subsides ont une grande analogie avec les alliances offensives ou défensives. Quoique impliquant un lien moins étroit, une protection moins étendue, un engagement mieux défini, ils n'en sont pas moins régis par les mêmes principes et entraînent le même degré de responsabilité morale.

Il est cependant difficile d'affirmer qu'en tout état de cause les traités de secours et subsides transforment en cobelligérant l'État qui les a conclus avant la rupture de la paix. Il y a ici, comme en toutes choses, une question de circonstances qu'il est impossible de trancher à l'aide de règles générales.

La forme des traités d'alliance varie autant que les objets qu'ils peuvent avoir en vue et les causes qui en amènent la conclusion. Les clauses qu'on y rencontre le plus souvent peuvent cependant se résumer ainsi :

Les hostilités ne pourront commencer que de concert et à l'époque convenue ;

Les contingents de subsides, de troupes et de matériel devront être fournis en temps voulu et maintenus au complet ;

Les armées alliées se prêteront mutuellement aide et assistance pour préserver les territoires respectifs et combattre l'ennemi commun ;

Les prisonniers, le butin et les trophées seront partagés proportionnellement aux troupes engagées ;

Chaque partie s'interdit de conclure la paix séparément et d'accorder des licences de son propre chef, sans l'assentiment de l'autre allié ; chaque partie s'oblige à faire en sorte qu'à la fin de la guerre les intérêts des alliés soient tous équitablement sauvegardés en raison des sacrifices faits et des dommages supportés par chacun d'eux.

Une clause spéciale précise d'ordinaire la durée de l'alliance et spécifie parfois ses conditions de rupture ou de dénonciation. Lorsque le terme n'en est pas autrement indiqué, l'alliance devient permanente ou cesse de plein droit avec la guerre qui l'a provoquée.

Nous connaissons maintenant les conditions qui constituent le caractère ennemi. Cette longue définition nous a semblé nécessaire, et précéde tout naturellement l'exposé des rapports des belligérants entre eux.

CHAPITRE III

DES MOYENS LICITES ET ILLICITES D'ATTAQUE ET DE DÉFENSE

Bien qu'en droit strict, la guerre ait pour objet de faire tout le mal possible à son adversaire, afin de le contraindre à accepter les conditions qu'on veut lui imposer, l'application rigoureuse de la maxime « tous les moyens sont bons contre un ennemi » entraînerait la mise en pratique d'atrocités révoltantes qui dépasseraient souvent le but à atteindre. Aussi la morale universelle a-t-elle soumis l'exercice du droit de guerre à de nombreuses restrictions : quoiqu'elles ne soient consignées dans aucune convention internationale, ces restrictions n'en sont pas moins admises d'un commun accord. Assurément il reste encore beaucoup à gagner sous ce rapport, on ne saurait nier toutefois que des progrès notables ont été réalisés dans ces derniers temps.

L'examen des pratiques réputées illicites dans la guerre maritime va nous mettre à même de constater les pas en avant que le droit des gens a déjà faits dans cette voie.

1° *Emploi d'un pavillon supposé.* — Le droit des gens autorise, en temps de guerre, pour se soustraire aux poursuites de l'ennemi, l'emploi d'un pavillon supposé ; mais il l'interdit rigoureusement comme moyen d'attaque ou de surprise.

Dès que le feu est ouvert, l'usage invariable des peuples civilisés veut que chaque navire établisse loyalement sa nationalité et combattre sous ses propres couleurs.

Le fait de combattre sous pavillon étranger est une violation du droit des gens qui fait considérer et traiter comme *pirates* ceux qui s'en rendent coupables.

Au commencement de l'année 1783, la *Sybille*, frégate française de 28 canons, trompa le navire anglais, le *Hussard*, de 20 canons, en déployant un pavillon anglais dans les haubans de grand mât, et à la corne une seconde enseigne anglaise au-dessus d'un pavillon français.

Avec ses mâts de hune dégréés et dépassés, elle avait tout l'aspect d'une prise en détresse de quelque navire anglais. Le commandant du *Hussard* s'approcha sans retard pour venir à son secours, la *Sybille* le laissa approcher et, à petite distance, manœuvra rapidement pour aborder le navire anglais en faisant feu de ses canons. Cette ruse de guerre échoua et la *Sybille* fut capturée. En en prenant possession, le capitaine du *Hussard* brisa l'épée du capitaine français, à qui il reprocha d'avoir terni son honneur en cherchant à surprendre son adversaire au moyen d'un faux pavillon et de signaux de détresse. Il arrêta le capitaine de la *Sybille* comme prisonnier d'État. Celui-ci fut plus tard mis en jugement par son gouvernement et acquitté.

2° *Stratagèmes déloyaux.* — On appelle stratagèmes ou ruses de guerre les pièges tendus à l'ennemi, les tromperies qu'on lui fait, telles que marches en route simulées, fausses attaques, etc.

Les stratagèmes ne constituent pas par eux-mêmes un acte de perfidie ; les circonstances qui les accompagnent peuvent seules les rendre blâmables et leur imprimer un caractère délictueux.

Il est certains stratagèmes dont l'usage a toujours été reconnu pour légitime : Vattel en justifie ainsi l'emploi : « Comme l'humanité, dit-il, nous oblige à préférer les moyens les plus doux dans la poursuite de nos droits, si par une ruse de guerre, une feinte exempte de perfidie, on peut s'emparer d'une place forte, surprendre l'ennemi et le réduire, il vaut mieux, il est réellement plus louable de réussir de cette manière que par un siège meurtrier ou par une bataille sanglante. Mais, ajoute-t-il, cette épargne du sang humain ne va jamais jusqu'à autoriser la perfidie, dont l'introduction aurait des suites trop funestes et ôterait aux souverains une fois en guerre tout moyen de traiter ensemble et de rétablir la paix ».

Comme exemple de stratagème déloyal, nous citerons celui auquel recourut une frégate anglaise qui, pendant la guerre de 1755, entre la France et la Grande-Bretagne, s'approcha de la côte de Calais en faisant des signes de détresse et captura la chaloupe et les hommes qui étaient venus à son secours.

En 1813, deux négociants de New-York alléchés par la promesse d'une récompense du gouvernement américain formèrent le plan de détruire le vaisseau anglais *Ramilies*. Ils chargèrent une goélette de poudre qu'ils mirent en communication avec une platine de fusil, lequel, au moyen d'un ressort, on pouvait faire mouvoir à un moment donné.

Sur le pont on avait placé quelques barils de farine pour amorcer le *Ramilies*, qu'on savait à court de vivres. La goélette s'approcha donc du navire qui détacha aussitôt une embarcation avec un officier pour l'intercepter. L'équipage de la goélette se hâta de l'abandonner, les Anglais montèrent à bord, mais quelques heures après elle sautait blessant un grand nombre d'hommes.

Un fait du même genre s'est produit en rade du Callao pendant la guerre entre le Pérou et le Chili.

3° *Bombardements.* — Le bombardement des places de guerre ou des autres lieux fortifiés est une mesure extrême de rigueur, justifiable seulement dans le cas où il y a impossibilité d'atteindre par d'autres moyens le but que l'on poursuit.

Mais dans aucun cas, il n'est permis de bombarder les villes ouvertes non fortifiées et qui ne sont pas militairement défendues : agir contre elles comme les nécessités de la guerre autorisent à le faire contre des forteresses, c'est violer tous les principes du droit des gens et se placer hors la loi des nations qui marchent à la tête de la civilisation.

« Les places fortes, dit l'art. 15 de la conférence de Bruxelles, peuvent seules être assiégées. Des villes, agglomérations d'habitants ou villages ouverts qui ne sont pas défendus, ne peuvent être ni attaqués, ni bombardés. »

Ils ne peuvent qu'être occupés.

Une exception, toute rationnelle, à cette règle, existe dans le cas où l'armée que l'on combat se renferme dans une ville ouverte, et dans le cas également où, à l'approche de l'ennemi, les habitants d'un endroit se rassemblent en armes et se retranchent au moyen d'ouvrages ou de barricades.

Jusque dans ces derniers temps, lorsqu'on assiégeait une place, la pratique généralement usitée consistait à prendre pour objectif des projectiles, non pas la ville elle-même, mais ses fortifications, les citadelles, les forts et les murs qui en forment l'enceinte, de manière à les détruire et à y ouvrir une brèche par laquelle on pût tenter l'assaut.

Ainsi, nous voyons en 1830 l'escadre française envoyée pour demander une satisfaction au Mexique, attaquer non la ville mais le fort de Saint-Jean-d'Ulloa, qu'elle contraignit à capituler.

Nous voyons encore en 1855 les armées combinées de France et d'Angleterre s'acharner contre le fort de Malakoff et épargner la ville de Sébastopol.

Le respect de la partie inoffensive de la population était un progrès louable. A ce point de vue, la pratique des Allemands pendant la guerre de 1870 marque un recul dans les usages de la guerre.

Sur environ 22 sièges qu'ils ont entrepris, ils n'ont pas tenté un seul assaut, ils ont trouvé plus efficace et ils prétendent même plus humain d'investir les places et de bombarder non seulement les forteresses, mais les villes elles-mêmes qu'ils forçaient à se rendre par l'excès des souffrances.

Ce reproche est formulé avec une grande énergie dans une lettre adressée le 22 janvier 1871, par le général Faidherbe, au sous-préfet de Péronne, ville fortifiée, qui venait d'être à moitié détruite par les obus allemands, et avait cependant conservé presque intacts ses remparts et ouvrages militaires.

Il est un autre usage, en cas de bombardement, auquel les Allemands ont dérogé dans plus d'un cas.

D'ordinaire, le commandant des assiégeants, toutes les fois qu'il le peut, informe les assiégés de son intention de bombarder la place ; c'est une mesure dictée par l'humanité, et qui a pour but de mettre les non-combattants, surtout les femmes et les enfants, à même de s'éloigner ou de pourvoir à leur sûreté.

Cette omission d'avertissement, lors du bombardement de Paris, provoqua des réclamations au nom des neutres résidant dans la ville assiégée. Le 13 janvier 1871, sur l'initiative de M. Kern, ministre de la Confédération suisse, et doyen du corps diplomatique de Paris, treize membres de ce corps et 6 appartenant au corps consulaire, envoyèrent au comte de Bismarck une note collective à laquelle ce dernier répondit par une fin de non-recevoir.

D'après la conférence de Bruxelles, en pareil cas, toutes les mesures nécessaires doivent être prises pour épargner, autant que possible, les édifices consacrés aux cultes, aux arts, aux sciences et à la bienfaisance, à la condition qu'ils ne soient pas employés en même temps à un but militaire. Le devoir des assiégés est de désigner ces édifices par des signes visibles spéciaux à indiquer d'avance à l'assiégeant (art. 17).

Est-il besoin d'ajouter que ces règles n'ont pas été scrupuleusement observées par les Allemands, notamment à l'occasion du bombardement de Strasbourg.

4° *Destruction des ports de commerce.* — Le 14 février 1862, à la Chambre des lords, lord Stanhope, faisant allusion au bruit qu'une seconde escadre de navires chargés de pierres allait être coulée par ordre du gouvernement des États-Unis, dans le canal de Maffits, du port de Charleston, exprima son indignation contre un pareil procédé, qui ne pouvait avoir pour résultat que la destruction permanente de ce port.

Ce n'était pas là, ajouta-t-il, le combat d'hommes contre hommes, mais une atteinte injustifiable aux bienfaits de la nature, qui a créé les ports pour l'avantage et les communications des nations les unes avec les autres.

Lord Russell déclara qu'il considérait comme un acte de barbarie la destruction des ports de commerce, et que, de concert avec le gouvernement français, qui envisageait de même ce sujet, il était décidé à adresser des remontrances au gouvernement des États-Unis.

Quelques jours après, lord Russel informa la Chambre qu'il avait reçu une dépêche de lord Lyons, ministre d'Angleterre à Washington, lui disant que M. Seward lui avait déclaré que le port de Charleston n'avait pas été comblé entièrement, et qu'on n'y coulait plus de navires chargés de pierres.

Le bombardement des places de commerce rentre dans le cas des villes ordinaires, et sa légitimité doit être entendue suivant les règles tracées au paragraphe précédent.

5° *Armes prohibées*. — Les lois de la guerre autorisent, il est vrai, à faire à l'ennemi combattant tout le mal possible pour l'amener à composition, mais elles interdisent le recours aux armes, dont les saines notions de l'humanité ne permettent pas l'emploi.

En 1759, le vice-amiral Conflans publia un ordre du jour pour proscrire, comme moyen déloyal, l'usage des boulets ramés.

On proscrivait également, dans les guerres terrestres, l'emploi de boulets à chaîne, et dans les guerres maritimes, l'usage de boulets rouges et de couronnes foudroyantes.

Tous ces moyens de destruction nous semblent bien inoffensifs auprès des terribles engins que produit aujourd'hui l'art de la guerre, et contre l'usage desquels le publiciste ne saurait, sans craindre d'être taxé d'utopie, être admis à protester.

Que sont les boulets rouges auprès des obus à la mélinite et au fulmicoton, qui raseraient en quelques heures les ouvrages réputés jusqu'ici à l'épreuve des projectiles, et faucheraient d'un coup tous les défenseurs de ces ouvrages ? Une seule torpille bien dirigée, ou une mine sous-marine, ne peut-elle pas réduire à néant le plus gros cuirassé ?

Dans notre Europe armée jusqu'aux dents, qui pourrait méconnaître les droits de la légitime défense et l'obligation d'user de tous les moyens que la science actuelle met à la disposition des défenseurs du pays ?

Quelques prohibitions n'en restent pas moins bien établies.

Ainsi, pour n'être écrite nulle part, la prohibition des armes empoisonnées n'en est pas moins absolue et universellement acceptée.

Le 11 décembre 1868, un accord conclu à Saint-Pétersbourg entre toutes les puissances européennes, proscrivit absolument l'emploi de balles explosibles.

Il nous semble superflu d'ajouter qu'empoisonner les eaux ou les vivres de l'ennemi constitue un crime non moins odieux et également réprouvé par les principes du droit naturel.

6° *Fausses nouvelles et espionnage.* — Les capitaines les plus illustres n'ont pas hésité à recourir à la propagation de fausses nouvelles pour tromper l'ennemi.

Ce but se poursuit tantôt au moyen de dépêches supposées que l'on fait tomber entre les mains de l'ennemi, tantôt par l'entremise d'une ou plusieurs personnes qui, feignant d'être des transfuges, entretiennent ce qu'on appelle des intelligences doubles, ou bien encore comme cela a été pratiqué par les Allemands en 1870, en répandant des exemplaires falsifiés des journaux du pays de l'adversaire.

Il n'est pas contraire aux lois de la guerre de se servir d'espions, mais aussi il importe de se garantir contre ceux qu'emploie l'ennemi : c'est pourquoi les lois de la guerre autorisent à sévir contre eux par les peines les plus sévères, d'infliger même la peine de mort aux espions découverts et arrêtés en flagrant délit.

Lorsqu'un espion est retourné sans encombre auprès de l'ennemi qui l'avait envoyé et que plus tard il vient à être fait prisonnier, il ne peut pas être puni pour ses actes antérieurs.

Il va sans dire que pareil châtiment ne saurait atteindre les militaires non déguisés qui ont pénétré dans la zone d'opérations de l'armée ennemie, à l'effet de recueillir des informations. S'ils sont pris, ils doivent être traités purement et simplement comme prisonniers de guerre.

Le déguisement est donc l'élément principal dont il y ait à tenir compte pour déterminer le caractère du délit.

Ne doivent pas non plus être traités comme espions les individus envoyés en ballon pour transmettre des dépêches ou entretenir les communications entre les différentes parties d'une armée ou d'un territoire. Ils accomplissent ouvertement leur mission et cette circonstance doit leur faire accorder le bénéfice du traitement des simples prisonniers de guerre. (Art. 22 de la Conférence de Bruxelles.)

7° *Pilotes ennemis*. — Une force navale peut avoir besoin de pilotes sur une côte ennemie, et lorsqu'elle ne peut s'en procurer autrement, elle est pleinement autorisée à user de menaces ou de contraintes pour y forcer les pêcheurs ennemis qu'elle aurait pu capturer.

Les pilotes doivent être traités comme le seraient les

autres combattants dans les mêmes circonstances ; si le belligérant juge que le pilote a fait acte d'hostilité contre lui, il ne peut que le faire prisonnier de guerre.

S'il trompe intentionnellement, il peut encourir une condamnation à mort. En résumé, toute tentative criminelle de nuire à l'ennemi peut être réprimée militairement et même entraîner la mort des coupables.

CHAPITRE IV

DU DROIT DE LA GUERRE QUANT A LA PERSONNE DE L'ENNEMI

SECTION PREMIÈRE

Armée ennemie.

§ 1er. — *Prisonniers de guerre.*

Tout ennemi armé ou attaché à l'armée adverse par un service actif est fait *prisonnier de guerre*, s'il tombe au pouvoir de l'autre armée, soit en combattant, soit blessé, soit en se rendant personnellement, soit à la suite d'une capitulation collective.

Tous les soldats, tous les hommes qui font partie d'une levée en masse dans le pays ennemi, tous ceux qui sont attachés aux différents services de l'armée et concourent directement au but de la guerre, tous les hommes et tous les officiers rendus inaptes au service sur le champ de bataille ou ailleurs, s'ils sont pris, tous les ennemis qui jettent bas leurs armes et demandent quartier, sont prisonniers de guerre et comme tels exposés aux inconvénients inhérents à cet état ; mais ils ont aussi à jouir des privilèges relatifs qui y sont attachés.

Peuvent aussi être déclarés et retenus comme prisonniers de guerre les individus qui accompagnent l'armée dans un but quelconque, tels que cantiniers, fournisseurs, reporters de journaux, etc., s'ils viennent à être capturés avec le corps auquel ils sont joints, ou dans une poursuite.

Le même traitement s'applique aussi au chef et aux principaux fonctionnaires du gouvernement ennemi, à ses agents diplomatiques, à toutes les personnes dont les services sont d'une utilité particulière à l'armée ennemie ou à son gouvernement, s'ils sont pris sur le théâtre de la guerre, sans être pourvus de sauf-conduits délivrés par les chefs des troupes qui les arrêtent.

Traitement du prisonnier de guerre. — Le prisonnier de guerre est un ennemi public ; il est par conséquent prisonnier du gouvernement et non de la personne qui l'a capturé. Aucune rançon ne peut être payée par un prisonnier soit à l'individu qui l'a arrêté, soit au commandant du corps dont celui-ci dépend ; le gouvernement seul relâche les captifs d'après les règles qu'il a prescrites.

Le traitement du prisonnier de guerre consiste principalement, sinon uniquement, dans la privation effective et temporaire de sa liberté, en ce sens qu'il ne peut pas retourner dans sa patrie et prendre une part nouvelle aux opérations de la guerre.

Le prisonnier de guerre n'est passible d'aucune peine en raison de son caractère d'ennemi. On ne doit lui infliger aucun mauvais traitement, aucun outrage ; il ne peut qu'être emprisonné ou interné suivant que le réclament les mesures de sûreté à prendre contre lui.

Quant aux frais d'entretien du prisonnier de guerre, chaque pays suit un usage différent.

Le règlement général du 6 mai 1859 est chez nous le
le règlement applicable en la matière.

L'entretien des prisonniers de guerre est à la charge
du belligérant qui les retient en son pouvoir : celui-ci
doit même leur faire donner les soins que réclame leur
santé.

Il ne peut, à mon avis, exiger de ses prisonniers un travail manuel pour se couvrir indirectement des frais de
leur nourriture et de leur entretien. Le travail des prisonniers de guerre doit être libre et volontairement
accepté. Il faut qu'il soit proportionné au grade et à la
position sociale de celui qui l'accomplit, et équitablement
rémunéré.

Cette ligne de conduite à l'égard des prisonniers de
guerre a d'ailleurs été sanctionnée par la Conférence de
Bruxelles.

Les prisonniers ne peuvent être contraints à prendre
les armes contre leur patrie, ni à donner des renseignements qui pourraient compromettre les intérêts de leur
gouvernement.

Prisonniers sur parole. — Dans la dernière guerre
franco-allemande, les officiers français prisonniers avaient
au commencement de la guerre conservé leurs armes et
gardé une assez grande liberté, sous condition de ne pas
s'éloigner de leur résidence ; mais le gouvernement allemand, alléguant la fréquence des évasions, ne persévéra
pas dans cette tolérance.

A ce propos, Geffken fait remarquer que la parole
d'honneur de ne pas s'évader ne peut être exigée ni d'un
côté ni de l'autre. Le renvoi, avec la simple déclaration
qu'ils sont libres sur parole, n'impose aux prisonniers
aucune obligation.

Mise en liberté sur parole. — Il arrive parfois que les prisonniers sont relâchés sur l'engagement formel de ne plus prendre part aux hostilités jusqu'à la conclusion de la paix ou sous réserve d'être décomptés en cas d'échange ultérieur.

L'engagement ainsi pris par le prisonnier ne se rapporte qu'au service actif en campagne ; mais il ne s'étend pas au service intérieur.

Ainsi les prisonniers relâchés sur parole peuvent, par exemple, être employés à lever, à instruire les recrues, à travailler aux fortifications des places non assiégées, à comprimer des soulèvements civils, à combattre des ennemis non alliés du belligérant auquel ils ont donné leur parole, à remplir des fonctions civiles ou des missions diplomatiques.

Le prisonnier qui, en dehors de ces exceptions, reprend les armes contre l'État qui l'a libéré, est considéré comme ayant violé sa parole et peut, s'il est pris, être puni militairement et, suivant la plupart des législations, être condamné à mort.

Évasion de prisonniers. — On peut faire feu sur un prisonnier de guerre qui s'évade, ou le tuer de toute autre manière dans sa fuite. S'il est repris, aucune peine ne saurait lui être infligée pour le seul fait de sa tentative d'évasion, car les lois de la guerre ne considèrent pas un pareil acte comme un crime. Par exemple, il pourra être pris contre lui des mesures plus rigoureuses pour l'empêcher de renouveler sa tentative.

Si les évadés se réfugient sur le territoire neutre, il n'appartient pas aux autorités neutres de les arrêter ou de les interner ; ce serait aider le belligérant à garder ses prisonniers et manquer aux obligations de la neutralité.

De l'échange des prisonniers. — Un véritable progrès réalisé dans la pratique internationale en ce qui concerne les prisonniers de guerre, consiste dans l'échange réciproque des militaires et marins capturés.

L'échange des prisonniers, pendant le cours des hostilités, se règle par des conventions spéciales appelées *cartels.*

Quant aux prisonniers qui n'ont pas encore pu recouvrer leur liberté au moment où la lutte cesse, leur sort est habituellement réglé par le traité de paix qui met fin à la guerre.

La règle le plus habituellement suivie à l'égard des échanges, consiste à opérer l'échange homme pour homme, grade pour grade, sauf assimilation lorsque la corrélation exacte n'existe pas.

On met généralement pour condition à l'échange que les hommes échangés ne participeront plus, comme soldats, à la guerre engagée, ou bien on fixe un délai pendant lequel ils ne devront pas prendre part aux hostilités.

§ 2. — *Otages.*

C'est sous ce nom qu'étaient désignés, jusqu'à une époque relativement moderne, les officiers et autres personnes de marque livrés à l'ennemi en garantie de l'exécution de certains engagements, par exemple des rançons, des armistices, du payement des contributions de guerre, etc.

Dans toute la rigueur de l'ancien droit, ces garants de la parole d'autrui pouvaient être rendus responsables, au prix de leur vie, du manque de foi de celui qui les avait livrés en nantissement.

Cette pratique barbare avait disparu devant la réprobation universelle, lorsque, pendant la guerre de 1870-1871, nous avons vu les autorités allemandes pratiquer avec une excessive rigueur une mesure qu'on était en droit de croire à jamais bannie des usages internationaux.

Ainsi, dans les premiers jours du mois de décembre, à la suite de pourparlers entre le commandant d'un détachement allemand et la commission municipale de Saint-Quentin, deux membres de cette commission furent, en raison de la résistance armée des habitants, retenus comme otages auprès des troupes d'investissement.

Quarante capitaines de navires marchands, capturés par des navires de guerre français, ayant été internés à Clermont-Ferrand, les autorités allemandes firent, les 2 et 3 décembre, par mesure de représailles, arrêter quarante personnes notables de Dijon, Gray, Vesoul, qui furent emmenées à Brême.

§ 3. — *Militaires blessés. Convention de Genève.*

Sur l'initiative de la Suisse, une conférence internationale s'est réunie à Genève pour régler le sort des militaires blessés sur les champs de bataille et neutraliser les établissements, hôpitaux ou ambulances dans lesquels ils sont recueillis.

Elle a eu pour résultat la conclusion, le 22 août 1864, par la Belgique, le Danemark, l'Espagne, la France, l'Allemagne, l'Italie, la Hollande, la Suisse et le Wurtemberg, d'une convention complétée en 1868 par des articles additionnels qui en étendent les clauses aux bâtiments de la flotte et aux guerres maritimes.

Depuis 1864, quinze autres États y ont adhéré, et aujourd'hui la convention régit toute l'Europe, plus la Perse.

Cette convention sanctionne le principe de la neutralité absolue des hôpitaux, des maisons et des ambulances militaires, à la seule condition qu'elles ne soient pas gardées par des troupes armées.

L'immunité de capture s'applique au personnel hospitalier et aux habitants du pays qui se dévouent aux soins des malades.

Les militaires blessés ou malades sont recueillis et soignés, à quelque nation qu'ils appartiennent.

Les militaires blessés recueillis par l'ennemi qui, après guérison, sont reconnus incapables de servir, sont renvoyés dans leur pays ; les autres peuvent l'être également, s'ils s'engagent à ne pas reprendre les armes pendant la durée de la guerre.

Les évacuations de malades avec le personnel qui les dirige sont couvertes par une neutralité absolue.

Enfin, tout habitant qui recueille chez lui des blessés est dispensé du logement des troupes et d'une partie des contributions de guerre qui peuvent être imposées.

Comme signe distinctif, les établissements sont couverts par un pavillon à croix rouge alésée sur champ blanc. Le même signe de reconnaissance est porté en brassard par tout le personnel médical ou hospitalier.

La convention de Genève a certes rendu d'immenses services, mais il faut malheureusement reconnaître qu'elle n'a pas entièrement répondu aux espérances généreuses de ses signataires et qu'elle a même donné lieu à de graves abus.

Pendant la guerre de 1870, on a usé, de part et d'autre, des insignes de la convention pour couvrir des actes d'espionnage, protéger des convois de munitions, et même pour couvrir des positions militaires contre le feu de l'ennemi.

Bien plus, le personnel lui-même n'a pas toujours été respecté, des ambulances ont été capturées, des maisons transformées en hôpitaux ont été envahies.

Frappés de ces abus, les membres du comité international de secours aux militaires blessés, paraissent se préoccuper de la recherche d'une sanction judiciaire et pénale, pour le Code international issu de la convention de Genève.

Un tribunal arbitral a été proposé pour juger les infractions à la convention. Malheureusement ce projet ne résout pas la difficulté principale, celle de la sanction à donner aux arrêts de ce tribunal.

SECTION II

Habitants inoffensifs du territoire ennemi.

L'occupation d'un territoire par l'ennemi a pour effet de suspendre, dans ses limites, le pouvoir de l'État souverain.

Le territoire occupé devient transitoirement soumis au pouvoir de l'ennemi, qui y établit une administration militaire ayant pour base l'autorité militaire et les lois de la guerre telles que l'usage les a sanctionnées, en un mot, la *loi martiale*.

Généralement, la simple occupation n'a pas pour effet de paralyser et de faire suspendre l'action des lois municipales, les intérêts sociaux et individuels qu'elles régissent pouvant difficilement se trouver en conflit avec les intérêts stratégiques du vainqueur.

De plus, le droit international ne reconnaît pas à l'occupant la faculté de changer les lois civiles et criminelles des territoires sur lesquels se trouvent ses troupes, ni d'y faire administrer la justice en son nom. Ce pouvoir tient en effet à l'exercice de la souveraineté, laquelle ne dérive que des droits inhérents à une conquête définitive et irrévocable. (Voir en ce sens un arrêt de la Cour de cassation du 22 janvier 1818.)

Naturellement, si des nécessités militaires l'y contraignent, l'occupant peut empêcher l'application de certaines lois et substituer le pouvoir militaire à l'autorité légale du pays, mais uniquement dans la mesure où cette autorité constitue une force pour l'ennemi et un danger par conséquent pour l'armée d'occupation.

Lorsque les autorités du pays occupé refusent de se soumettre au pouvoir de l'occupant, ou lorsqu'elles se sont retirées à son approche, l'autorité militaire doit, en s'entendant autant que possible avec les représentants de la population, instituer des autorités provisoires pour remplacer les fonctionnaires réfractaires ou absents.

Ce n'est pas sans surprise que, pendant la guerre de 1870, on a vu méconnaître ces principes en quelque sorte élémentaires et jusque-là incontestés.

L'Allemagne fit, en effet, installer dès le début de la guerre, dans les localités occupées, des autorités civiles de tout ordre, chargées d'en diriger l'administration politique et financière. A Nancy, on prétendit exiger que les magistrats continuassent à rendre la justice au nom des hautes puissances allemandes.

Il est impossible de ne pas voir dans ces actes le plus étrange oubli de la limite réelle du droit d'occupation.

Ces principes généraux posés, quelles sont les obligations personnelles résultant de l'occupation militaire, soit pour le vainqueur, soit pour le vaincu ?

Les vainqueurs ne peuvent se dispenser de laisser aux habitants du territoire dont ils sont devenus les maîtres, la faculté de vaquer librement et paisiblement à leurs occupations ordinaires.

La sujétion volontaire ou forcée du vaincu et le maintien de son attitude pacifique obligent le vainqueur à protéger les personnes contre tout acte hostile, toute mesure violente.

Sous ce rapport, les lois de l'humanité sont d'ailleurs d'accord avec les intérêts bien entendus de l'occupant, car les abus de la force, les exactions provoquent la révolte et légitiment le recours aux armes pour renverser un état de choses devenu intolérable.

Ces insurrections, contre l'occupant occasionnent de cruelles répressions et se produisent d'autant plus facilement que l'occupation est moins complète ; c'est pour prévenir ce danger que plusieurs membres de la conférence de Bruxelles ont insisté pour que le principe du blocus fût appliqué à l'occupation : si elle n'existe pas de fait, on ne doit lui reconnaître aucun droit.

En définitive, la conférence a pris les décisions suivantes :

Art. 36. — *La population d'un territoire occupé ne peut être forcée de prendre part aux opérations militaires contre son pays.*

Art. 37. — *La population d'un territoire occupé ne peut être contrainte de prêter serment à la puissance ennemie.*

Art. 38. — *L'honneur et les droits de la famille, la vie et la propriété des habitants, ainsi que leurs convictions religieuses et l'exercice de leur culte, doivent être respectés.*

CHAPITRE V

DU DROIT DE LA GUERRE QUANT A LA PROPRIÉTÉ DE L'ENNEMI

SECTION PREMIÈRE

De la propriété ennemie sur terre.

Il nous semble indispensable de faire connaître le régime de la propriété ennemie sur terre, la marine pouvant être appelée à concourir aux opérations terrestres, et étant même uniquement intéressée en cas de prise ou d'occupation d'un port ou d'une côte.

§ 1er. — De la propriété publique.

« *L'armée d'occupation*, dit l'article 5 de la conférence de Bruxelles, *ne prélèvera que les impôts, redevances, droits et péages déjà établis au profit de l'État, ou leur équivalent, s'il est possible de les encaisser et, autant que possible, dans la forme et suivant les usages existants. Elle les emploiera à pourvoir aux frais de l'administration du pays dans la mesure où le gouvernement légal y était obligé.*

« *L'armée qui occupe un territoire, ne pourra saisir que le numéraire, les fonds et les valeurs exigibles appartenant en propre à l'État, les dépôts d'armes, moyens de transport, magasins, approvisionnements et, en général, toute propriété mobilière de l'État, de nature à servir aux opérations de la guerre.*

« *Le matériel des chemins de fer, les télégraphes de terre, les bateaux à vapeur et autres navires, en dehors des cas régis par la loi maritime, de même que les dépôts d'armes et, en général, toute espèce de munitions de guerre, quoique appartenant à des sociétés ou à des personnes privées, sont également des moyens de nature à servir au but de la guerre, et qui peuvent ne pas être laissés par l'armée d'occupation à la disposition de l'ennemi.*

« Le matériel des chemins de fer, les télégraphes de terre, de même que les bateaux à vapeur et autres navires susmentionnés, seront restitués, et les indemnités réglées à la paix. (Art. 6.)

« L'État occupant ne se considérera que comme administrateur et usufruitier des édifices publics, immeubles, forêts et exploitations agricoles appartenant à l'Etat ennemi, et se trouvant dans le pays occupé. Il devra sauvegarder le fonds de ces propriétés, et les administrer conformément aux règles de l'usufruit. » (Art. 7).

C'est pour ces motifs que fut déclarée non valable la vente, sanctionnée par l'autorité occupante allemande, de chênes abattus en dehors des coupes normales annuelles, dans les forêts des Ardennes, pendant la guerre 1870-1871.

Un usage, universellement reconnu, affranchit de capture et de confiscation les archives publiques, dont la perte causerait un dommage irréparable au vaincu sans profit pour l'ennemi.

Quelques publicistes ont voulu faire appliquer les mêmes principes aux bibliothèques et musées publics.

L'intention est louable, mais il faut bien reconnaître que, dans presque toutes les guerres, le principe n'en a pas été respecté. Napoléon Ier en fut le plus illustre violateur.

Le respect absolu des édifices et des monuments publics

s'impose moralement aux belligérants, car entre nations civilisées, la guerre ne doit pas, par ses résultats, entraver les progrès de l'humanité.

Citons comme exemple de tact et de magnanimité, à cet égard, la conduite de l'empereur François d'Autriche, qui conserva et fit même terminer l'arc de triomphe du Simplon, où Napoléon s'était fait représenter dictant la paix à François, à Vienne.

Malheureusement, cette belle modération n'a pas toujours été suivie depuis.

La dévastation d'un territoire, pour affamer l'ennemi, est une mesure absolument exceptionnelle, qui ne peut que s'expliquer par des nécessités hors de discussion.

§ 2. — *De la propriété privée sur terre.*

L'exemption de capture ou de confiscation que les Codes modernes de la guerre ont consacrée en faveur de la propriété privée sur terre, constitue un progrès d'une haute importance.

Cette règle, toutefois, comporte des limites :

Ainsi, on n'étend pas cette doctrine aux objets recueillis sur le champ de bataille.

On peut également considérer, comme une dérogation indirecte, les contributions forcées que, pour leur entretien, les armées envahissantes ont coutume de lever sur les habitants :

1° En ce qui concerne les *objets recueillis sur le champ de bataille,* ou résultant du sac d'une ville prise d'assaut, la loi française attribue aux soldats capteurs les effets mobiliers constituant propriété privée, et à l'État ce qu'on peut considérer comme propriété publique de l'ennemi, les trophées proprement dits, les canons, drapeaux, armes.

2° *Contributions militaires*. — Le système des contributions militaires, que repoussent la plupart des publicistes, est basé sur la reconnaissance du respect même de la propriété privée.

« On a, dit de Garden, substitué au pillage les contributions de guerre soit en argent, soit en nature, sous peine d'exécution militaire ; le payement de ces contributions doit assurer la conservation de la propriété de tout genre.

« Ces contributions, toutefois, n'affranchissent pas les habitants des réquisitions du vainqueur, et ils sont tenus de fournir les voitures, les chevaux, les fourrages, etc. On entend par réquisitions les demandes d'objets détaillés faites dans la forme d'une invitation, mais poursuivies par la force, si elle devient nécessaire, pour les obtenir. »

Ainsi, la contribution consiste dans ce que les habitants d'un pays sont contraints de payer ou de donner, pour se garantir du pillage ; la réquisition est la demande faite par l'autorité de mettre à sa disposition des choses, même des personnes. Ce qui distingue le mieux la contribution de la réquisition, c'est que l'État qui a ordonné la réquisition est tenu d'indemniser les particuliers.

La conférence de Bruxelles a arrêté à ce sujet les règles suivantes :

Art. 40. — *La propriété privée devant être respectée, l'ennemi ne demandera aux communes ou aux habitants que des prestations en rapport avec les nécessités de la guerre généralement reconnues, en proportion avec les res-*

sources du pays, et qui n'impliquent pas pour les popula-
tions l'obligation de prendre part aux opérations de guerre
contre leur patrie.

Art. 41. — L'ennemi prélevant des contributions soit
comme équivalent des impôts ou des prestations qui de-
vraient être faites en nature, soit à titre d'amende, n'y
procédera, autant que possible, que d'après les règles de la
répartition et de l'assiette de l'impôt en vigueur dans le
territoire occupé.

Pour toute contribution, un reçu sera donné au contri-
buable.

Art. 42. — Les réquisitions ne seront faites qu'avec l'au-
torisation du commandant dans la localité occupée.

Pour toute réquisition, il sera accordé une indemnité ou
délivré un reçu.

Les armées allemandes n'ont pas toujours respecté les
principes que nous venons d'exposer. Non seulement les
réquisitions faites par leurs chefs ont été, dans plus d'un
cas, exorbitantes, et ne se sont pas toujous bornées aux
nécessités de l'entretien, mais encore presque toutes les
villes occupées ont eu à payer, dans de très courts délais,
des contributions en argent excédant de beaucoup les ressources du trésor municipal.

D'un rapport officiel du Ministre de l'intérieur, il ressort
que, dans les 34 départements envahis, les contributions
de guerre se sont élevées à 39 millions de francs, les
impôts perçus par l'autorité allemande, à 49 millions, et
les réquisitions à 327 millions, ce qui forme un total de
415 millions.

Les neutres résidant en pays occupés, sont-ils soumis
aux contributions et réquisitions comme les nationaux
eux-mêmes ?

Lorsque nous avons traité la question du domicile de fait des étrangers en pays ennemi, nous avons dit que le neutre qui se trouve dans ce cas est placé sur la même ligne que les sujets belligérants, et que ses propriétés sont assimilées à celles de l'ennemi. C'est par application de ce principe que le gouvernement anglais refusa d'accueillir les réclamations des sujets anglais, résidant en France, qui se plaignaient de n'avoir pas été à l'abri des exactions allemandes pendant la guerre 1870-1871, quoiqu'ils eussent fait connaître leur nationalité et arboré sur leur propriété le pavillon britannique. (Cas d'une famille anglaise demeurant à la Ferté-Imbault; cas de M. Lawrence Smith, à Saint-Ouen).

§ 3. — *Régime des chemins de fer des belligérants.*

Nous avons déjà dit un mot des chemins de fer appartenant à l'État.

Il est évident que l'ennemi victorieux a le droit de s'emparer de la partie meuble de ces voies de communications, et que, lors de la cession d'un territoire, les voies ferrées de l'État qui s'y trouvent, deviennent la propriété du vainqueur.

Mais *quid* des chemins privés, appartenant à des compagnies, comme la plupart des chemins de fer français?

Le belligérant n'a, en ce qui les concerne, qu'un droit d'occupation. Il n'en acquiert jamais la propriété et ne peut user de leur matériel roulant que pour les besoins de la guerre, et non ceux de son commerce. Il est tenu d'administrer consciencieusement le matériel, d'en donner un reçu à la compagnie, de le lui restituer à la fin de la guerre, et d'indemniser cette compagnie des détériorations qui auraient pu se produire.

Toutefois, dans le cas où le vainqueur se saisirait de wagons chargés de munitions ou de vivres à destination de l'armée, non seulement la charge du train, mais le train lui-même prend le caractère d'un moyen de guerre ; en conséquence, wagons et locomotive tombent sous le droit de conquête, que le transport ait été effectué aux risques et périls de la compagnie, ou par ordre de l'État, sauf naturellement, dans ce dernier cas, recours de la compagnie contre l'État expéditeur. (*Revue de droit international*, 17e volume, article de M. Laurent de Stein.)

§ 4. — *Indemnités de guerre.*

Outre les contributions de guerre de toute nature, levées pendant l'occupation, il est devenu presque de règle dans les traités modernes d'imposer au vaincu le payement de sommes exorbitantes, sous prétexte de dédommagement, pour couvrir les frais de la guerre, ou d'indemnité pour venir en aide aux blessés, aux invalides, aux familles des victimes qu'elle a faites.

On conçoit qu'un ennemi victorieux prétende se faire indemniser des dépenses dans lesquelles l'a entraîné la guerre, surtout s'il n'est pas le provocateur ; mais il y a loin de là à émettre des exigences hors de toute proportion avec les calculs les plus rationnels dans le but de ruiner le pays, et de prolonger par suite les maux de la guerre après la cessation effective des hostilités.

N'y aurait-il pas place ici pour une intervention modératrice et désintéressée, un arbitrage équitable et impartial ?

SECTION II

De la propriété ennemie sur mer.

———

§ 1er. — *Du droit de capture sur mer. — Son fondement.*

Nous venons de voir que, dans les guerres terrestres, on peut établir comme règle générale le respect de la propriété privée.

Dans les guerres maritimes, c'est le principe contraire qui prévaut : les navires marchands ainsi que leur cargaison, quoique constituant essentiellement une propriété particulière, sont passibles de capture et de confiscation, et leurs équipages en cas de prise sont considérés et traités comme prisonniers de guerre.

Quel est le fondement de cette distinction ?

MM. Funk-Brentano et Sorel expliquent ainsi cette différence :

« Si la nation pouvait continuer avec les étrangers ses relations commerciales, les revenus de l'État continueraient de s'accroître, l'État pourrait demeurer indifférent aux actes de guerre de l'ennemi, et se bornerait à chercher dans l'extension du travail national une compensation aux pertes que l'ennemi lui aurait fait subir.

« La guerre maritime n'aboutirait ainsi qu'à des destructions inutiles; elle serait sans objet, puisque le droit du fort ne serait. pas établi. Pour qu'il le soit, il faut que le travail et la richesse de la nation soient atteints par la guerre, que le commerce soit suspendu, que les revenus de l'État se tarissent, que ses relations avec les étrangers s'arrêtent; il faut, par conséquent, que la propriété privée soit atteinte, autrement il n'y aurait pas de guerre maritime. »

Ce langage peut expliquer sans doute ce qui existe, mais suffit-il à en justifier le principe?

Les auteurs modernes sont fort divisés sur ce sujet : Kent, Wheaton, Geffcken, Hautefeuille enseignent que la propriété maritime n'est pas inviolable, et voici leurs arguments :

1° Sur terre, disent-ils, comme sur mer, le but légitime de la guerre est de forcer l'ennemi à la paix, en l'y contraignant par la victoire.

Sur terre, on peut organiser la prise de possession d'une ville, d'une province, ou d'un État. On aura le droit d'y saisir les revenus publics qui appartiennent à la nation ; on pourra lever des contributions extraordinaires, on organisera donc ainsi une sorte de saisie collective et générale, compatible cependant avec le respect de la propriété des particuliers.

Sur mer, il n'en est pas ainsi. Il n'y a ni saisie, ni réquisition, ni conquêtes possibles, si elles ne s'exercent pas sur les navires de commerce.

2° Les prises faites sur terre doivent être proscrites, parce qu'elles constituent la plupart du temps des actes sans utilité sérieuse pour celui qui les accomplit : ainsi, pour les immeubles, on ne peut que les détruire ; des meubles on ne peut tirer grand profit ; quant aux choses précieuses, le droit de prise serait illusoire, parce qu'elles sont toujours cachées ; par conséquent, la prise à terre est le mal commis pour le mal.

Au contraire, les prises faites sur les navires marchands constituent des cargaisons qu'il est facile de vendre.

3° Sur terre, le droit de prise atteindrait surtout les

objets nécessaires soit à l'entretien, soit à la nourriture, soit aux divers usages des habitants, et leur causerait un préjudice empreint d'un caractère d'inhumanité.

Au contraire, les marchandises capturées sur mer sont presque toujours des objets de spéculation. Ce sont les éléments du commerce et de la richesse des particuliers, cela est si vrai que le commerce les abandonne à tous les hasards de la mer : la rencontre d'un navire de guerre n'est qu'une mauvaise chance de plus à courir.

4º Les prises sur terre arriveraient facilement à un but contraire à celui que se proposent les belligérants : d'abord, elles ont l'inconvénient d'exaspérer les pays ravagés contre le vainqueur; puis, par une sorte de contradiction singulière, elles n'infligent aucune souffrance au reste du pays qui n'est pas encore occupé par l'ennemi, de sorte que vous ne frappez pas ainsi le reste de la nation qui se défend encore : et ce n'est pas un moyen de l'amener à faire la paix.

Au contraire, les prises maritimes, si elles lèsent l'intérêt particulier, lèsent beaucoup plus l'intérêt général ; si elles prennent un caractère de fréquence, elles constitueront un moyen de coercition pour la nation contre laquelle elles s'exercent.

5º En ne respectant pas la propriété privée sur terre, on aboutit à un véritable vol. Il est impossible de régulariser de semblables déprédations.

Au contraire, la capture maritime peut s'exercer sans aucune de ces duretés. Le navire de guerre, en effet, somme le navire de commerce de se rendre. Celui-ci ne peut songer à la résistance. Le capteur conduit pacifiquement sa prise devant le tribunal régulier, qui statue sur sa validité.

6º Si vous supprimez les prises maritimes, les guerres

maritimes pourront s'éterniser, les deux nations n'ont qu'à rester chez elles et à ne pas quitter leurs ports, il n'y a pas de raison pour que la guerre finisse. Il vaut mieux une solution ruineuse peut-être, mais définitive.

7° Enfin, comme dernier argument, la marine marchande, dit-on, soit dans son personnel, soit dans son matériel, est un moyen de puissance navale toujours prêt à venir en aide à l'État belligérant dont elle relève. Elle ne refusera ni ses navires, ni ses hommes, et, à première réquisition, se transformera en adversaire de l'ennemi. A ce point de vue, elle tombe directement sous ses coups, car incontestablement une nation a le droit d'affaiblir par tous les moyens les forces militaires de ses adversaires. C'est là le but de la guerre.

Ces arguments sont énergiquement combattus par un éloquent plaidoyer de M. Laveleye, publiciste belge, en faveur des idées d'inviolabilité et de philanthropie :

« On ne saurait, dit-il, pour la capture sur mer, faire valoir l'argument d'expropriation pour cause de nécessité publique. La capture sur mer n'est pas faite pour subvenir aux nécessités du capteur, mais uniquement pour nuire à l'ennemi et pour ruiner son commerce. C'est comme si, sur terre, on brûlait systématiquement les fabriques parce qu'elles sont une source de richesses pour l'ennemi.

« On dit encore que le navire conserve la territorialité de l'État auquel il appartient et que, par conséquent, l'ennemi peut s'en emparer au même titre que du territoire du vaincu.

« Acceptons ces deux prémices : la fiction de la territorialité et le droit de conquête ; le droit de prise n'en résulte nullement. En effet, l'État qui s'empare d'un territoire y acquiert des droits de souveraineté, mais non la propriété des biens des particuliers. Donc, le belligérant pourrait tout au plus prendre possession des navires marchands ennemis, mais non les confisquer avec leur cargaison.

« Ceux qui défendent le droit de capture invoquent un argument plus sérieux. La marine marchande, disent-ils, est en réalité l'auxiliaire de la marine militaire. Un navire de commerce est facilement transformé en bâtiment de guerre et les matelots peuvent immédiatement servir à compléter les équipages de la flotte. La marine tout entière doit donc être considérée comme un corps d'armée prenant part aux hostilités. Il s'ensuivrait qu'en prenant un bâtiment de commerce, on ne viole réellement pas le principe du respect de la propriété privée. Cet argument, dans l'état actuel de la marine, ne pourrait guère s'appliquer qu'en ce qui concerne les grands paquebots dont la transformation est prévue ; paralyser tout le commerce maritime de deux pays avec le monde entier, parce qu'une très petite partie de leur marine marchande peut être employée en temps de guerre, c'est déployer un bien grand effort pour atteindre un bien petit résultat. Puis, il serait toujours temps d'exercer le droit de prise au moment où cette transformation serait accomplie, de même que l'on n'observe plus à l'égard des neutres les lois de la neutralité quand ils en sortent. Enfin, à supposer même cette idée juste, cela expliquerait la confiscation du navire mais non celle de la cargaison.

« Quant aux matelots, si on a le droit de les capturer et de les faire prisonniers parce qu'ils peuvent compléter les équipages de la marine militaire, il faut en conclure qu'on a aussi le droit de faire prisonniers sur terre les citoyens inoffensifs, mais en état de porter les armes et d'être incorporés dans l'armée. Au moment où le matelot est capturé, il ne prend aucune part aux hostilités. Or est-on en droit de s'emparer d'un citoyen paisible parce qu'il se peut qu'il vous occasionne un préjudice ? »

Ces considérations juridiques ont une grande force et nous obligent à avouer qu'en *droit absolu*, le principe de l'inviolabilité de la propriété privée ennemie, sur mer comme sur terre, peut être verbalement soutenu.

Quoi qu'il en soit, en *droit positif*, la question n'est pas douteuse, l'inviolabilité de la propriété privée n'est pas admise dans la guerre maritime.

C'est des corsaires que, pendant longtemps, la propriété privée sur mer a eu le plus à souffrir. On donnait ce nom aux navires armés par des particuliers en temps de guerre et destinés, avec l'autorisation du Gouvernement dont ils portaient le pavillon, à courir sus aux navires ennemis.

La course est abolie depuis le traité de Paris pour les puissances signataires. En toute logique, on peut s'en étonner : en effet, le droit de tout belligérant de capturer les navires de commerce de son ennemi étant reconnu légitime par le droit des nations, il semblerait rationnel d'admettre également l'exercice qu'en font ses forces navales, qu'il s'agisse de bâtiments de guerre ou de corsaires créés comme auxiliaires de la marine militaire ; dès lors, pourquoi le permettre aux premiers et le refuser à ceux-ci ?

La seule raison à alléguer c'est qu'il y avait là, en réalité, deux abus et qu'on a voulu supprimer le plus grave.

En effet, lors de la réunion du congrès de Paris, à la séance du 8 avril 1856, le plénipotentiaire français en tête des réformes à accomplir sur le terrain du droit maritime international proposa l'abolition de la course.

Toutes les puissances maritimes de l'Europe et de l'Amérique s'y rallièrent immédiatement ; trois seulement refusèrent leur adhésion : l'Espagne, le Mexique et les États-Unis.

Les deux premières alléguèrent la faiblesse relative de leur marine de guerre et la nécessité qu'elles avaient d'user de tous leurs moyens.

Les États-Unis subordonnèrent l'abandon des armements en course à la suppression simultanée du droit de capture des navires de commerce même par bâtiment de guerre. On ne put s'entendre sur ce point et ces trois puissances restèrent en dehors du concert européen.

La course subsiste donc vis-à-vis de ces trois puissances et, à ce titre, doit faire pour nous l'objet d'une étude spéciale.

Ajoutons aussi, pour parler franchement, que les déclarations du congrès de Paris n'offrent peut-être pas toute garantie pour l'avenir en présence surtout du fait suivant :

Un décret du roi de Prusse en date du 24 juillet 1870, ordonna la création d'une marine volontaire. Les navires étaient des navires privés, qualifiés de navires frétés ; les officiers et l'équipage étaient choisis par les armateurs ; ceux-là recevaient, il est vrai, des brevets et portaient l'uniforme de la marine fédérale, mais ils n'appartenaient pas en réalité à la marine fédérale. Une prime variant de 10,000 à 50,000 thalers par navire capturé était versée aux armateurs.

C'était en réalité le rétablissement de la course.

Les avocats de la couronne d'Angleterre, consultés à ce sujet, n'ont pas voulu voir dans la création de cette marine auxiliaire une violation de la déclaration de 1856, ni un rétablissement indirect des corsaires ; à leurs yeux, les opérations auxquelles les bâtiments dont il s'agit étaient appelés à prendre part, n'avaient pas un caractère essentiellement privé et commercial et devaient plutôt être assimilés aux opérations de corps francs ou de volontaires sur terre dont la formation, ajoutaient-ils, est pleinement reconnue par le droit international.

La chose resta à l'état de projet et l'Allemagne ne parvint à armer aucun bâtiment de cette espèce ; mais c'est pour nous un motif de plus de ne pas laisser de côté les règles de la course.

§ 2. — De la course.

La législation française sur cette matière se trouve développée dans le décret du 22 mai 1803 (2 prairial, an xi).

La première condition pour obtenir des lettres de marque est de fournir la preuve de la nationalité française, toute fraude à cet égard étant punie d'une amende de 6,000 francs.

Les corsaires sont astreints à fournir un cautionnement pour répondre de leurs actes :

74,000 francs au delà de 140 hommes d'équipage.

37,000 francs au-dessous.

Les lettres de marque sont délivrées pour une période déterminée : 6, 12, 18 et 24 mois.

Le droit d'en prolonger la durée appartient au Ministre de la marine. Le nom donné au corsaire lors de son premier armement ne peut être changé.

Les corsaires étant soumis aux règles qui régissent la marine militaire, les crimes ou les délits commis par leurs équipages sont justiciables des tribunaux militaires.

Tout corsaire est tenu, à peine de nullité de ses prises, de combattre sous ses couleurs nationales.

Pour sauvegarder le recrutement de la flotte, les corsaires ne peuvent embarquer plus d'un huitième de matelots appartenant à l'Inscription maritime, mais avec liberté de compléter avec des étrangers.

Le premier devoir d'un corsaire en cas de rencontre en mer est de hisser ses couleurs et de les assurer par un coup de canon à poudre, afin de forcer le navire qu'il veut reconnaître à arborer pareillement son pavillon.

Toute capture faite sans lettre de marque ou avec des lettres périmées est confisquée au profit de l'État.

Les prisonniers faits par les corsaires doivent être conduits au port français le plus voisin; si leur nombre excède le tiers de l'équipage capteur, ils peuvent être transbordés sur les navires neutres rencontrés en mer.

Les débarquements dans un port neutre ne sont autorisés qu'en cas de nécessité dûment constatée par un consul français, lequel est tenu de remettre les prisonniers au représentant de la nation ennemie, en vue d'échange ultérieur en nombre égal et grade pour grade.

Cette mesure ne s'applique ni au capitaine, ni aux officiers capturés qui doivent rester à bord du navire dont ils sont les prisonniers.

A moins d'une autorisation formelle de leurs armateurs, il est interdit aux capitaines de corsaires de rançonner les navires neutres ou ennemis dont ils s'emparent; quand ils usent de ce pouvoir exceptionnel, ils doivent retenir à bord à titre d'otage, et conduire dans un port français, un des principaux officiers du navire rançonné et cinq matelots lorsque l'équipage de ce navire est composé de 30 hommes ou plus; trois de 20 à 29 inclusivement; deux pour les autres cas.

Le navire rançonné est tenu de fournir les vivres destinés aux otages.

Le contrat de rançon assure pour la fin du voyage la

libre navigation du bâtiment relâché : il est défendu sous peine d'une amende de 500 francs de le rançonner de nouveau.

A leur arrivée dans un port étranger, les corsaires sont tenus de déclarer devant le consul s'ils ont fait ou non usage des contrats de rançon à eux délivrés avant leur départ.

Nous avons vu, en traitant de la piraterie, que le fait de courir les mers avec les commissions de deux nations différentes constitue le crime de piraterie. Notre loi du 10 avril 1825 punit également comme pirate tout Français qui prendrait commission d'une puissance étrangère pour armer un navire en course.

§ 3. — *Des propriétés privées ennemies sujettes à confiscation.*

Tout navire ennemi dont la cargaison est également ennemie, peut être capturé par les bâtiments de guerre qu'il rencontre. La réunion des deux conditions : navire et chargement ennemis est nécessaire, car nous verrons à propos du traitement applicable aux neutres que, quand ils sont propriétaires du navire ou de la cargaison, ils assurent aux deux choses une inviolabilité complète.

Nous allons donc examiner successivement les conditions qui déterminent le caractère ennemi des navires et des cargaisons.

PREMIÈRE QUESTION.

QUAND UN NAVIRE EST-IL ENNEMI ?

Est ennemi et, par suite saisissable, le navire qui porte pavillon ennemi, ou le navire qui, battant pavillon neutre, ne peut pas prouver valablement sa nationalité neutre.

La question ne peut soulever de difficulté quand le navire rencontré porte pavillon ennemi, et avoue ainsi sans détour sa nationalité. Aucune autre preuve n'est nécessaire contre lui, et le visiteur n'aura à s'occuper que de la nationalité de la cargaison.

Nous voulons cependant citer une espèce très curieuse, dans laquelle la déclaration de l'équipage et les preuves fournies ont démontré le défaut de sincérité du pavillon ennemi et la neutralité réelle du navire :

La Société protestante des missions de Bâle était propriétaire d'un navire chargé d'entretenir des relations avec les missions évangéliques de l'Afrique occidentale.

Or les lois de la Confédération suisse interdisent d'arborer sur mer le pavillon fédéral.

A la suite de longues négociations, la mission réussit à faire naviguer son navire sous pavillon allemand. Le navire la *Palme* était à la mer, lors de la déclaration de guerre entre la France et l'Allemagne. En janvier 1871, il fut capturé dans la Manche et conduit à Dunkerque.

Le Conseil d'État, sur appel, annula la prise, pour les motifs suivants : La Confédération suisse interdit d'arborer le pavillon suisse, il y a donc nécessité pour les Suisses armateurs d'emprunter un pavillon étranger. L'équité, dans ces conditions, exige qu'en dehors des papiers de bord, les neutres soient autorisés à faire la preuve de leur propriété. Cette preuve ayant été fournie, la *Palme* fut acquittée.

Mais on comprend que ce cas est absolument exceptionnel, et qu'en général tout navire battant pavillon ennemi en temps de guerre, est dès ce moment sujet à confiscation.

La difficulté commence avec les navires portant pavillon neutre. En temps de guerre, en effet, tout navire qui ne prouve pas péremptoirement la sincérité de son pavillon, est réputé ennemi et traité comme tel.

Quelles sont donc les conditions déterminantes de la nationalité des navires, et quel est le mode de preuve admis pour en justifier ?

Les conditions qui déterminent la nationalité des navires ne sont pas les mêmes dans les différents pays ; mais généralement les conditions requises sont relatives à la nationalité du propriétaire du navire et à celle de l'équipage.

Le navire doit être une propriété exclusivement nationale en Autriche, en Espagne, en Norvège, en Portugal, en Allemagne, en Russie, dans la République Argentine, au Brésil, aux États-Unis et au Mexique.

Dans d'autres pays, cette règle est moins absolue ; en Belgique, il suffit que la propriété du navire soit nationale pour les cinq huitièmes ; en Grèce et en France, pour moitié ; aux Pays-Bas, il suffit que des *habitants* du pays possèdent les cinq huitièmes du navire.

Quant à la composition de l'équipage, en Angleterre, il peut être indifféremment anglais ou étranger.

En France, le capitaine, tous les officiers et les trois quarts de l'équipage doivent être des nationaux ; en Autriche, Portugal, Suède et au Pérou, la nationalité du navire dépend également de celle du capitaine et d'une fraction plus ou moins grande de l'équipage.

Dans d'autres pays, comme l'Allemagne, la Belgique, la Norvège, les Pays-Bas et la République Argentine, il n'y a pas de règle impérative à ce sujet.

Passons maintenant aux preuves de la nationalité du navire :

Tout bâtiment qui navigue sur mer doit être muni d'un certain nombre de documents destinés à régulariser sa situation, à faciliter l'exercice de la police maritime, et à justifier en due forme sa nationalité, sa provenance, sa destination et la propriété de tout ce qui se trouve à bord.

Les prescriptions générales, établies à cet égard par les lois intérieures de toutes les nations maritimes pour le temps de paix, sont, en vue des cas de guerre et pour la sauvegarde des droits des belligérants, corroborées par un grand nombre de clauses conventionnelles.

Les principales pièces de bord sont, en ce qui concerne le navire lui-même :

Le passeport ou congé, l'acte de propriëté du navire, le rôle d'équipage, le journal de mer et les déclarations de douane.

Leur production, en temps de guerre, est absolument exigée et constitue les seules preuves de la sincérité du pavillon.

Toute infraction à cette règle rend le navire suspect et, comme tel, passible d'arrestation. Ainsi, on considère comme soupçonnés, les navires qui se trouvent dans les circonstances suivantes :

Lorsqu'ils ont des papiers doubles, ce qui fait naître la présomption qu'ils sont faux ou falsifiés.

Lorsqu'ils n'ont pas de papiers ou lorsqu'ils ont détruit ceux qu'ils avaient, surtout si la destruction a eu lieu lorsqu'était déjà en vue le navire de guerre qui a opéré la visite.

Lorsqu'ils résistent aux recherches faites à leur bord pour s'enquérir des papiers.

Ces motifs de soupçon suffiraient à eux seuls à justifier la saisie du navire.

Quant aux pièces de bord elles-mêmes, les exigences relatives à leur régularité ne sont pas moins absolues.

Leur examen ne doit laisser subsister aucun doute dans l'esprit. Pour plus de clarté, nous parcourrons successivement les précédents de jurisprudence qui concernent les trois éléments constitutifs de la nationalité du navire :

> Passeport ou congé ;
> Rôle d'équipage ;
> Acte de propriété du navire.

1° *Passeport ou congé.* — La législation française n'admet pas *de plano* que l'absence à bord du congé ou passeport entraîne la confiscation du navire.

Le Conseil des prises, respectant la pratique des autres nations a, dans plus d'une instance, admis qu'on suppléât à cette pièce par d'autres preuves établissant le caractère neutre de la propriété, par exemple à l'aide des certificats de construction ; mais par cela même que cette pièce ne vaut que comme pièce supplémentaire, il faut qu'elle soit absolument régulière et à l'abri de tout soupçon. Le moindre doute à cet égard, des ratures ou des surcharges corroborées par un rôle d'équipage portant des traces d'altération, suffiraient pour entraîner la confiscation du navire, ainsi que les annales françaises en fournissent un exemple frappant dans l'affaire de la *Carolina-Wilhelmina*, capturée par le corsaire le *Dragon*, en septembre 1798.

Par contre, le Conseil des prises fit relâcher le navire suédois *Quintus*, capturé en 1796 par l'*Épervier*, et dont le passeport ne portait pas la signature du roi de Suède, et n'indiquait pas la destination précise du navire. La prise ne fut pas validée, le Conseil ayant jugé que le passeport, malgré cette omission, avait été dressé en due forme par l'autorité compétente, et que la navigation d'escale, à laquelle se livrait le navire, rendait impossible la désignation d'une destination précise.

La capture des navires la *Famille* et la *Louise* fournit encore au Conseil l'occasion d'appliquer le principe que la cause de confiscation découlant de la nullité du passeport, peut être détruite par les preuves de la neutralité du navire, puisées dans les autres pièces trouvées à bord.

En principe, le passeport n'est valable que pour le voyage ou pour une durée déterminée, qui est généralement d'un an. On admet, toutefois, que le passeport délivré pour le commerce de cabotage est valable aussi longtemps que le navire ne rentre pas dans le port où il a reçu ses expéditions.

Ainsi jugé pour la capture des navires la *Bagatelle*, le *Saint-Jean* et la *Paix*, appartenant tous les trois à des sujets danois.

Par contre, on regarde comme n'ayant aucune valeur le passeport délivré par un gouvernement neutre à un navire qui ne se trouve pas dans ses propres ports : c'est en appliquant ce principe, que le Conseil des prises a déclaré de bonne prise le navire *Munster-Davis*, amariné par le corsaire le *Brave*.

Quant à la délimitation du parcours, inscrite dans le passeport, il est admis qu'un congé délivré pour naviguer dans la Méditerranée, s'étend généralement à la mer Noire.

En ce qui concerne l'Adriatique et la Baltique, l'absence du passeport, qui est réglementaire pour les États dont elles baignent les côtes, ne constitue pas par lui seul un motif suffisant et légitime de confiscation. Ainsi jugé dans l'instance du navire la *Compagnie fidèle*.

2° *Rôle d'équipage.* — La règle qui veut qu'en temps

de guerre, les équipages aient la même nationalité que le pavillon sous lequel ils servent est une de celles qui comportent le moins d'exceptions ; sa violation même partielle suffit, en France, pour faire prononcer la confiscation du navire. Nous citerons, comme exemple, la confiscation du *Camisholm*, navire neutre, dont l'état-major était composé de sujets ennemis.

Dans l'affaire du navire l'*Alte-Frendschaft*, la prise fut validée en raison de l'irrégularité et de l'insuffisance du rôle d'équipage qui ne spécifiait ni le lieu de naissance, ni la nationalité, ni le domicile des marins du bord.

La Cour de cassation a statué de son côté dans le même sens, à propos des navires l'*Anna* et la *Gertrude*. Ce dernier bâtiment capturé par le corsaire le *Juste*, n'avait à son bord, au lieu de rôle, qu'une liste informe, sans caractère authentique.

Les changements survenus dans la composition d'un équipage, pendant le cours du voyage, ne vicient pas la régularité du rôle d'équipage, si le capitaine a eu soin de faire viser ces modifications par le consul de sa nation. Seulement ce visa doit être explicite et bien préciser le changement auquel il s'applique ; autrement, il est présumé frauduleux, devient nul, et ne met pas obstacle à la confiscation, comme cela s'est produit pour le navire la *Julienne*, capturé par le *Téméraire*.

Tout navire placé sous la conduite d'un capitaine autre que celui que le passeport désigne comme capitaine, est passible de capture, lorsque la substitution n'est pas constatée d'une manière régulière sur le rôle d'équipage.

On se montre, en général, moins rigoureux à l'égard des navires neutres dont le personnel a été renouvelé dans un port également neutre. La Cour de cassation a formellement consacré cette manière de voir au profit du navire le *Félix*, dont elle annula la confiscation prononcée en premier ressort.

3° *Acte de propriété du navire*. — Nous avons rangé au nombre des conditions constitutives de la nationalité du navire, la nationalité de ses propriétaires. Le titre justificatif de l'accomplissement de cette condition est l'acte de propriété du navire ou toute autre pièce en tenant lieu; en France, l'acte de francisation.

Sa production devra être exigée à un second point de vue. C'est qu'en effet, il est de principe, en France, qu'en temps de guerre, le neutre ne peut valablement acquérir la propriété d'un navire ennemi.

Frappée en effet de la difficulté d'empêcher la fraude et de reconnaître les opérations faites de bonne foi, la France refuse toute validité à ces sortes de contrat et déclare de bonne prise tout navire ennemi dont la propriété a été transférée à des neutres après l'ouverture des hostilités, ou après que les acheteurs ont pu avoir connaissance de la guerre.

Par suite, l'acquisition par un neutre de la propriété d'un navire de provenance ennemie exige, pour être reconnue valable, des preuves authentiques et ne laissant subsister aucun doute sur la sincérité de la vente à une date antérieure à celle de l'ouverture des hostilités.

La confiscation du *Carl-Ludwig* fut sanctionnée par le Conseil des prises, à cause de l'absence de tout document établissant d'une manière irrécusable que l'achat en avait été fait avant la guerre.

L'Angleterre, les États-Unis admettent au contraire la preuve que la vente a été faite de bonne foi et n'a pas eu lieu dans l'intention préméditée de soustraire à capture une propriété ennemie. Dans ces conditions, elles admettent comme valable le transfert de propriété opéré pendant la durée de la guerre, mais elles exigent pour cela trois choses :

1º Un acte de vente authentique dont une expédition soit produite à bord au moment de la visite.

2º Le transfert de propriété doit être complet et sans réserve.

3º Enfin, le navire, depuis qu'il a changé de mains, a également changé de trafic.

Quant aux navires de guerre ennemis, toutes les nations s'accordent à en prohiber l'acquisition par les neutres après l'ouverture des hostilités.

Le Conseil des prises a fait deux fois application de ce principe durant la guerre de Crimée :

Navire russe *Orio*, saisi sous pavillon toscan, et navire russe *Christiane*, saisi sous pavillon danois.

Telles sont les règles consacrées par la législation et la jurisprudence, en ce qui concerne la régularité des papiers de bord.

Nous connaissons maintenant les conditions de validité particulières à chacun d'eux. Une dernière question nous reste à examiner :

La production de papiers de bord réguliers suffit-elle absolument à justifier de la neutralité du navire ?

Non. Les papiers de bord ne constituent par eux-mêmes qu'un commencement de preuves par écrit qui, en cas de doutes ou de soupçons, n'exclut pas la preuve contraire résultant d'autres pièces ou de déclarations verbales faites sous serment.

Ainsi jugé en 1800 par le Conseil des prises, à propos de la capture du navire américain *Mally*, dont les papiers furent reconnus réguliers, mais étaient contredits par des lettres trouvées à bord qui prouvaient que le navire était réellement anglais et naviguait sous pavillon et avec des papiers des États-Unis.

Il existe certains navires qui, à raison de leur destination spéciale, ne sont pas astreints à produire des papiers complets et réguliers.

Ce sont d'abord les bateaux-pêcheurs qui parcourent la mer à proximité des côtes sans être munis d'autres papiers de bord qu'un simple rôle d'équipage. Nous verrons même que, par un sentiment d'humanité généralement respecté, ces bateaux sont affranchis de toute capture quand ils ne se livrent accessoirement à aucun transport maritime proprement dit.

Sans jouir d'une immunité aussi complète, la navigation côtière ou cabotage n'est pas d'ordinaire passible de confiscation par le seul fait d'être dépourvue des passeports ou autres pièces que l'on exige des longs courriers.

On respecte, sous ce rapport, mais à condition qu'ils se maintiennent dans les limites de leur trafic restreint, les règlements intérieurs de certains pays qui n'imposent pas d'une manière absolue, à leurs caboteurs, l'obligation de se munir de nombreux documents pour justifier, soit de leur nationalité, soit de la qualité de leurs propriétaires.

C'est ce qu'a décidé, entre autres, un arrêt du Conseil d'État, en 1828, à propos de deux caboteurs grecs qui naviguaient sans passeport et qui furent capturés dans le Levant par le *Brig*, le *Nisus*. La prise fut invalidée.

En ce qui concerne tous les autres navires, la règle est absolue et les principes que nous venons d'exposer leur sont entièrement applicables.

DEUXIÈME QUESTION.

QUAND UNE CARGAISON EST-ELLE ENNEMIE ?

Comme pour les navires, le droit de capturer les cargaisons se détermine d'après la nationalité ennemie de leurs propriétaires.

D'après le Code de commerce, les marchandises et les objets embarqués en vertu d'un contrat ou d'un ordre régulier, pour le compte et aux risques du destinataire, sont considérés comme n'appartenant plus à l'expéditeur. Le capitaine qui les reçoit à son bord est censé agir comme représentant du consignataire, et la livraison faite entre ses mains est assimilée à une prise de possession effective par le propriétaire lui-même.

Ainsi, en cas de guerre entre l'Angleterre et la Russie, un navire anglais charge à Newcastle du charbon à destination d'un port français et d'un commerçant français. La cargaison de charbon est neutre et ne pourra être saisie.

Les parties sont, toutefois, libres de régler et de modifier, comme elles le jugent le plus conforme à leurs intérêts, les contrats par lesquels elles entendent se lier. Elles peuvent convenir, par exemple, que la marchandise ne sera transférée qu'après payement du prix, ou qu'elle naviguera aux frais et risques de l'expéditeur jusqu'à son arrivée au port de destination. En droit strict, de semblables stipulations n'ont rien que de très légitime ; mais, en temps de guerre maritime, il faut bien reconnaître que la liberté illimitée laissée sous ce rapport aux transactions commerciales peut ne servir qu'à soustraire à la capture la propriété privée de l'ennemi.

Telle est, cependant, la jurisprudence française. Le Conseil des prises s'inspire exclusivement des règles tracées par les articles 100 et 107 du Code de commerce pour résoudre la question de propriété des marchandises en cours de voyage.

C'est ce qu'il a fait notamment lors de la guerre de Crimée en décidant que, sauf convention contraire entre les parties, sans réserve ni recours légal contre le commissionnaire, le voiturier ou le capitaine chargé du transport, la marchandise sortie des magasins du vendeur ou de l'expéditeur, comme celle placée à bord du navire, voyage toujours aux risques et périls de celui auquel elle appartient.

Les Cours d'amirauté anglaises et américaines sont moins libérales en cette matière, et considèrent comme frauduleuses toutes réserves faites quant au transfert de la propriété des marchandises embarquées.

En 1812, peu de temps avant la rupture des relations entre l'Angleterre et les États-Unis, un commerçant de Glascow embarqua divers colis de marchandises destinés à ses correspondants de New-York. Le connaissement et la facture étaient au nom de citoyens américains et stipulaient que le chargement était fait au compte et aux risques du consignataire. Une lettre trouvée à bord du navire capturé établit pourtant que l'expéditeur, qui avait outrepassé les ordres qu'il avait reçus, réservait aux destinataires la faculté d'accepter tout ou partie seulement de la cargaison. Un corsaire américain s'étant, après la déclaration de guerre, emparé du navire chargé du transport, la cargaison fut confisquée comme propriété ennemie.

Les lois commerciales de tous les pays confèrent aux expéditeurs le droit d'annuler le connaissement sur lequel aucune avance n'a été faite, et de rentrer en possession de la marchandise envoyée, tant qu'elle n'est pas arrivée au port de débarquement.

D'après les lois de la guerre, cette action en revendication ne peut être exercée que dans le cas d'insolvabilité réelle du destinataire, ou de l'avis donné en temps utile par lui qu'il refuse l'expédition ou n'en soldera pas le prix. Une simple révocation inspirée par une appréhension ne serait pas suffisante pour altérer le caractère de la possession originaire.

L'Amirauté anglaise et les Cours des prises américaines n'admettent pas cette règle, et pour elles, en temps de guerre, la propriété d'une cargaison ne peut être changée *in transitu*.

Faisant une application inique et rigoureuse de cette manière de voir, les juges de l'Amirauté déclarèrent de bonne prise le navire hollandais *Dankebaar - Africain*, appartenant à des commerçants du Cap, quoique la colonie fût rentrée au moment de la saisie, depuis deux mois déjà, sous la domination anglaise. Les armateurs étaient bien devenus Anglais, mais le navire et la cargaison, étant hollandais, au départ, n'avaient pu *in transitu* changer de nationalité.

Preuves de la propriété des cargaisons. — La preuve de la propriété des cargaisons réside dans la production des papiers de bord. On comprend que ces papiers varient d'un pays à l'autre ; mais ils se rapportent tous au connaissement, à la facture, au contrat d'affrètement et pièces de douane.

En France, suivant les instructions de 1870, les papiers à exiger étaient les connaissements, les chartes-parties et les factures qui établissent la nature et la nationalité du chargement.

Au nombre des règles les plus importantes consacrées à cet égard en France, nous citerons les suivantes :

1° Pour faire foi, il n'est pas de rigueur que les connaissements trouvés à bord soient revêtus de la signature du capitaine.

2° Le contrat d'affrètement qui n'exprime pas pour compte et risque de qui le chargement est fait doit être complété par les énonciations du connaissement.

3° Un relevé général détaillé et exact des marchandises chargées, quand il est revêtu des mêmes formalités que le connaissement, peut tenir lieu de celui-ci et avoir la même valeur.

4° Les pacotilles du capitaine et de l'équipage n'ont pas besoin pour être respectées d'être accompagnées d'un connaissement.

5° Le connaissement doit prouver le caractère neutre des propriétaires de la marchandise.

Ces différentes règles ont reçu leur application dans les affaires des navires *Louisa-Augusta*, *Anna*, *Wilhelm*, *Économie* et *Amitié* (Dalloz, Répertoire. V. *Prises maritimes*).

§ 4. — *Exceptions à la règle de la capture de la propriété ennemie sur mer.*

1° *Bateaux pêcheurs.* — La France, dans la plupart de ses guerres, a exempté de capture les barques et les bateaux employés à la pêche. Cette exception est parfaitement justifiée :

« L'industrie de la pêche côtière, dit Ortolan, est entièrement pacifique, et, quant à la richesse nationale, d'une importance bien moins grande que celle du commerce maritime ou des grandes pêches. Paisibles et tout à fait inoffensifs, ceux qui l'exercent, parmi lesquels on voit souvent des femmes, peuvent être appelés moissonneurs des mers territoriales, puisqu'ils se bornent à en récolter les produits ; ce sont, pour la plupart, des familles pauvres qui ne cherchent guère dans ce métier que le moyen de gagner leur vie ».

(*Édits royaux* de 1543 et 1584. Annulation de la prise de la *Trossa-Senhora*, de Piedade, barque de pêche portugaise, capturée par le corsaire la *Carmagnole*.)

L'Angleterre ne s'est pas toujours conformée à cette ligne de conduite. En 1854, ses croiseurs détruisirent dans la mer d'Azoff, les pêcheries, filets, instruments de pêche, et jusqu'aux cabanes des riverains dont ils capturèrent les bateaux.

Le privilège d'exemption de capture ne saurait, toutefois, être étendu aux bateaux pêcheurs qui se livrent en haute mer à ce qu'on appelle la grande pêche. Ces navires sont susceptibles de capture.

2° *Bâtiments hospitaliers.* — Un projet d'articles additionnels à la convention de Genève a été signé le 20 octobre 1868 par les commissaires dûment autorisés des gouvernements signataires de la convention principale, dans le but d'étendre aux armées de mer les avantages de celle-ci. Le projet pose en principe l'immunité des bâtiments hospitaliers, embarcations et navires de commerce employés au transport des blessés.

Bien que ce projet n'ait encore reçu aucune force obligatoire, les règles qu'il consacre sont déjà entrées dans la pratique des guerres maritimes. L'application en a été prescrite par lés instructions de l'amiral Rigault de Genouilly, en date du 25 juillet 1870.

Les bâtiments-hôpitaux militaires qui réclament le bénéfice de la neutralité devront joindre au pavillon national le pavillon blanc à croix rouge ; ils devront, de plus, se distinguer par une peinture extérieure blanche avec batterie verte.

Le personnel religieux, médical et hospitalier de ces bâtiments, et même de tout bâtiment capturé, est déclaré neutre. Dans ce dernier cas, il emporte en quittant le navire, les objets et instruments de chirurgie qui sont sa propriété.

En ce qui concerne leur matériel, les bâtiments-hôpitaux restent soumis aux lois de la guerre, et deviennent la propriété du capteur; mais celui-ci ne pourra les détourner de leur affectation spéciale pendant la durée de la guerre.

Les belligérants conservent le droit d'interdire aux bâtiments neutralisés toute communication et toute direction qu'ils jugeraient nuisibles au secret de leurs opérations.

La convention étend le bénéfice de la neutralité aux navires hospitaliers équipés aux frais des sociétés de secours reconnues par les gouvernements réguliers.

3° *Paquebots-poste entre la France et l'Angleterre.* — Une convention signée à Londres, le 14 juin 1833 entre la France et la Grande-Bretagne, neutralise les paquebots employés au transport des dépêches entre les deux pays.

La plupart des conventions postales postérieures ont stipulé des clauses analogues en faveur des paquebots-poste, notamment celle du 3 mars 1869 entre la France et l'Italie.

On ne peut que souhaiter que, vu le caractère international des intérêts qui s'attachent à la sécurité du transport des dépêches, ces immunités soient étendues en cas de guerre aussi loin que le permettront les intérêts spéciaux des belligérants.

4° *Relâche forcée.* — En cas de naufrage ou de relâche forcée d'un navire ennemi, la pratique suivie par les États belligérants n'est pas uniforme.

Certains pays, dans un sentiment élevé de justice et d'humanité, repoussent toute idée de capture.

D'autres, au contraire, appliquent rigoureusement leur droit. Cette pratique, en ce qui nous concerne, est sanctionnée par le règlement français de 1788. On peut citer comme exemple le cas tristement célèbre des naufragés de Calais.

L'Amirauté britannique admet aussi la confiscation : elle captura, en 1798, le navire français l'*Impétueux*, entré en relâche forcée à Bristol.

5° *Expéditions et missions scientifiques.* — Toutes les nations exemptent de capture et couvrent même de sauf-conduits en règle les navires de guerre ou marchands ennemis chargés de missions scientifiques.

Il va sans dire que pour conserver intact ce privilège, ces sortes de navire sont rigoureusement tenus de s'abstenir de tout acte hostile.

6° *Navires de cartel.* — Sous le nom de navires de cartel, on désigne les bâtiments qui, munis d'un pavillon parlementaire, sont chargés d'effectuer un échange de prisonniers ou de porter à l'ennemi des propositions ayant un caractère pacifique. Ces navires sont neutralisés à condition de n'avoir à bord ni marchandises, ni munitions, ni autres armes qu'un canon pour faire des signaux.

Les annales de l'Amirauté britannique fournissent un exemple remarquable du respect dû aux navires de cartel.

Le commandant de l'escadre anglaise dans les mers de

l'Inde, eut occasion d'employer, pour porter un cartel à Amtoine, un bâtiment hollandais. Ce navire ayant été capturé en route, Sir William Scott, le juge de l'Amirauté, en fit prononcer la restitution, en faisant valoir que la question du pavillon était primée par celle de la mission pacifique qui lui avait été régulièrement confiée.

7° *Licences de commerce et sauf-conduits.* — Certains belligérants sont dans l'usage d'accorder à leurs nationaux, aux ennemis ou aux neutres des licences de commerce qui ne sont autre chose, en réalité, que des sauf-conduits pour continuer licitement et sans crainte de capture des opérations commerciales prohibées par les lois générales de la guerre.

Ces licences sont parfois *générales*, comme lors de la guerre de Chine, en 1860, et équivalent alors à une suspension de l'exercice du droit de guerre.

Le plus souvent, ces licences sont *spéciales*, soit qu'elles soient délivrées individuellement, soit qu'elles soient restreintes à un voyage déterminé ou au transport de certaines marchandises.

A une époque rapprochée de nous, on a vu faire usage de cette dernière espèce de licences pendant la guerre des États-Unis contre le Mexique, en raison à la fois de la disette de vivres et du manque de navires américains dans les ports de l'Union.

En général, les licences de commerce doivent être délivrées par l'autorité suprême du pays.

Toutefois, en cas de licences spéciales devant recevoir toute leur exécution dans la circonscription d'un commandement déterminé, le chef d'escadre intéressé est autorisé à les délivrer.

Les abus inhérents à la délivrance et à l'usage des

licences spéciales, accordées soit à l'ennemi, soit aux navires neutres, ont soulevé de nombreux conflits devant les tribunaux des prises. Le cas le plus remarquable, dans ce genre, est celui du navire américain *The Hope*, qui se rendait des États-Unis en Espagne, avec une licence signée par l'amiral anglais commandant l'escadre des West-Indies, et par le consul britannique de Boston.

Au moment de statuer sur la prise, sir W. Scott fit observer qu'aucun consul ne pouvait puiser dans son caractère officiel le droit de soustraire une propriété ennemie aux effets des hostilités, et qu'un amiral ne pouvait pas davantage accorder de sauf-conduits en dehors des limites de sa juridiction.

Toutefois, dans l'espèce, l'Amirauté admit qu'on pouvait considérer la licence comme un arrangement sujet à ratification, dont il était loisible à l'autorité judiciaire d'accepter la validité. En conséquence, *The Hope* fut relâché.

La première circonstance matérielle à apprécier pour s'assurer de la validité de la licence, c'est que la pièce se trouve bien entre les mains de la personne même à laquelle la concession a été faite. Ces sortes de documents ne sont pas en général destinés à être cédés ; dans le cas contraire, il est d'usage d'y faire mention de la faculté de cession.

Le propriétaire d'une licence est strictement obligé de se renfermer dans les limites qui y ont été assignées pour la nature et la quantité des marchandises à embarquer, sous peine d'annulation de la licence.

Le nom et la nationalité du navire qui conduit les marchandises méritent d'être pris sérieusement en considération.

La protection qui résulte de la licence couvre le navire

pendant son voyage tout entier, aller et retour au point de départ, pourvu qu'il revienne sur lest.

Si, au retour, il embarquait sans nouvelle autorisation, une cargaison quelconque, celle-ci, et le navire, deviendraient passibles de confiscation.

En matière de changement de route, les Cours des prises se guident généralement sur la présomption que le bâtiment doit, jusqu'à preuve contraire, être considéré comme ayant agi de bonne foi sans intention de fraude.

Une dernière condition exigée pour la validité de la licence, c'est que la pièce figure parmi les papiers de bord du navire. Toute rature ou altération la rendrait frauduleuse.

8° *Navires rançonnés.* — On entend par rançon le prix convenu entre le capteur et le propriétaire des biens saisis pour obtenir la restitution de ces biens.

Lorsqu'il s'agit d'un navire, il est d'usage de dresser deux copies du contrat de rançon.

L'une de ces copies, appelée cédule de rachat, reste entre les mains du capteur, l'autre sert de sauf-conduit au navire.

Un navire de guerre est-il autorisé à rançonner les bâtiments ennemis ?

Plusieurs puissances maritimes : l'Angleterre, les Pays-Bas, la Suède, la Russie, le Danemark, repoussent la légitimité du rachat.

La France en admet le principe (art. 39 de l'*arrêté* du 2 prairial, an xi, toujours en vigueur); mais ce droit ne pourra être exercé sans l'autorisation préalable du Ministre, dans les Instructions qu'il remet aux commandants.

Du moment qu'un navire a été rançonné et rendu à sa

liberté, les compatriotes et les alliés du capteur perdent le droit de le capturer, tant qu'il reste dans les conditions de temps, de direction, de destination et de chargement stipulées dans son contrat.

Nous avons vu, à propos de la course, qu'on exige des otages, pour mieux assurer l'accomplissement des traités de rançon.

Leur nombre est ainsi limité :

Un officier du navire rançonné et cinq matelots pour un équipage de 30 hommes et au-dessus ;

Trois matelots pour un équipage de 20 à 29 hommes ;

Deux pour les autres cas.

TITRE II

DES RAPPORTS DES BELLIGÉRANTS AVEC LES NEUTRES — DES DROITS ET DES OBLIGATIONS DES NEUTRES EN TEMPS DE GUERRE

CHAPITRE PREMIER

DÉFINITION ET HISTOIRE DE LA NEUTRALITÉ EN GÉNÉRAL

La *neutralité* peut être définie un état qui consiste dans une inaction entière relativement à la guerre, et dans une impartialité exacte et parfaite à l'égard des belligérants, autant que cette impartialité a rapport à cette guerre et aux moyens directs et immédiats de la faire.

Le droit pour les nations de conserver la neutralité est incontestable tant au point de vue du droit naturel que du droit positif.

Il a pour principe l'indépendance des nations vis-à-vis les unes des autres et se trouve consacré par tous les traités qui concernent la neutralité.

L'histoire de la neutralité peut se diviser en trois grandes périodes : la première finit en 1780, la seconde sert de précédent et de préparation aux idées qui ont dominé en 1854 pendant la guerre d'Orient, et la troisième s'étend de cette époque jusqu'à nos jours.

1re *période*. — La première compilation, qui fixe et définit, bien qu'imparfaitement encore, le rapport de neutralité entre les États, c'est le *Consulat de la mer*.

Quoique ce célèbre ouvrage ne traite ni de la contrebande de guerre ni du droit de blocus, il examine et discute d'une manière remarquable les deux grandes questions de confiscation des biens ennemis sous pavillon neutre et des biens neutres sous pavillon ennemi.

La solution à laquelle il arrive sur ce point consiste à admettre la confiscation dans le premier cas et la liberté de la cargaison dans le second; en d'autres termes, le pavillon neutre ne couvre pas la marchandise ennemie et la cargaison neutre reste toujours libre, même sous pavillon ennemi.

Ces principes furent tour à tour suivis et abandonnés pendant les guerres du XVe et du XVIe siècle.

La grande ordonnance de Colbert sur la marine est plus rigoureuse pour les neutres. Elle confisque à la fois les marchandises ennemies avec le navire neutre affecté à leur transport, et les chargements neutres embarqués sous pavillon ennemi.

Pendant toute cette période, l'Angleterre, au nom des maximes proclamées par le *Consulat de la mer*, permit la consommation des actes les plus odieux contre la propriété des neutres.

2e période. — Les tendances secrètes et le juste ressentiment des principales cours de l'Europe firent enfin explosion lors de la capture faite par l'Angleterre, dans la Méditerranée, de deux navires russes chargés de blé que l'on supposait destiné à Gibraltar.

Le 28 février 1780, l'impératrice de Russie prit l'initiative d'une déclaration contenant les cinq bases suivantes :

1° Tous les navires neutres pourront naviguer librement de port à port et sur les côtes des nations en guerre.

2° Les marchandises ennemies sont libres sous pavillon neutre, à l'exception de la contrebande de guerre.

3° Pour déterminer ce qui doit être considéré comme contrebande de guerre, la Russie s'en tient aux articles 10 et 11 de son traité avec l'Angleterre en date du 20 juin 1766, auquel elle accorde force obligatoire à l'égard de tous les belligérants.

4° On ne considérera pas un port comme bloqué tant qu'il n'y aura pas de danger réel et effectif à son entrée.

5° Ces principes serviront de base dans les procédures et jugements des tribunaux des prises.

Le Gouvernement anglais refusa d'adhérer à cette déclaration. La France, au contraire, se rallia entièrement à ce système, dont elle s'efforça de maintenir l'exécution avec exactitude.

Toutes les autres puissances consultées imitèrent notre exemple. La Russie voulut quelque chose de plus ; par les traités de juillet 1780, elle s'engageait, avec la Suède et le Danemark, à assurer par la force le respect des principes posés ci-dessus. Ce traité, qui porte le nom de « première neutralité armée », reçut l'adhésion de la Prusse, de l'Autriche, du Portugal et des Siciles.

L'Angleterre, plus prudente, sans accepter les principes des neutres, y conforma cependant sa conduite.

Les guerres de la Révolution firent malheureusement revivre tous les abus.

Ainsi les Gouvernements coalisés, au mépris des droits imprescriptibles des neutres, élargissant arbitrairement le cercle des articles dits « de contrebande de guerre », s'opposèrent à l'introduction, en France, des vivres et des marchandises venant de l'étranger.

De son côté, dans un sentiment de légitime défense, la Convention interdit, par le décret du 9 mai 1793, sous peine de confiscation, aux navires neutres de fournir des grains et des vivres à l'ennemi et prononça l'abrogation du principe que le pavillon neutre couvre la marchandise ennemie.

L'Angleterre, saisissant ce prétexte pour revenir à ses doctrines traditionnelles, enjoignit immédiatement à ses corsaires et à ses navires de guerre de capturer tout bâtiment qui chercherait à forcer le blocus déclaré des côtes de France.

La Russie refusa de s'associer à ces mesures et posa résolument les bases de la neutralité maritime que les États riverains de la Baltique proclamèrent en 1800. Ces bases peuvent se résumer ainsi :

1° Nécessité de l'avertissement personnel et de l'effectivité du blocus.

2° Les navires marchands convoyés sont exempts de toute visite. La parole de l'officier convoyeur suffit pour prouver qu'ils ne transportent pas de contrebande de guerre.

Avant même que cette nouvelle coalition eût eu le temps de s'affermir, l'Angleterre déclarait la guerre au Danemark, bombardait Copenhague et, profitant de ce succès facile, entrait en négociations avec la Russie.

Ces négociations aboutirent au traité du 17 juin 1801, qui n'était qu'une transaction entre les règles des deux neutralités armées de 1780 et de 1800, et les principes traditionnels du droit maritime de la Grande-Bretagne.

En réalité, ce traité ne satisfit personne ; aussi la Russie le dénonça-t-elle dans le cours de l'année 1807, en proclamant de nouveau les principes qui formaient la base de la neutralité armée, et en prenant l'engagement d'y demeurer à l'avenir invariablement fidèle.

Ainsi affranchi de ses engagements conventionnels, le

Gouvernement anglais remit en vigueur ses anciennes doctrines.

Pour les combattre, Napoléon publia son fameux décret de Berlin, déclarant en état de blocus les côtes anglaises, fermant les ports de France à tout navire neutre venant d'Angleterre ou de ses colonies.

L'Angleterre répondit par de nouvelles mesures de rigueur qui donnèrent lieu aux réclamations neutres les plus énergiques.

Il ne fallut rien moins que la chute du premier empire pour abolir radicalement cette conception anti-économique du blocus continental.

L'Angleterre refusa, en 1815, de s'associer à toute déclaration concernant le droit maritime. Aussi les traités de 1815 restèrent-ils muets à cet égard.

3e période. — C'est à la guerre d'Orient qu'il faut arriver pour constater dans les principes de la neutralité un progrès réel et sérieux.

Au moment où leurs forces de terre et de mer allaient combattre côte à côte, l'Angleterre et la France sentirent que leur action combinée allait perdre une grande partie de son efficacité, si elle n'était précédée d'une entente sur les principes qui devaient guider leur conduite à l'égard des neutres.

La France prit l'initiative de propositions que l'Angleterre se vit contrainte d'accepter, et qui aboutirent à la déclaration suivante :

Maintien du droit de saisir les articles de contrebande de guerre et d'empêcher les neutres de transporter les dépêches de l'ennemi. Maintien également du droit d'empêcher les neutres de violer tout blocus effectif. Mais liberté de la propriété ennemie chargée à bord d'un navire neutre. Respect également de la propriété neutre à bord des navires ennemis.

Renonciation au droit de délivrer des lettres de marque.

Tous les gouvernements neutres rendirent hommage à la politique libérale inaugurée par les alliés, et y répondirent par des déclarations de neutralité consacrant des principes d'une impartialité absolue.

Le système inauguré pendant la guerre de 1854 répondait si bien aux besoins de tout le monde qu'il prit sans difficulté le caractère d'une réforme définitive du droit international.

Au congrès de paix réuni à Paris, en 1856, les plénipotentiaires qui eurent pour mission de consacrer les résultats de la guerre, furent naturellement amenés à y comprendre la confirmation des règles qui avaient été observées par les puissances belligérantes. Voici en quels termes elles furent consacrées par la déclaration du 16 avril 1856 :

1° La course est et demeure abolie.

2° Le pavillon neutre couvre la marchandise ennemie, à l'exception de la contrebande de guerre.

3° La marchandise neutre, à l'exception de la contrebande de guerre, n'est pas saisissable sous pavillon ennemi.

4° Les blocus, pour être obligatoires, doivent être effectifs, c'est-à-dire maintenus par une force suffisante pour interdire réellement l'accès du littoral de l'ennemi.

Tous les États européens, moins l'Espagne, tous les États américains, sauf le Mexique et les États-Unis, accédèrent à la déclaration du 16 avril.

Les États-Unis déclarèrent ne vouloir renoncer aux armements en course que si le principe de l'inviolabilité de la propriété ennemie sur mer était intégralement reconnu.

L'Espagne et le Mexique, partageant les scrupules des États-Unis à l'endroit des armements en course, se réservèrent le droit de faire usage de corsaires et ne voulurent adhérer qu'aux trois derniers paragraphes de la déclaration.

Plusieurs guerres ont troublé l'Europe depuis la promulgation des actes du Congrès de Paris. Dans toutes, les belligérants ont non seulement observé avec une scrupuleuse fidélité les principes consacrés par la déclaration du 16 avril, ils en ont même, dans l'application, mieux précisé et étendu la portée sur certains points.

Leur examen fera l'objet des développements suivants.

CHAPITRE II

DE LA NEUTRALITÉ CONVENTIONNELLE

Lorsqu'une guerre éclate entre deux ou plusieurs États indépendants et souverains, les puissances qui n'y prennent pas part sont généralement dites en état de *neutralité commune ou naturelle*, par opposition à la situation de certains États qui restent neutres à la suite de conventions ou d'engagements internationaux spécifiant les termes, les conditions et les limites de cette neutralité.

Examinons d'abord la situation de ces États perpétuellement neutres :

1º La neutralité de la *Suisse* a revêtu un caractère définitif et solennel par la déclaration signée à Paris, le 20 novembre 1815, entre la France et les quatre grandes puissances alliées, qui garantirent comme nécessaire au

maintien de l'équilibre européen l'intégrité et l'inviolabilité perpétuelles de la Confédération.

2° Par sa position entre le nord de la France et l'ouest
de l'Allemagne, la *Belgique* joue un rôle analogue à celui
qui appartient à la Suisse, entre la France, l'Italie, l'Autriche et l'Allemagne ; elle forme une vaste zone neutre
qui met deux grandes puissances à l'abri d'un choc
direct, et diminue ainsi entre elles des occasions trop fré-
quentes de conflit.

Dans la pensée des signataires du Congrès de Vienne,
c'était le royaume des Pays-Bas qui devait opposer une
barrière neutre à toute tentative d'invasion de la France
du côté de l'Allemagne ; aussi, lorsque la Belgique se fut
violemment séparée de la Hollande, en 1831, l'Europe, à
la Conférence de Londres, se crut obligée moralement
d'imposer aux Belges comme condition de la reconnaissance de leur indépendance, la situation d'un État perpétuellement neutre. (Art. 7 du traité de Londres, du
15 novembre 1831.)

En 1870, l'Angleterre, la France et la Prusse crurent
devoir, par un nouveau traité, garantir la neutralité de la
Belgique. On a d'ailleurs compris, en Belgique, que la
signature des puissances ne saurait toujours suffire, et que
la déclaration de neutralité en faveur d'un pays impose à
ce pays l'obligation de faire respecter au besoin cette
neutralité par la force des armes.

De là la loi qui a transformé Anvers en une place
d'armes de premier rang, de là surtout les fortifications
de la vallée de la Meuse, cette vallée étant à peu près la
seule qu'en cas de conflit les armées allemande et française pourraient être tentées d'envahir, afin de tourner les
formidables places fortes qui garnissent les frontières de
la Suisse au Luxembourg.

3° La dissolution de l'ancienne confédération germanique, en 1866, a brisé les derniers liens qui unissaient à l'Allemagne le *Grand-duché de Luxembourg*. La position géographique du Grand-duché, qui couvre avec la Belgique une partie importante de la frontière française, ne pouvait manquer d'amener des conflits tant que sa neutralité absolue ne serait pas garantie d'une manière sérieuse et permanente : c'est ce qui amena, en 1867, la réunion à Londres d'une conférence internationale qui eut pour résultat la conclusion d'un traité qui plaçait la neutralité absolue et permanente du Grand-duché sous la garantie de l'Autriche, de l'Angleterre, de la France, de la Prusse et de la Russie.

L'article 3 ajoute que, par suite de cette neutralisation, l'établissement de places fortes sur le territoire du Grand-duché devient sans nécessité et, qu'en conséquence, la ville de Luxembourg cessera d'être une ville fortifiée.

En 1870, la France et l'Allemagne ne trouvèrent pas superflu de notifier leur intention respective de maintenir cette neutralité.

4° *Iles Ioniennes*. — Deux traités garantissent leur neutralité : l'un conclu à Londres, le 14 novembre 1863, entre l'Autriche, l'Angleterre, la France, la Prusse et la Russie ; l'autre, conclu le 29 mars 1864, entre l'Angleterre, la France, la Russie et la Grèce. Il y est spécifié que les fortifications de Corfou doivent être démolies.

5° *Neutralisation du bassin du Congo*. — La conférence de Berlin, appelée à régler les questions se rapportant à la navigation des deux principaux fleuves africains qui se déversent dans l'océan Atlantique, après avoir établi la liberté de cette navigation, en a élargi et assuré encore davantage la base et l'étendue en neutralisant tous les territoires, y compris les eaux territoriales, situés dans le bassin conventionnel du Congo. Ici la neutralité prend un caractère particulier. D'abord elle n'est pas imposée aux puissances intéressées, auxquelles est laissée la faculté de se proclamer neutres en remplissant les devoirs que la neutralité comporte.

Elle n'est pas non plus définitive comme celle de la Suisse et de la Belgique. Elle peut être permanente ou temporaire au gré de la partie contractante.

La neutralisation, en cas d'éventualité de guerre surgissant entre quelqu'une des puissances intéressées et d'autres, aurait surtout pour but d'assurer à tout le bassin le régime de la liberté commerciale.

Quant aux devoirs qu'impose cette neutralité, ils sont ceux qui découlent des principes mêmes du droit des gens, et que nous aurons plus tard l'occasion de définir.

6° *Neutralisation du canal de Suez.* — L'intérêt qui s'attache, en cas de guerre entre deux puissances maritimes, à la liberté de cette grande voie du commerce international, a conduit les puissances européennes à garantir sa neutralité permanente.

Cette convention, qui porte la date du 23 octobre 1887, due à l'initiative de l'Angleterre et de la France, a reçu successivement l'adhésion de toutes les puissances maritimes du monde.

Dans son premier article, elle pose en règle que le canal sera toujours libre et ouvert en temps de paix comme en temps de guerre, sans être jamais assujetti à l'exercice du droit de blocus.

Le reste de la convention décrit les mesures à prendre pour garantir cette neutralité: interdiction d'élever aucune fortification aux approches du canal, de maintenir aucun bâtiment de guerre dans ses eaux, et limitant à deux le nombre des bâtiments que les puissances en paix pourraient faire stationner dans les ports d'accès.

Tout acte de guerre ou d'hostilité est interdit dans le canal ou ses ports d'accès, de même que pour les belligérants tout stationnement de plus de 24 heures dans les ports d'accès.

Le ravitaillement doit se borner aux choses indispensables comme dans les ports neutres.

Enfin toutes ces mesures sont prises sous le contrôle et la garantie des puissances signataires.

7° *Câbles sous-marins.* — La neutralisation des câbles sous-marins, qui semble dériver naturellement de la liberté des mers, n'a pu encore être érigée en principe et reconnue par les puissances maritimes. En effet, la convention internationale des câbles sous-marins, signée à Paris le 14 mars 1884, et à laquelle ont adhéré 28 États, porte à l'article 15 que les mesures en faveur des câbles ne sauraient atteindre la liberté d'action des belligérants. Cela semble signifier qu'en temps de guerre, un belligérant aura le droit de couper un câble ou de s'en emparer afin d'empêcher l'ennemi de s'en servir.

CHAPITRE III

DE LA NEUTRALITÉ PROPREMENT DITE ; SES DEVOIRS ET SES DROITS

SECTION I

Devoirs des neutres.

§ 1er. — *Déclarations de neutralité.*

Pour rester neutre, il n'est pas besoin d'une déclaration spéciale : la neutralité va de soi ; elle est la règle en tant que les actes d'un État n'impliquent pas une participation à la guerre.

Cependant, depuis le commencement du siècle, la guerre a rarement éclaté sans être accompagnée de déclarations relatives à la neutralité.

Ces déclarations sont de deux sortes : l'une, émanant des belligérants et indiquant les immunités accordées aux neutres ainsi que les devoirs qu'ils auront à remplir pour en recueillir le bénéfice ; l'autre, provenant des neutres eux-mêmes et faisant connaître l'attitude qu'ils comptent tenir pendant les hostilités.

Énumérons les dispositions des principales ; il nous deviendra ensuite facile d'en déduire les obligations qui incombent aux neutres.

I. **États-Unis.** — Le 3 avril 1818, le Congrès fédéral, sur la proposition du Président, se décida à codifier tout ce qui se rattachait à la question de la neutralité, et vota une loi générale dite : *Acte de neutralité des États-Unis,* qui est encore en vigueur aujourd'hui. En voici les principales dispositions :

1° Il est défendu à tout citoyen des États-Unis d'accepter ou d'exercer aucune commission qui ait pour objet l'accomplissement d'actes hostiles contre une nation amie.

2° Tout enrôlement à bord d'un navire de guerre ou d'un corsaire étranger sera considéré comme un acte criminel.

3° Il en sera de même du fait d'équiper ou d'armer un navire destiné au service d'un pays étranger, dans le but de prendre part à des hostilités contre une nation en paix avec les États-Unis ; toute infraction à cet égard comme toute commission donnée à un bâtiment pour agir dans le même but, donnera lieu à la confiscation du navire, des armes, des provisions.

4° Sera considéré comme délictueux le fait de la part de citoyens des États-Unis d'augmenter la force d'un navire de guerre ou d'un corsaire quelconque étranger, dont le gouvernement est en guerre contre un pays tiers en paix avec les États-Unis.

5° Il en sera de même de tous ceux qui, dans les limites du territoire de l'Union, organiseront une expédition militaire contre une nation amie quelconque.

6° Les tribunaux de district seront compétents pour statuer sur toute demande concernant des captures faites à la distance d'une lieue marine des côtes de la République.

7° Le Président est autorisé à employer les forces de terre et de mer qu'il jugera nécessaires pour mettre obstacle à toute expédition hostile.

8° Il aura également le droit de faire usage de ces forces contre les bâtiments qui refuseront de s'éloigner des ports de l'Union.

9° Les citoyens des États-Unis, propriétaires, armateurs ou consignataires de navires armés en guerre et prêts à mettre à la voile, devront fournir une caution suffisante pour garantir qu'ils n'emploieront pas ces navires à des actes hostiles contre une nation amie.

10° Les fonctionnaires américains sont autorisés à retenir tout navire construit dans ce but et ayant à bord des munitions de guerre, toutes les fois qu'ils seront fondés à croire que ce bâtiment est destiné à prendre part à des actes hostiles contre un peuple en paix avec celui de l'Union.

II. **Angleterre.** — Après les traités de 1815, l'Angleterre fit adopter par le Parlement une loi spéciale généralement connue sous le nom de *Foreign enlistment act.* Cette législation, dont les bases essentielles sont empruntées à l'acte américain de 1818, est encore aujourd'hui celle qui régit la matière dans le Royaume-Uni, le nouvel acte du 3 août 1870 n'ayant fait que mieux préciser ce que les textes antérieurs offraient de vague et de douteux.

Les lois de 1819 et de 1870 peuvent se résumer ainsi :

1° En temps de guerre, lorsque l'Angleterre reste neutre, il est défendu à tout citoyen du Royaume-Uni :

a) De construire, de vendre, d'armer ou d'équiper des navires destinés à agir hostilement contre l'une ou l'autre des parties belligérantes et d'entrer à son service.

b) De fournir aux mêmes parties des corsaires; de contribuer à l'armement de ceux-ci par des fournitures d'armes, de munitions, d'argent ou d'équipages, ni d'accepter d'elles des commissions, des patentes ou des lettres de marque pour courir les mers, sous quelque prétexte que ce soit.

c) D'amener autrement qu'en relâche forcée et pour un temps limité, ni de faire vendre dans les ports anglais des navires capturés en mer.

d) De s'engager volontairement ou de s'enrôler à prix d'argent dans les armées de terre ou de mer des États belligérants, ni de recruter des soldats ou des marins pour entrer au service de ces mêmes États.

e) De ravitailler directement par des fournitures de vivres, de munitions ou de charbon, des escadres ou des bâtiments belligérants faisant un service de guerre.

2° Le gouvernement anglais, quand il est lui-même belligérant, a seul qualité pour définir, d'après sa loi intérieure, les articles dits contrebande de guerre, et en interdire la sortie du Royaume-Uni pour certaines ou pour toutes destinations.

3° Sont libres la fabrication, la fourniture, la vente et le transport pour compte des belligérants des armes, des munitions de guerre, de la houille, etc., mais ce genre de trafic ne peut se faire qu'aux frais et risques personnels de ceux qui s'y livrent, lesquels, en cas de perte ou autrement, perdent tout appui ou tout recours par la voie diplomatique pour exercer des revendications ou des réclamations de gouvernement à gouvernement, afin d'obtenir des dommages-intérêts.

III. **Suède.** — Le 8 avril 1854, à l'occasion de la guerre de Crimée, la Suède fit connaître quels étaient les principes de neutralité qu'elle adoptait en cas d'explosion d'une guerre en Europe. En voici la teneur :

Le système que Sa Majesté le roi de Suède et de Norvège entend suivre et adopter d'une manière constante, est celui d'une stricte neutralité, fondé sur la bonne foi, l'impartialité et un respect égal des droits de toutes les puissances :

1º S'abstenir, pendant le conflit, de toute participation directe ou indirecte en faveur de l'une des parties au détriment de l'autre.

2º Admettre dans les ports de la Suède et de la Norvège les navires de guerre et de commerce des parties belligérantes, le gouvernement se réservant toujours le pouvoir de refuser aux premiers l'entrée dans les ports fortifiés suivants, savoir : celui de Stockholm, à portée de la forteresse de Wascholm ; celui de Christiania, à portée du fort de Kaholm ; le bassin intérieur de la station militaire norvégienne, à Horten ; les ports de Carlsten et de Calserona, à portée des fortifications, et le port de Slito, dans l'île de Gottland, à portée des batteries dressées à Encholm.

Les règlements sanitaires et de police que les circonstances ont rendus ou peuvent rendre nécessaires, doivent naturellement être observés et respectés. Les corsaires ne seront pas admis dans les ports ni tolérés dans les rades de Suède et de Norvège.

3º Accorder aux navires des puissances belligérantes la faculté de se procurer toutes les provisions et fournitures dont ils pourront avoir besoin, à l'exception des articles considérés comme contrebande de guerre.

4º Exclure des ports, en cas de détresse prouvée, l'entrée, la condamnation et la vente de toutes les prises.

5º Enfin, jouir dans les relations commerciales avec les pays en guerre, de toute sécurité, de toutes facilités pour les navires suédois et norvégiens, ainsi que pour leurs chargements, avec obligation pour ces navires de se conformer aux règlements généraux établis pour les cas de blocus déclaré et effectif.

IV. **Les autres puissances européennes** n'ont pas fait de déclaration aussi formelle de neutralité. La France n'en a guère eu l'occasion, ayant pris part active à presque tous les conflits qui ont troublé l'Europe depuis l'apparition de ces documents. Il m'en reste encore un à faire connaître, c'est l'acte de neutralité du gouvernement japonais.

V. **Japon.** — En août 1870, le gouvernement japonais publia une proclamation de neutralité, ainsi conçue :

Art. 1ᵉʳ. — **Les parties belligérantes** ne pourront engager d'hostilités dans les ports ou les eaux du Japon, ni dans une distance de trois ris des côtes, telle étant la portée d'un boulet de canon. Cependant, les vaisseaux de guerre et les navires marchands continueront à passer librement.

Art. 2. — Tous navires appartenant à l'une des parties belligérantes, pourront se pourvoir de la manière antérieurement indiquée d'eau et de provisions dans les ports ouverts ou les autres ports de mer du Japon. Ils recevront assistance, en cas de détresse.

Art. 3. — Si des vaisseaux de guerre appartenant aux deux parties entrent dans le même port, l'un des vaisseaux ne pourra mettre à la voile que 24 heures après le départ de l'autre.

Art. 4. — Quelques pays ont des troupes stationnées dans l'un des ports ouverts ; leurs vaisseaux de guerre sont autorisés à y jeter l'ancre, et un camp de marine y a été formé ; mais cette permission n'a été accordée que pour la protection ordinaire de leurs sujets, et non pour quelque objet relatif à des guerres étrangères. Ces quartiers ne doivent donc pas être employés pour favoriser quelque expédition contre l'ennemi, sans connexité avec leur destination ordinaire.

Art. 5. — Il est interdit aux vaisseaux japonais de transporter des troupes, des armes ou des munitions de guerre pour le service de l'une des parties belligérantes.

Art. 6. — Quiconque, à l'exception des pilotes, s'engagera à bord des vaisseaux de l'un des belligérants, le fera à ses propres risques et périls.

Art. 7. — La vente des prises dans un port japonais est prohibée. Au cas, cependant, où il deviendrait nécessaire de disposer d'une prise dans un port japonais, l'autorisation devrait en être demandée, et la question se déciderait, après délibération, avec le représentant diplomatique de la nation du capteur.

Art. 8. — Rien n'est changé aux règles existantes pour les autres articles d'importation ou d'exportation.

Art. 9. — En cas d'infraction à l'une des dispositions ci-dessus, il y aura lieu de s'adresser d'abord au consul de la puissance intéressée, si l'infraction a été commise dans l'un des ports ouverts. Si les représentations au consul demeurent sans effets, il faudra se pourvoir auprès des vaisseaux de guerre japonais, stationnés en cet endroit.

Si l'infraction a été commise dans un port non ouvert par traité, les autorités locales en informeront les autorités et les vaisseaux de guerre japonais du port le plus voisin ; s'il s'agit d'une place éloignée, la notification sera directement envoyée aux Ministres de la guerre et des affaires étrangères.

§ 2. — *Des obligations des neutres.*

En résumé, il ressort des principes contenus dans les déclarations qui viennent d'être exposées, que les devoirs des neutres se réduisent à ne pas se mêler aux hostilités, à ne fournir ni armes, ni munitions, ni effets militaires, ni subsides à aucune des parties belligérantes ; à respecter les ports et les villes qui sont le théâtre d'opérations stratégiques ; à interdire à leurs sujets de prendre aucune part directe ou indirecte à la lutte, et à empêcher qu'on ne reçoive ou ne vende dans leurs eaux juridictionnelles des prises opérées par les belligérants. Cette dernière règle ne souffre d'exception que pour les relâches forcées et temporaires, en cas d'avaries ou de manque de vivres.

1° *Devoir des neutres ; devoir d'impartialité.* — Par cela seul que la guerre éclate, dit M. A. Desjardins, il est un premier devoir qui s'impose aux neutres et restreint à un certain point de vue la liberté de leur commerce maritime : ce commerce doit être impartial. Cela ne veut pas dire, ainsi que l'explique très bien M. Massé, que le neutre doive égaliser son commerce avec tous les belligérants, cela ne veut pas même dire que si des conventions antérieures à la guerre favorisent un des belligérants, elles doivent cesser de recevoir leur exécution, mais on admet que l'autre belligérant a le droit de stipuler les mêmes avantages.

On ne peut déterminer *à priori* quand le commerce maritime d'un peuple devient partial : une assez longue série d'actes peut seule lui imprimer ce caractère ; les infractions isolées n'engagent que leurs auteurs.

2° *Envoi de troupes ou de vaisseaux de guerre à un belligérant.* — L'État neutre non seulement ne doit ni envoyer des troupes à l'un des belligérants, ni mettre des vaisseaux de guerre à sa disposition, mais il doit aussi empêcher que ses sujets ne prennent part aux hostilités en s'enrôlant dans l'une ou l'autre armée, où en acceptant des lettres de marque des belligérants, en un mot, en coopérant à l'armement ou à l'accroissement des forces de l'un d'eux.

Mais lorsque des citoyens d'un État neutre entrent de leur propre initiative, sans autorisation de leur gouvernement, au service de l'un des belligérants, ces citoyens perdent dès lors les droits de sujets neutres et s'exposent à être traités comme ennemis, sans que leur fait pourtant engage la responsabilité de l'État auquel ils appartiennent. Si toutefois ces faits isolés prenaient un caractère de fréquence et étaient tolérés sciemment par le Gouvernement, l'État encourrait alors le reproche fondé d'enfreindre les lois de la neutralité.

Le fait de laisser librement embarquer en pays neutre des sujets d'États belligérants appelés sous les drapeaux de leur pays constitue-t-il une violation de la neutralité ?

La question s'est posée en 1870, au moment où un grand nombre de sujets allemands établis aux États-Unis s'embarquèrent à New-York sur des navires anglais pour se rendre à l'appel de leur pays.

Il n'est pas douteux qu'en rappelant ses nationaux, le pays d'origine ne porte nulle atteinte à la neutralité du pays tiers. Il y a un intérêt de réciprocité internationale à respecter ce droit de gouvernement à gouvernement. Dans l'espèce, les consuls allemands se bornant à rapatrier leurs nationaux n'opéraient pas un recrutement interdit par le droit des gens et ne s'écartaient pas des devoirs stricts de leur charge.

Par contre, les navires neutres qui s'étaient volontairement affrétés dans le but de ramener dans leur pays des hommes appelés sous les drapeaux, compromettaient la neutralité de leur pavillon et s'exposaient à être capturés par les croiseurs français, puisqu'ils avaient à bord non des passagers ordinaires mais bien de véritables soldats se rendant sur le théâtre des hostilités.

Ce que nous venons de dire de la levée de troupes doit s'appliquer également à la construction ou à l'équipement, dans un port neutre, de vaisseaux armés en guerre par les soins ou pour le compte de l'un des belligérants.

L'État neutre est moralement tenu d'exercer à ce sujet une surveillance des plus rigoureuses, et d'empêcher par tous les moyens en son pouvoir des actes éminemment hostiles.

Pour constituer le délit, il n'est pas d'ailleurs nécessaire que l'armement du navire de guerre ou du corsaire soit complet; il suffit qu'il soit commencé ou préparé, ou même que l'intention d'armer le navire de guerre soit dûment constatée.

L'affaire la plus importante relative à ce devoir de la neutralité est celle de la canonnière l'*Alabama*, sortie de la Mersey le 29 juillet 1862, sans emporter ni un canon, ni même un fusil, tant était active la surveillance exercée à la fois par les autorités anglaises et par le consul des États-Unis à Liverpool, M. Dudley. Le navire se dirigea vers les Açores après avoir reçu en mer un supplément d'équipage que des barques de la côte étaient chargées de conduire à son bord.

Arrivé en vue de Terceira, il fut rejoint par deux navires venant l'un de Londres, l'autre de Liverpool, qui lui amenaient un commandant, le captain Semmes, et des officiers avec un armement complet, des uniformes pour l'équipage, de la houille et des vivres.

Le transbordement eut lieu à une certaine distance du littoral portugais; quand il fut terminé, le pavillon confédéré fut hissé à la corne et aussitôt commença pour l'*Alabama* cette série de croisières qui rendirent son nom et celui de son commandant, aussi célèbres dans les fastes de la marine sudiste que funestes pour la marine marchande des États du Nord.

Poursuivi avec acharnement par le *Kerseage*, il fut enfin rejoint dans la Manche en vue de Cherbourg et coulé à fond après un brillant combat.

D'autres navires au service des Confédérés du Sud, tels que la *Florida*, la *Georgia*, le *Shenandoah*, purent, par suite du défaut de surveillance des autorités anglaises, s'équiper et s'armer dans les ports de l'Angleterre, puis sortir de ces ports : mais ils eurent une existence moins aventureuse que l'*Alabama* et firent peu de mal à leurs ennemis.

Un seul, la *Georgia*, fut pris et vendu à Liverpool ; les autres, à la suite d'avaries, finirent par rentrer, se trouvant dans l'incapacité de tenir la mer.

La mauvaise volonté que semblait avoir mise l'Angleterre à empêcher la sortie de ces bâtiments ne pouvait manquer d'éveiller les susceptibilités des États-Unis. En effet, de 1865 à 1871, la question est restée ouverte entre les deux pays. Une série de notes a été échangée à la suite desquelles les États-Unis ont fini par obtenir gain de cause.

Leurs principaux arguments étaient les suivants :

Les mesures prises par le Gouvernement anglais pour empêcher la sortie des navires armés et équipés dans les ports du Royaume-Uni, contrairement aux lois de la neutralité, ont été tardives et insuffisantes.

Le Gouvernement de la Grande-Bretagne n'a pas prescrit la saisie ou le désarmement des corsaires et ne leur a pas refusé asile après leur sortie frauduleuse des ports du Royaume-Uni.

Il a négligé également de poursuivre les sécessionnistes, que l'on savait notoirement occupés à former l'armement et l'équipage des navires destinés à la course.

Par suite de cette conduite, les sécessionnistes sont parvenus à organiser une force effective de bâtiments à vapeur qui ont causé aux États-Unis un préjudice incalculable, tandis que l'Angleterre y a trouvé pour son commerce des avantages importants.

L'Angleterre faisait valoir pour sa défense :

Que le cabinet de Londres avait agi de bonne foi et apporté à la stricte observation de ses lois toute la vigilance nécessaire pour conserver intact son caractère de neutre ; que si, dans quelques cas isolés, certains employés avaient pu manquer de zèle, la nation entière ne pouvait en être rendue responsable, au point de devoir des indemnités pour des actes commis hors de la juridiction du Royaume-Uni.

Que le Gouvernement anglais avait mis embargo et poursuivi dans les ports de ses colonies les navires soupçonnés de s'être équipés en violation du *Foreign enlistment act ;* mais qu'il n'avait nulle obligation impérative de refuser asile à ceux qui étaient porteurs de commissions régulièrement délivrées par un État belligérant, ou de faire procéder à leur désarmement sous prétexte que, dans l'origine, ces navires avaient été équipés indûment dans les limites des eaux juridictionnelles anglaises.

Que si les navires dont il s'agit avaient subrepticement mis à la voile, le Gouvernement n'était pas responsable des actes d'hostilité qu'ils avaient pu commettre hors de son territoire, ses devoirs ne dépassant pas l'obligation d'être toujours prêt à restituer les prises qu'ils auraient pu illégalement amener dans ses ports.

L'Angleterre consentit enfin, en 1871, à soumettre la question à un tribunal d'arbitrage.

Le 14 septembre de la même année, les arbitres rendirent leur sentence définitive par laquelle une somme de 15,500,000 dollars en or avec intérêts devait être payée par la Grande-Bretagne aux États-Unis.

Cette décision était basée sur les trois règles suivantes, acceptées d'avance par les parties :

Un Gouvernement neutre est tenu :

1° D'user de toute diligence pour empêcher, dans sa juridiction, l'équipement et l'armement de tout vaisseau qu'il a des motifs raisonnables de croire destiné à croiser ou à concourir à des opérations hostiles contre une puissance avec laquelle il est en paix, et ainsi d'user de la même diligence pour empêcher le départ hors de sa juridiction de tout navire destiné à croiser ou à concourir à des opérations hostiles, ce navire ayant été, dans ladite juridiction, adapté en tout ou en partie à des usages de guerre.

2° De ne permettre à aucun des belligérants de faire de ses ports ou de ses eaux la base de ses opérations, ni de s'en servir pour augmenter ou renouveler des approvisionnements militaires et des armements, ou pour recruter des hommes.

3° D'exercer toute diligence nécessaire dans ses propres ports et dans ses eaux, et, à l'égard de toutes personnes dans sa juridiction, pour empêcher toute violation des obligations et des devoirs ci-dessus.

Rétorquant les principaux arguments de la défense anglaise, les arbitres considèrent que les conséquences de la violation de neutralité commise par la construction, l'équipement et l'armement d'un navire ne s'effacent point par le fait d'une commission que le belligérant, au profit duquel la neutralité a été violée, aurait par la suite accordée à ce navire ; qu'il est inadmissible que la cause finale du délit devienne le motif de l'absolution du délinquant, et, qu'en conséquence, le privilège d'exterritorialité ne saurait être invoqué pour couvrir des actions contraires à la neutralité.

Le tribunal, faisant application des doctrines ci-dessus, reconnut que l'Angleterre avait manqué par omission ou négligence, aux devoirs prescrits par elles.

L'arbitre nommé par l'Angleterre refusa seul de signer cette décision.

La France n'a pas échappé non plus aux difficultés que la guerre de Sécession suscita en matière de neutralité.

Le 16 avril 1863, une maison de Bordeaux s'engagea envers un agent du gouvernement de Richmond, à livrer 4 navires disposés de manière à porter 10 à 12 canons.

Les constructeurs avaient besoin de l'autorisation du gouvernement ; pour l'obtenir ils prétendirent que les navires étaient destinés à faire le service de messageries entre Shanghaï et San-Francisco, mais qu'ils seraient armés de manière à pouvoir être vendus au Japon, si l'occasion s'en présentait.

Le gouvernement accorda l'autorisation. Informé de ces faits, le cabinet de Washington les signala à l'attention de M. Drouyn de Luys. Des mesures immédiates furent prises. L'autorisation fut retirée. Des 6 navires, 2 furent vendus au Pérou et 3 à la Prusse ; le sixième parvint, il est vrai, en la possession des Confédérés, mais par une voie détournée que le gouvernement français n'aurait pu prévoir ni empêcher.

Dans le courant de la même année, les Confédérés avaient fait acheter, en Angleterre, un navire réformé auquel ils donnèrent le nom de *Rappahannock*.

Pour tromper la vigilance du Ministre plénipotentiaire américain, ils firent conduire aussitôt acheté leur navire à Calais, où il arbora franchement les couleurs du Sud. De nombreux ouvriers furent amenés d'Angleterre pour l'équiper, on embarqua du charbon et on s'occupa d'augmenter l'équipage.

A ce moment, le gouvernement français intervint, fit affourcher le *Rappahannock* et le retint dans le port de Calais jusqu'à la fin de la guerre de Sécession.

3° *Vente ou envoi d'armes et de matériel de guerre.* — Les neutres doivent s'abstenir de fournir à l'un des belligérants aucun secours propre à accroître ses forces. C'est pourquoi le fait de procurer des armes ou du matériel de guerre à l'un des adversaires en présence, est considéré comme une infraction aux devoirs de la neutralité, toutes les fois que le gouvernement ou le souverain de l'État neutre a concouru à la fourniture; mais l'État ne saurait être rendu responsable des envois d'armes, de munitions ou de matériel de guerre faits par de simples particuliers à leurs risques et périls, à titre de pure spéculation privée.

Les expéditeurs sont sans doute exposés à la confiscation de leur marchandise, comme contrebande de guerre; mais le devoir de l'État neutre ne va pas au delà de l'obligation de s'opposer, autant que possible, à des envois faits sur une grande échelle, et exclusivement en faveur d'une seule des parties belligérantes, en un mot, dans des conditions qui masqueraient, sous forme de transactions commerciales, l'intention réelle de seconder une cause plutôt que l'autre.

En effet, comme les gouvernements ne font pas de commerce, l'État ne peut rien fournir à un belligérant, sans que ce soit dans un but contraire à la neutralité. Toute différente est la situation des nationaux qui doivent conserver, malgré la guerre, le droit de commercer avec les belligérants.

Toutes les restrictions que met au commerce du neutre l'usage moderne des nations, se bornent à la confiscation du chargement, si le neutre transporte de la contrebande de guerre; mais dans son propre pays, dans ses fabriques, l'usage ne défend pas au neutre de vendre aux belligérants des denrées qui, expédiées par la voie maritime, deviendront contrebande de guerre.

Ces principes furent suivis par l'Angleterre, en 1870, lors de la guerre franco-allemande. Aux remontrances du gouverment allemand, elle répondit par les raisons que nous venons d'exposer. Le gouvernement anglais rappelait en outre au représentant de l'Allemagne, ce que la Prusse avait fait pendant la guerre de Crimée : non seulement elle ne s'était pas opposée à l'envoi de munitions de toute espèce destinées à la Russie, mais elle avait même autorisé le commerce des armes.

4° Subsides pécuniaires. — Emprunts. — L'État neutre ne doit pas fournir des subsides pécuniaires à l'un des belligérants.

Les emprunts publics doivent être assimilés à des subsides et prohibés toutes les fois qu'ils sont contractés pour venir en aide à l'un des belligérants.

Toutefois, un gouvernement étant hors d'état de contrôler certains actes individuels et de mettre matériellement obstacle à certaines opérations financières, ne saurait se trouver compromis, parce que quelques-uns de ses sujets feraient pour leur compte privé des prêts à l'un des belligérants.

On doit faire entrer dans cette catégorie l'emprunt don Miguel, souscrit en France en 1832, en faveur du prince portugais qui avait usurpé la couronne. Le gouvernement ne prit aucune part directe ou indirecte à cette opération, mais aussi il refusa son intervention lors des demandes de remboursement qui lui furent adressées par les souscripteurs.

5° *Fourniture de vivres pour l'une des armées belligérantes.* — L'autorisation d'acheter des vivres sur le territoire neutre n'est pas contraire aux devoirs de la neutralité, pourvu qu'elle s'étende indistinctement aux deux adversaires, mais elle pourrait revêtir le caractère d'une participation indirecte à la guerre, si elle se transformait en faveur accordée à l'un seulement. Nous reviendrons d'ailleurs sur ce sujet, à propos de la contrebande de guerre.

6° *Devoirs des neutres vis-à-vis des réfugiés.* — Une nation neutre ne saurait permettre à un corps de troupes belligérantes de trouver chez elle une base d'attaque qui lui facilite la poursuite de ses opérations militaires, mais elle doit accueillir et traiter avec humanité les soldats qui pénètrent en pays neutre; ils sont, dès ce moment, obligés de renoncer à la continuation des hostilités. La première précaution qu'il ait à prendre, dans ce cas, est de les désarmer. Il doit ensuite, par prudence, les éloigner le plus possible des hostilités. Telle fut, d'ailleurs, la pratique suivie par la Suisse et la Belgique vis-à-vis des réfugiés français, en 1870.

7° *Courriers et correspondance des belligérants.* — L'usage des postes, chemins de fer, télégraphes neutres doit-il être refusé aux belligérants?

Quoique ces moyens de communication puissent être de première importance pour l'un ou l'autre des belligérants, nous ne croyons pas que l'État neutre, en continuant à servir, en temps de guerre, d'intermédiaire même entre deux puissances voisines et alliées, par exemple la Suisse par rapport à une action combinée de l'Italie et de l'Allemagne, puisse être accusé de connivence avec celles-ci. S'il transporte les lettres, les télégrammes chiffrés ou les courriers que les alliés pourraient avoir à s'adresser, c'est d'une façon tout à fait inconsciente. Autant accuser de complicité l'administration des postes pour avoir transporté la correspondance de deux voleurs méditant un mauvais coup.

Une réserve pourrait peut-être être faite pour les dépêches en clair, mais ce cas n'a guère de chance de se présenter.

SECTION II

Droit des neutres.

Les neutres ont le droit général de ne pas souffrir directement et par le fait des belligérants des conséquences de la guerre dans laquelle ils ne sont pas engagés.

Je dis *directement* et *par le fait*, car la guerre a des inconvénients indirects pour les neutres contre lesquels ils ne peuvent être protégés.

Les conséquences de ce droit général se rapportent aux trois points suivants :

Inviolabilité du territoire.
Droit d'asile.
Liberté de commerce.

§ 1er. — *Inviolabilité du territoire national des neutres.*

Le territoire national comprend non seulement le sol sur lequel habitent les sujets, colonies, comptoirs de commerce et autres, mais encore leurs dépendances, telles que la partie de la mer qui les baigne, les rivières, les plages, les golfes, etc.

Le territoire d'une nation constitue une véritable propriété qui, à ce titre, doit être absolument inviolable. En un mot, le territoire neutre doit être à l'abri de toutes les entreprises des belligérants de quelque nature qu'elles soient, et les neutres ont le droit incontestable de s'opposer par tous les moyens à toutes les tentatives qu'un belligérant pourrait faire pour user de leur territoire.

En permettant le libre passage d'une force armée sur leur territoire, ils rompraient d'ailleurs la neutralité et s'exposeraient à des représailles de la part de l'autre belligérant.

Le droit international ne permet pas davantage qu'on fasse passer des prisonniers sur un pays neutre voisin, ni qu'en pareil cas, ce pays accorde le passage.

Vattel assimile ce fait à celui de porter son butin en lieu de sûreté, et considère l'un et l'autre comme des actes de guerre. C'est à cette règle que se sont conformées les autorités suisses, lorsqu'elles ont remis en liberté les prisonniers allemands amenés sur leur territoire par l'armée de Bourbaki.

Le transit maritime est régi par des principes analogues, sauf les modifications que comporte naturellement le caractère distinct de l'élément sur lequel ils reçoivent leur application.

Ainsi une escadre ou un navire de guerre belligérant peut

traverser les eaux neutres sans en violer la neutralité. Cette différence se fonde sur ce que le fait de naviguer ne constitue pas intrinsèquement un acte dommageable, incompatible avec les nécessités qui servent de bases aux droits de souveraineté de la nation sur ses eaux territoriales. Ensuite, il est difficile d'interdire un simple passage aux vaisseaux belligérants qu'il est d'usage d'admettre dans l'intérieur des ports et des rades militaires.

Cette liberté de passage implique toutefois pour les belligérants la stricte obligation de ne commettre dans les eaux neutres aucun acte hostile de nature à porter atteinte au respect de la souveraineté territoriale.

L'inviolabilité des eaux territoriales neutres dans le sens que nous venons d'exposer a été consacrée par un grand nombre de traités : traité d'Utrecht ; traité de 1742, art. 33, entre la France et le Danemark ; 28 mai 1767, entre la France et le Maroc ; 1778, France et États-Unis ; 26 septembre 1786, France et Angleterre ; 11 janvier 1787, France et Russie ; règlement français du 9 mai 1778.

Et cette règle conserve sa rigidité, quelles que soient les circonstances qui ont accompagné l'acte d'hostilité commis dans les eaux territoriales neutres : continuation du combat commencé en mer libre ; terres désertes et non défendues. Le principe reste entier.

Le *Conseil des Prises* a sanctionné cette doctrine par un arrêt du 27 fructidor an VIII, fortement motivé à propos de l'affaire du navire portugais *Trossa-Senhora*, de Carmelo, capturé par le corsaire français *Vénus-de-Médicis*, dans les eaux juridictionnelles du Maroc.

La prise fut invalidée, le Conseil reconnaissant qu'en temps de guerre les navires qui, se trouvant près d'un rivage neutre, ont atteint cet asile, doivent y jouir, quel que soit leur pavillon, de toutes les franchises de la neutralité.

La jurisprudence, depuis, ne s'est pas démentie. Toutes les décisions intervenues sur cette matière érigent cette doctrine en principe universellement reconnu.

Nous citerons, entre autres, celles relatives aux affaires du *San-Miguel* contre le *Hardi* et la *Coquette ;* de la *Christiania* contre le *Patriote ;* de l'*Effronté* et la *Légère* contre la *Perle ;* du *Tilsitt* contre le *Daniel-Frederick*, et des *Deux-Généraux* contre la *Minute* et le *Loup*.

L'Angleterre s'est conformée au même principe en faisant restituer aux ayants droit le navire *Anna*, qu'un croiseur britannique avait capturé en 1805 dans la zone juridictionnelle des États-Unis.

La guerre de Sécession a fait surgir de nouveau cette question d'inviolabilité des eaux territoriales : capture de la *Florida* par le *Wachussett*, sur rade de Bahia ; prise du *Chesapeake* sur les côtes de la Nouvelle-Écosse. Chacun de ces cas a donné lieu à une nouvelle consécration du principe.

§ 2. — *Droit d'asile dans les eaux juridictionnelles neutres.*

La liberté accordée aux navires des belligérants de traverser les mers territoriales ne s'étend pas jusqu'à l'accès dans l'intérieur des ports, des rades et des baies, duquel chaque État fixe les conditions au gré de ses convenances.

Mais si les belligérants ont la stricte obligation de se soumettre sans exception ni réserve aux mesures d'ordre public que les autres États ont adoptées pour la police de leurs ports et la sauvegarde de leurs droits, ceux-ci, par contre, manqueraient à leurs devoirs s'ils ne traitaient pas chacun des belligérants sur le pied d'une égalité parfaite.

Tous les auteurs sont d'accord sur la différence radicale à établir entre l'asile accordé aux forces navales et celui qui l'est aux troupes de terre. En effet, nous avons vu que lorsqu'une armée franchit la frontière d'une nation neutre, celle-ci doit immédiatement la désarmer et l'éloigner du théâtre des hostilités.

Il n'en est pas de même à l'égard des navires. Un usage universellement établi les autorise au contraire à s'approvisionner et à se réparer, sauf à se remettre en mer aussitôt leurs besoins satisfaits.

Bien que le droit d'asile ait reçu la consécration d'un assez grand nombre de traités, il faut reconnaître, cependant, que les règles des nations, à cet égard, sont loin d'être uniformes.

Dans l'état actuel du droit des gens, les navires de guerre, en cas de danger réel et imminent, sont reçus et secourus dans tous les ports neutres.

On pourrait peut-être invoquer quelques raisons d'humanité pour faire admettre les mêmes navires dans les ports ennemis ; cependant, la plupart des nations en ont décidé autrement, et tout spécialement la France et l'Angleterre.

L'article 14 du règlement du 26 juillet 1778, confirmé par les articles 19 et 20 du 6 germinal an VIII, place les navires ennemis qui échouent sur les côtes ou entrent en relâche forcée dans les ports, sur la même ligne que les navires capturés en pleine mer.

Quant au droit d'asile dans les ports neutres, le règlement anglais de janvier 1862 édicte les dispositions suivantes :

L'entrée et le séjour dans les eaux, les rades ou les

ports du Royaume-Uni et de ses colonies sont limités à 24 heures pour les navires de guerre et les corsaires des belligérants.

Ce délai ne peut être prolongé qu'en cas de tempête, d'avaries ou de manque de vivres ; dès qu'il a pourvu à ses besoins, le bâtiment doit se remettre en mer.

Les approvisionnements en vivres et en charbon ne peuvent dépasser les quantités indispensables pour atteindre le port national le plus rapproché.

Les prescriptions de ce règlement ont été appliquées en 1870 et pendant la guerre de Chine. Elles sont peut-être rigoureuses, mais au fond strictement conformes à ce que la neutralité et les exigences de la guerre maritime imposent à ceux qui ne veulent prendre aucune part aux hostilités.

Lors de la guerre de Crimée, la Suède et le Danemark déclarèrent qu'ils admettraient dans leurs ports de commerce les navires de guerre des belligérants, et leur permettraient de s'y approvisionner, sauf en articles de contrebande de guerre.

Les autres puissances maritimes suivirent l'exemple donné par la Suède et le Danemark, et appliquèrent les mêmes principes.

La France n'a pas légiféré sur cette matière, toujours probablement parce qu'elle n'en a pas eu l'occasion, le rôle de puissance neutre ne lui ayant guère été permis.

Elle conforme, dans ce cas, sa conduite aux règles généralement suivies par la pratique des nations et qui sont les suivantes :

1° Les bâtiments ennemis mouillés dans un port neutre doivent entretenir des relations pacifiques.

2° Ils ne peuvent augmenter le nombre ni le calibre de leurs canons, ni acheter ou embarquer des armes ou des munitions de guerre. Aucun transbordement de l'espèce ne saurait même être admis.

3° Il leur est défendu de renforcer leur équipage et de faire des enrôlements volontaires, même parmi les nationaux. Toutefois, si un navire à vapeur se trouvait tellement démuni de personnel qu'il se trouverait dans l'impossibilité matérielle de reprendre la mer, le neutre pourrait, dans la limite stricte de ses besoins, l'autoriser à compléter son effectif.

4° Ils doivent s'abstenir de toute enquête sur les forces, l'emplacement ou les ressources de leurs ennemis, et ne pas appareiller brusquement pour poursuivre ceux qui leur seraient signalés.

5° Il leur est également défendu de sortir du port moins de 24 heures après le navire qui l'a quitté avant eux. Cette règle est le complément de la précédente, car, sans un intervalle de rigueur, le moins fort pourrait courir à une perte certaine.

Entre plusieurs navires se trouvant au même mouillage, la priorité de sortie revient naturellement au premier arrivé. Toutefois, comme cet usage peut soumettre le dernier arrivé à la mauvaise volonté de son adversaire, on s'est arrêté dans la pratique à l'expédient suivant :

Il consiste à autoriser le dernier arrivant à reprendre la mer au gré de ses convenances en prévenant l'autorité 24 heures d'avance, afin que l'adversaire puisse, au besoin, user du droit de préférence qu'il a acquis.

L'ordonnance autrichienne de 1803 sanctionne une règle différente : elle ne rend pas obligatoire l'intervalle de 24 heures pour la sortie, mais elle impose aux commandants de bâtiments armés l'obligation de donner au capitaine du port leur parole d'honneur d'attendre en mer l'expiration d'un délai de 24 heures, avant de poursuivre ou d'attaquer les navires ennemis.

Il est d'ailleurs incontestable que le délai de 24 heures s'applique également au départ des navires non ennemis, le caractère neutre ne mettant pas à l'abri de visite et même de capture en cas de contrebande.

6° Ils ne peuvent employer ni la force, ni la ruse pour rescousser les prises faites sur leurs concitoyens, ou pour délivrer des prisonniers de leur nation.

7° Il leur est interdit de procéder à la vente des prises qu'ils ont pu faire, tant qu'il n'est pas intervenu un jugement de condamnation, et avant d'avoir obtenu l'autorisation du souverain territorial.

8° Le débarquement des prisonniers dans un port neutre n'est autorisé qu'à la condition que les prisonniers recouvrent leur liberté.

§ 3. — *Droit de commerce des neutres.*

Les hostilités survenues entre deux nations ne peuvent avoir d'influence sur la liberté du commerce et de la navigation des peuples restés neutres.

Ceux-ci peuvent librement commercer en temps de guerre comme ils le faisaient en temps de paix, sous deux conditions essentielles qui feront l'objet de développements ultérieurs : 1° s'abstenir, sous peine de capture, de porter aux belligérants des objets qui puissent avoir un rapport immédiat avec la guerre ; 2° respecter les blocus en ne forçant point l'entrée des ports bloqués. Dans ces limites, le droit de commerce des neutres doit rester entier :

1° La question ne peut faire de difficulté quand la marchandise neutre est transportée par navire neutre.

2° En ce qui concerne le droit pour les neutres de transporter de la marchandise ennemie, nous avons vu dans l'historique de la neutralité qu'il n'a pas toujours été admis.

La déclaration du traité de Paris du 16 avril 1856 est heureusement venue en fixer le principe qui, depuis, a toujours été respecté :

Le pavillon neutre couvre la marchandise ennemie à l'exception de la contrebande de guerre.

Le navire neutre qui, dans ces conditions, produit des papiers de mer en règle établissant sans conteste sa nationalité, suivant les principes que nous avons déjà posés, ne doit pas être inquiété (Voir au titre du *Régime de la propriété ennemie sur mer*, p. 128).

3° La question des cargaisons neutres transportées sous pavillon ennemi se lie étroitement à celle que nous venons de traiter. Dans son acception juridique, le principe de l'inviolabilité de ces cargaisons est à l'abri de toute controverse ; mais nous avons vu que, sur le terrain de l'histoire, son admission n'a pas laissé que de présenter de longues difficultés.

Le traité de Paris a proclamé dans sa troisième proposition l'insaisissabilité de la marchandise neutre, à l'exception de la contrebande de guerre, sous pavillon ennemi.

A ce titre, donc, le commerce des neutres ne peut être inquiété.

Les États-Unis, le Mexique et l'Espagne, qui n'ont pas adhéré, comme nous l'avons vu, aux déclarations de ce traité, en ont cependant, et à cet égard, adopté le principe dans leurs traités particuliers et dans leur législation intérieure.

Quand nous avons traité du régime de la propriété ennemie, nous avons posé les règles suivant lesquelles est déterminée la nationalité des cargaisons : nous n'y reviendrons pas. Disons cependant que la jurisprudence française, en admettant la liberté illimitée des conventions quant au transfert de propriété des marchandises, permet ainsi, dans la plupart des cas, de soustraire à la capture la propriété privée de l'ennemi sous pavillon ennemi.

Commerce de cabotage des neutres sur les côtes ennemies. — Habituellement, en temps de paix, les Gouvernements réservent à leurs nationaux le commerce de cabotage sur leurs côtes ou avec leurs colonies. En temps de guerre, un belligérant pourrait-il autoriser un neutre à faire ce commerce, et ce dernier aurait-il le droit de s'y livrer ?

Hautefeuille nous semble dans le vrai, en soutenant l'affirmative. Si le commerce général des neutres est libre, dit-il, ce genre de commerce doit l'être également, du moment qu'il est permis par la nation qui a le droit de l'autoriser sur son territoire.

Accès des chemins de fer neutres sur territoire des belligérants. — Les trains-neutres ont toujours libre accès sur le territoire des belligérants. La seule exception qu'on puisse admettre, c'est le cas de l'état de siège. Dès qu'une place est investie, la circulation des chemins de fer cesse et les trains neutres qui tenteraient de traverser les lignes seraient passibles de confiscation.

Il en est de même des trains neutres qui transporteraient des objets prohibés. Les belligérants ont droit de visite sur tous les trains neutres et peuvent confisquer ceux des wagons et même le train tout entier qui opérerait un transport illicite (*Revue internationale de législation*).

Exceptions à la liberté du commerce des neutres. — Une exception à la liberté du commerce des neutres se trouve dans l'exercice des droits d'arrêt de prince et d'angaire.

Arrêt de prince. — Par ce droit, qui a en général pour but d'empêcher la divulgation d'un fait que l'on veut tenir secret, le belligérant s'oppose à ce qu'un navire d'une nation neutre quitte ses ports pendant une période plus ou moins longue, sauf bien entendu règlement postérieur d'une indemnité équivalente au préjudice causé. A défaut de traités, les lois intérieures des États sont formelles à ce sujet (Voir, en ce qui nous concerne spécialement, l'article 153 du décret du 20 mai 1885 sur le service à bord).

Angaire. — L'angaire s'applique à la réquisition d'un navire neutre pour un service public quelconque : transport de troupes, de munitions, etc.

La légitimité de ce droit est fort contestable, et engage naturellement la responsabilité matérielle et financière de l'État qu'une nécessité d'ordre supérieur condamne à y recourir.

C'est en vertu du droit d'angaire que les Allemands coulèrent, en avant de Rouen, six navires anglais destinés à obstruer le chenal et empêcher ainsi le passage des canonnières ennemies. L'Angleterre réclama énergiquement et obtint le payement de dommages-intérêts considérables.

CHAPITRE IV

LIMITATION DES DROITS DES NEUTRES EN TEMPS DE GUERRE

SECTION PREMIÈRE

De la contrebande de guerre.

La prohibition pour les neutres de transporter de la contrebande de guerre a été admise de tout temps par tous les auteurs et traités.

Mais, tout en adoptant universellement le principe, on se divise immédiatement sur le fondement de cette prohibition.

Suivant un premier système, cette prohibition serait la conséquence du droit qui résulte pour les belligérants de la nécessité de la défense.

Dans ce système, les belligérants ont le droit de faire tout ce qui est nécessaire pour les intérêts de leur défense en vue de l'agression dirigée contre eux. C'est, dit-on, la nécessité qui, pour les individus, rend licites certains actes même violents, tel le droit de légitime défense.

Ce point de vue me paraît fort contestable. Il servirait à justifier les actes les plus arbitraires.

Avec les partisans d'une deuxième opinion, je crois que la prohibition repose sur cette idée qu'en fournissant à l'un des belligérants des moyens destinés à être employés contre l'autre, il y a immixtion directe dans les hostilités. Le neutre renonce ainsi au bénéfice de la neutralité. Il y a une participation analogue à celle que le Code pénal reconnaît en matière de complicité à celui qui fournit des armes ou des instruments.

ARTICLE PREMIER.

QUELS OBJETS DOIVENT ÊTRE RÉPUTÉS CONSTITUER LA CONTREBANDE DE GUERRE?

Ici nous trouvons la confusion, soit entre les auteurs, soit entre les traités. Il y a autant d'opinions que d'individus et d'objets susceptibles d'être transportés.

Il est utile, avant de dégager les principes qui nous semblent devoir régir la matière, de faire connaître la situation actuelle de cette partie du droit maritime international.

§ 1er. — *La contrebande de guerre et les publicistes.*

Grotius divise les objets qui peuvent être l'objet de trafic en trois groupes : le premier comprenant ceux qui servent directement ou immédiatement à la guerre, tels que les armes ; le second ceux qui ne peuvent être employés à cet usage, et le troisième ceux d'une nature douteuse et dont l'utilité et l'emploi dépendent de la volonté de leur possesseur, tels que l'argent, les vivres, les navires, etc.

Les deux premiers groupes ne sauraient comporter aucune discussion. En ce qui concerne les articles qui forment le troisième groupe, il faut se guider d'après l'état de la guerre. « Si, dit Grotius, je ne puis me défendre qu'en interceptant les choses envoyées à mon ennemi, la nécessité m'en donne le droit. »

Valin, se réglant sur l'ordonnance de 1681, classe dans la contrebande de guerre les poudres, boulets et autres munitions de guerre, même les chevaux et équipages (art. 11 du titre 9 de l'ordonnance).

Wheaton ne pose pas de règle absolue sur la matière.

On ne peut que remarquer chez lui une tendance à exclure des articles confiscables les vivres et les articles susceptibles d'être utilisés en temps de paix et en temps de guerre.

Ortolan pense que les armes et les instruments militaires, ainsi que les munitions, sont les seuls objets qui puissent être considérés comme contrebande de guerre. Le commerce des vivres et des objets de première nécessité, auxquels il reconnaît un caractère intrinsèquement inoffensif, doit rester libre. Quant aux objets susceptibles d'une application double, tout ce que peut faire le belligérant, c'est de les assimiler aux objets prohibés quand ils ont un caractère suspect.

Hautefeuille est d'avis que tous les objets placés par Grotius dans la troisième catégorie, c'est-à-dire d'un usage douteux et qui ont une utilité dans la paix et dans la guerre, ne peuvent dans aucun cas être considérés comme contrebande.

La prohibition, selon lui, ne peut frapper que les armes et munitions actuellement fabriquées, propres immédiatement, et sans subir aucune préparation, aucune transformation, à être employées uniquement aux usages de la guerre, et sans pouvoir recevoir aucune autre destination. Il présente, comme modèle, l'énumération contenue dans le traité du 6 février 1778 entre la France et les États-Unis.

Perels entend par contrebande de guerre l'entrée ou la sortie de marchandises prohibées ou bien les marchandises elles-mêmes importées ou exportées malgré une défense formelle.

La contrebande comprend donc les objets qu'il est défendu d'apporter à l'ennemi. Or, ces objets varient beaucoup. Par suite, on ne peut donner de la contrebande une définition qui comprenne toutes les applications qu'on en a faites.

Il est difficile, en présence d'une telle divergence d'opinions, de dégager une théorie fixe et certaine.

Nous allons examiner si l'accord ne se rencontrerait pas sur le terrain conventionnel.

§ 2. — *La contrebande et les traités.*

Le traité des Pyrénées conclu le 7 novembre 1659 entre la France et l'Espagne stipule, dans son article 12, l'interdiction « de toutes sortes d'armes à feu et autres assortiments d'icelles, comme canons, mousquets, mortiers, pétards, bombes, grenades, saucisses, cercles poissés, affûts, fourchettes, bandoulières, poudres, mèches, salpêtre, balles, piques, épées, morions, casques, cuirasses, hallebardes, javelines, chevaux, selles de cheval, fourreaux de pistolet, baudriers et autres assortiments servant à l'usage de la guerre », tandis que l'article 13 déclare de libre commerce : « toutes les autres denrées, même tout ce qui appartient à la nourriture et sustentation de la vie ».

La convention commerciale signée à Utrecht le même jour que les traités politiques, 11 avril 1713, par la France, l'Espagne, l'Angleterre, la Hollande, et à laquelle accéda plus tard la Prusse, reproduit presque littéralement l'article 12 du traité des Pyrénées et classe ensuite (art. 20) parmi les objets d'un usage commun à la paix et à la guerre, les métaux précieux monnayés ou en lingots, les substances alimentaires, les tissus, les métaux ordinaires, le charbon et toutes les matières premières propres à la construction, au radoub ou à l'armement des navires.

Les traités d'Utrecht ont servi de base et en quelque sorte de type à presque tous les traités postérieurs jusqu'au traité de Versailles.

Il était réservé à l'Angleterre de contredire cette doctrine. En 1793, un ordre du Conseil avait défendu aux neutres de transporter en France des blés, farines et autres provisions de bouche.

L'Amérique protesta vivement et des négociations s'engagèrent. Elles aboutirent aux traités de 1794 et 1796 qui portaient qu'en raison de la difficulté qu'il y avait à préciser les cas dans lesquels les provisions de bouche et autres articles analogues constituaient réellement la contrebande de guerre, il était convenu que chaque fois que ces articles seraient capturés, il ne serait pas permis de les confisquer, et que l'on indemniserait immédiatement et complètement leurs propriétaires.

Les traités de 1815 *et le traité de Paris de* 1856 sont muets sur la matière.

Pas plus que les publicistes, les traités ne nous fournissent guère d'éléments suffisamment précis pour pouvoir en dégager la notion exacte et claire de la contrebande de guerre.

Une dernière source de renseignements nous reste à examiner : les lois intérieures des États.

§ 3. — *Législation particulière des États sur la contrebande de guerre.*

Législation hollandaise. — Dans la deuxième moitié du XVIIe siècle, la Hollande, alors en guerre avec le Portugal, promulgua un édit qui classait parmi les articles prohibés les bois, les fers, le goudron, le chanvre, et tous les matériaux nécessaires à la construction, au carénage et à l'armement des navires.

Le décret de 1689 étendit encore davantage la liste de ces objets en y comprenant les grains, farines, viandes et en général toutes substances alimentaires; mais vers la fin du siècle suivant, les provinces unies abandonnèrent cette politique et soutinrent que la prohibition ne devait atteindre que les armes et les munitions de guerre.

Législation espagnole. — Le règlement espagnol sur la course ne qualifie de contrebande que les armes, le salpêtre et tous les ustensiles préparés pour la guerre. Les vivres n'y sont assimilés aux objets prohibés que lorsqu'ils doivent être débarqués dans un port bloqué.

Législation allemande. — La législation allemande comporte les mêmes principes.

Législation suédoise. — Les déclarations des 8 avril 1854 et 13 septembre 1855 ne comprennent, sous la dénomination de contrebande de guerre, que les seuls objets fabriqués pouvant servir directement à la guerre.

Législation danoise. — Même doctrine que la précédente (traité de commerce avec la France du 23 août 1742, renouvelé le 9 février 1842).

Législation austro-hongroise. — Le 3 mars 1874, le Gouvernement austro-hongrois rendait une ordonnance rédigée dans le même sens que le règlement danois, sauf qu'elle excepte de la contrebande la quantité d'objets prohibés nécessaires à la défense de l'équipage du navire visité.

Législation italienne. — Une instruction italienne du 20 juin 1866 (art. 8) ajoute à l'énumération des objets de contrebande les dépêches et la correspondance officielle, « généralement tout ce qui, sans manipulation, peut servir à l'armement immédiat sur terre et sur mer ». Par un traité passé avec les États-Unis (26 février 1871) l'Italie prohibe comme contrebande de guerre « toute espèce d'armes et d'instruments en fer, en acier et en cuivre, et tous autres matériaux manufacturés, préparés et faits expressément pour la guerre sur terre et sur mer ».

D'après le règlement russe de 1869, on entend par contrebande les objets à désigner d'avance à l'ennemi, propres à le combattre immédiatement. Il faut ajouter la correspondance officielle de l'État ennemi, les troupes transportées sur les navires neutres et destinées à l'ennemi. Enfin un ukase du 15 mai 1877 résume l'énumération des objets de contrebande de guerre par ces mots : « en général tous les objets destinés aux troupes de terre et de mer ».

Législation nord-américaine. — D'une manière générale, on peut dire que les États-Unis rangent les armes et les munitions de guerre parmi les articles de commerce illicite. Mais lorsqu'ils prennent eux-mêmes les armes, ils attribuent le même caractère à d'autres objets d'un usage douteux. Les termes du règlement du 16 février 1864 sont assez élastiques : « tous les objets immédiatement propres aux usages de la guerre ».

Législation anglaise. — Telle est, d'ailleurs, ou à peu près, la doctrine de l'Angleterre.

Dans sa nouvelle loi de neutralité de 1870, le gouvernement anglais, posant en principe que la qualification des articles de contrebande de guerre n'est pas du ressort du droit des gens, quand elle n'a pas été expressément énoncée dans des stipulations conventionnelles, entend se guider par des principes absolument différents, suivant qu'il reste neutre ou qu'il est lui-même engagé dans la lutte. Dans le premier cas, il réserve à chaque belligérant le droit de prohiber l'importation sur le territoire ennemi, des articles qu'il lui a plu de déclarer d'un commerce illicite ; mais, comme à ses yeux, et en raison même de sa neutralité, le droit commun du Royaume-Uni est placé hors des atteintes de toute prescription émanant d'un souverain étranger, il soutient que ses sujets conservent en temps de guerre la liberté illimitée qu'ils possèdent en temps de paix de fabriquer et de vendre à tout le monde, même aux belligérants, des armes, des munitions et de la houille. L'opération se fait, toutefois, aux frais et risques de ceux qui l'entreprennent et, en cas de capture, les intéressés perdent tout recours à la voie diplomatique pour obtenir la restitution de leur marchandise ou l'allocation d'une indemnité.

Lorsqu'au contraire, il prend lui-même part aux hostilités, il prétend avoir tout droit d'étendre ou de restreindre à son gré, et suivant les nécessités de la guerre, la liste des articles de contrebande de guerre.

Nous avons déjà vu le cabinet de Londres se prévaloir de cette doctrine pour repousser les plaintes des États-Unis et de l'Allemagne, à propos des livraisons d'armes faites pendant ces deux guerres.

C'est une théorie commode, permettant à ceux qui l'appliquent, de ruiner complètement le commerce des neutres, tout en proclamant sa liberté.

France. — C'est toujours l'ordonnance de 1681 qui sert

de base à notre législation en matière de contrebande de guerre.

Elle porte que les armes, poudres, boulets et autres munitions de guerre, même les chevaux et équipages qui seront transportés pour le service de nos ennemis seront confisqués, en quelque vaisseau qu'ils soient trouvés, et à quelque personne qu'ils appartiennent.

Lors de la guerre d'Orient, en 1854, dans les instructions dont il munit ses croiseurs, le gouvernement ne s'écarta guère de ces principes. Il déclara ne comprendre au nombre des articles de contrebande que les bouches et les armes à feu, les armes blanches, les projectiles, la poudre, le salpêtre, le soufre, les objets d'équipement, de campement et de harnachement militaire, ainsi que tous les instruments quelconques, fabriqués à l'usage de la guerre, lorsqu'ils sont destinés à l'ennemi.

Il prohibait également le transport des dépêches officielles des troupes de terre et de mer.

On peut considérer cette nomenclature, de laquelle les vivres et la houille ont été intentionnellement exclus, comme constituant encore l'état réel de notre législation, car elle a été intégralement reproduite dans les actes officiels qui se rattachent aux guerres de 1859 et de 1870.

Cependant, la France, lors de sa dernière expédition en Extrême-Orient, déclara saisissable sous pavillon neutre, comme contrebande de guerre, le riz destiné aux ports chinois, situés au nord de Canton (*Circulaires* des 20 et 24 février 1885).

Le Danemark, la Suède et l'Angleterre protestèrent immédiatement, les deux premières puissances, en déclarant cette mesure contraire au droit des gens et à leur législation intérieure. La réponse de l'Angleterre doit être citée tout entière :

« Le gouvernement de Sa Majesté ne peut admettre que le fait de traiter les provisions en général comme contrebande de guerre, soit compatible avec le droit et la pratique des nations et avec les droits des neutres.

« Le gouvernement de Sa Majesté ne conteste pas que, dans certaines circonstances particulières, des provisions puissent acquérir ce caractère, par exemple, si elles devaient être consignées directement à la flotte d'un belligérant, ou à un port dans lequel cette flotte serait au mouillage, ou bien s'il existait des faits de nature à faire naître la présomption que ces provisions sont destinées au ravitaillement de la flotte ennemie.

« Dans ce cas, on ne conteste pas que le belligérant serait en droit de saisir les provisions comme contrebande de guerre, en se basant sur le fait qu'elles permettraient la continuation des opérations militaires.

« Mais le gouvernement de Sa Majesté ne peut admettre que si ces provisions étaient consignées au port d'un belligérant (lors même qu'il s'agirait d'un port ennemi), elles puissent, par cette seule raison, être considérées comme contrebande de guerre.

« Le gouvernement de Sa Majesté est d'avis que le point essentiel à définir est de savoir s'il existe des circonstances relatives à une cargaison particulière quelconque, ou à sa destination, qui permettent d'écarter la supposition que des articles de cette nature ont pour destination l'usage ordinaire de la vie, et de démontrer à première vue et à tout événement qu'ils sont destinés à un usage militaire.

« Cette définition n'est pas faite dans la note de Votre Excellence, en conséquence, etc... »

Le 13 mars, M. Jules Ferry réfuta les arguments de la

note anglaise, en faisant valoir qu'il aurait pu faire mettre le blocus devant Shang-haï et les autres ports d'expédition, mais qu'il avait préféré, par égard pour le commerce neutre, qu'il aurait ainsi profondemént troublé, recourir à la mesure en question.

Que, d'ailleurs, la plus grande partie du riz expédié du Sud, représentant le montant de l'impôt en nature, et étant de plus destiné à payer la solde de l'armée, on pouvait considérer que les circonstances prévues dans la communication de lord Granville se trouvaient réunies, les cargaisons de riz expédiées du Sud, outre qu'elles sont propriété de l'État ennemi, étant destinées à un usage militaire et susceptibles de capture à ces deux titres.

L'Angleterre s'inclina. L'intervention de l'amiral anglais, sir Harry Parkes, arrêta les embarquements de riz, et aucune saisie de navires contrevenant à la déclaration de la France ne fut à signaler.

Notre énumération est maintenant complète, nous avons parcouru les législations particulières des États, les traités et les auteurs, sans pouvoir en tirer la notion précise de ce qu'on doit entendre par *contrebande de guerre*.

Il en ressort, toutefois, que sur certains objets, l'accord est absolu.

Les armes, le matériel de guerre, la fourniture de navires armés, constituent pour tout le monde des objets dont le commerce est prohibé en temps de guerre, sous peine de confiscation. Ces objets ont d'ailleurs été pour nous le sujet d'une étude spéciale à l'occasion des devoirs des neutres. Il nous semble superflu d'y revenir.

Nous nous bornerons à essayer de caractériser, par les faits les plus récents, les marchandises d'un usage douteux, *usus ancipitis*.

1º *Vivres, blés, farines et autres denrées alimentaires.*
En se fondant sur la prétendue nécessité de faire à l'ennemi le plus de mal possible, nous avons vu qu'à diverses époques de notre histoire, les vivres avaient été déclarés constituer un trafic illicite.

En réalité pourtant, sauf les cas de blocus et d'investissement de places fortes, cette pratique n'est guère suivie que pour combattre des révolutions intestines, et nous nous croyons fondé à poser en principe que, sauf l'exception de blocus, le commerce neutre des denrées alimentaires reste généralement libre en temps de guerre.

2º *Métaux précieux.* — On décide généralement que ces matières ne constituent pas de la contrebande de guerre ; une doctrine contraire conduirait à l'anéantissement des relations que les neutres ont le droit d'entretenir avec les belligérants.

Il va sans dire, néanmoins, que le principe général doit marcher de pair avec les règles d'une sévère neutralité et cesserait d'être applicable si un pays, resté en dehors de la lutte, prétendait s'en prévaloir pour alimenter la guerre, en fournissant à l'un ou à l'autre des belligérants des subsides déguisés sous forme d'envois d'espèces monnayées ou en lingots.

C'est par application de cette doctrine que le Gouvernement portugais put s'emparer légitimement de l'emprunt don Miguel, dont nous avons déjà parlé.

C'est encore en vertu du même principe que le parquet de Berlin poursuivit, en 1870, certains banquiers allemands, souscripteurs de l'emprunt Morgan, destiné à la France.

3º *Toiles et draps pour vêtements de troupes.* — Aucun

traité n'attribue à ces matières le caractère de contrebande de guerre. Elles ont fait quelquefois l'objet de saisie ; mais, pour maintenir la capture, le juge anglais a toujours invoqué non pas la nature propre de ces objets, mais leur destination, par application de la théorie de la contrebande par accident dont nous nous occuperons tout à l'heure.

4° *Munitions navales*. — On entend par munitions navales tous les objets propres à la construction des navires : ancres, chaînes, tôles, rivets, plaques de blindage, etc.

Quelques-uns de ces objets peuvent sans doute recevoir une destination pacifique ; mais, dans l'impossibilité de pouvoir les distinguer, je crois qu'il faut tous les ranger parmi les objets prohibés et susceptibles de capture, comme instruments fabriqués à l'usage de la guerre. Ainsi le décident d'ailleurs les instructions françaises ; les cours d'amirauté anglaises leur appliquent le même traitement.

5° *Matières premières pour la fabrication des armes et des munitions*. — Il est logique de les comprendre au même titre que les munitions navales parmi les matières confiscables, quand leur caractère est suffisamment et explicitement déterminé.

Les traités et les instructions particulières des commandants de navires de guerre excluent en effet du commerce licite le salpêtre, le soufre et jusqu'au coton ayant subi une préparation chimique le destinant à servir de matière explosible.

6° *Machines à vapeur et charbon*. — Il semble difficile de soustraire à l'application des principes restrictifs du commerce neutre les appareils qui font actuellement partie intégrante et primordiale de l'armement d'un navire de guerre. A défaut de traités exprès, on peut invoquer plus d'un acte de neutralité plaçant les machines à vapeur sur la même ligne que les armes et les munitions.

En est-il de même du charbon ?

On conçoit sans peine l'importance capitale de cette question.

L'Angleterre procède à cet égard comme nous l'avons déjà vu faire pour les armes et munitions :

Quand elle prend part à la lutte, elle n'hésite pas à frapper de prohibition le commerce de la houille et même le combustible minéral ainsi que les matières grasses, à titre de contrebande accidentelle.

Quand elle est neutre, elle déclare, sans sortir de sa neutralité, être libre sur son marché, et refuse d'en interdire l'exportation, laissant d'ailleurs à l'entrepreneur du transport tous les risques du voyage et lui refusant, en cas de capture, toute intervention diplomatique. Telle fut sa manière d'être en 1870.

La France, au contraire, et presque tous les autres États ont formellement proclamé qu'ils n'entendaient pas faire rentrer la houille parmi les articles qualifiés de contrebande de guerre (Voir les notes insérées dans le *Moniteur universel* du 29 mai 1859 et dans le *Journal officiel* de 1870, lors des guerres d'Italie et d'Allemagne).

7° *Bêtes de somme.* — La prohibition qui a toujours pesé sur les bêtes de somme doit être étendue aux ânes et surtout aux mulets, si fréquemment employés pour les besoins des ambulances et des transports.

8° *Contrebande par accident ou quasi-contrebande.* —

Tetens, pour expliquer ce qu'il faut entendre par quasi-contrebande, s'exprime ainsi :

« Supposons qu'une armée navale soit à équiper et à approvisionner dans un port de l'un des belligérants ; dès lors toutes sortes de livraisons apportées sur les lieux par les neutres sont justement considérées comme contrebande, même quand elles ne le seraient pas par leur nature.

« Elles deviennent illicites par les seules circonstances. On peut les nommer « *contrebande par accident* ». Le blé même et l'argent sont choses prohibées dans ce cas. »

Cette théorie a été appliquée sur une grande échelle par l'Angleterre, et sert de base à la plupart des sentences prononcées par les juges de l'Amirauté.

Hâtons-nous d'ajouter qu'elle est en opposition complète avec les vrais principes du droit des gens, car elle n'est en somme qu'une réminiscence directe de l'injuste pratique des blocus sur papier, proscrits par le traité de 1856.

L'Angleterre, toutefois, reste toujours imbue des mêmes idées ; nous venons de les voir assez nettement exprimées dans la protestation de son gouvernement contre la circulaire Ferry, déclarant le riz contrebande de guerre, pendant nos dernières difficultés en Chine.

9° *Transport de dépêches ennemies.* — On range aussi parmi les objets prohibés les dépêches adressées aux belligérants et relatives à la guerre. Le transport de plis officiels pour le compte de l'ennemi peut avoir les conséquences les plus funestes aux projets de l'adversaire et, à ce titre, sa prohibition est légitime.

L'usage établit pourtant une exception en faveur des correspondances ayant un caractère purement diplomatique, par exemple des dépêches des agents d'une puissance belligérante au gouvernement de cette puissance ; les intérêts et les droits des neutres exigent, en effet, que leurs relations diplomatiques et consulaires avec les belligérants ne soient ni interrompues ni altérées par la guerre.

En somme, pour que la confiscation puisse être prononcée, il faut :

1° Que la dépêche soit relative à la guerre.

2° Que le navire ait été expressément affrété dans ce but.

Ce sont ces principes qui ont été appliqués dans les cas suivants :

Confiscation du navire *Atlanta*, saisi en flagrant délit de transport de dépêches entre deux colonies françaises. Relaxation de la cargaison inoffensive.

Capture du trois-mâts américain *Hope* pendant sa traversée de New-York à Bordeaux. Il avait à son bord un officier français embarqué comme secrétaire d'un commerçant, mais chargé en réalité de dépêches officielles expédiées par les autorités de l'Inde française et de l'Ile de France.

Relaxation du navire américain *Madison*, parti de Dieppe à destination de Baltimore, ayant à bord des dépêches adressées au consul général de Danemark à New-York. Les dépêches furent reconnues étrangères à la guerre et devoir jouir des privilèges accordés à la correspondance diplomatique.

En 1854, les mêmes principes étaient exprimés dans les déclarations française et anglaise. Ils ont été reproduits en 1870, et, nous l'avons vu, forment la doctrine de neutralité de la plupart des puissances.

Une exception est faite en faveur des paquebots-poste

et des autres navires marchands qui, en France, par exemple, sont tenus de se prêter aux transports de la poste. Les capitaines ignorent naturellement le contenu des paquets qui leur sont confiés, et il est impossible de leur prêter des intentions frauduleuses. En conséquence, les papiers reconnus d'un transport illicite peuvent être saisis, mais le navire doit être relâché.

On sait aussi qu'en cas de guerre entre la France et l'Angleterre, la convention postale du 14 juin 1833 neutralise les paquebots chargés du service postal entre Calais et Douvres, jusqu'à notification de la cessation par l'un des belligérants, auquel cas il sera permis aux navires de retourner librement dans leurs ports respectifs.

10° *Transport d'envoyés diplomatiques d'un État belligérant.* — On ne saurait assimiler au transport de contrebande le cas d'un navire neutre ayant à son bord des citoyens paisibles ou des envoyés diplomatiques de l'État ennemi.

Les États belligérants n'ont pas le droit de saisir le navire qui les porterait à son bord.

C'est cette pratique qui a prévalu dans un cas de ce genre survenu pendant la guerre de Sécession.

Le paquebot anglais *Trent* fut arrêté et visité près de l'île de Nassau par le croiseur des États-Unis *San-Jacinto*, comme portant à son bord MM. Masson et Slidell, envoyés par le Sud pour le représenter auprès des gouvernements de France et d'Angleterre. Les deux envoyés furent arrêtés et conduits à Boston où ils furent internés. L'Angleterre protesta contre cette violation de son pavillon et le gouvernement fédéral dut céder aux arguments du gouvernement anglais.

« Un peuple neutre, disait lord Russel, conserve le droit

d'entretenir des relations avec les belligérants : comment peut-il être coupable de transporter les agents diplomatiques qui sont destinés à les assurer ? Saisissez les dépêches, mais laissez libres les individus. »

11° Transport, sur navires neutres, de militaires ou de marins belligérants. — Le transport, par navire neutre, de militaires ou de marins engagés au service de l'un des belligérants, est assimilable au transport de matériel de guerre et considéré comme contrebande.

Hautefeuille exige comme condition que le navire soit frété par l'ennemi expressément pour le transport de ses soldats, et que le transport soit volontaire.

S'il y a eu contrainte ou si le navire n'est pas expédié spécialement dans ce but, le neutre ne sort pas de la légalité.

La pratique anglaise et américaine ne fait à cet égard aucune distinction, et prononce, dans tous les cas, la validité de la capture.

Les annales des prises offrent un certain nombre de jugements relatifs à ces cas de transport.

Nous avons vu, lors de l'exposé des obligations des neutres, qu'en 1870, les navires anglais frétés pour rapatrier de New-York les Allemands rappelés sous les drapeaux, s'exposaient à être capturés par les croiseurs français.

ARTICLE II.

CONDITIONS CONSTITUTIVES DU DÉLIT DE TRANSPORT DE CONTREBANDE DE GUERRE.

Les neutres, en principe, ne doivent pas souffrir, nous l'avons vu, des conséquences de la guerre, et leur liberté au point de vue commercial reste entière. Leur liberté de trafic s'étend tout aussi bien aux objets licites qu'aux objets de contrebande, le belligérant ne peut intervenir que si ces objets ont une destination ennemie dont la preuve doit être cherchée dans les papiers trouvés à bord lors de la visite; en d'autres termes, il faut que la nature et la destination de la marchandise soient également hostiles.

Qu'entend-on exactement quand on exige que la marchandise prohibée ait une destination hostile?

La question ne peut faire doute quand les objets de contrebande sont directement expédiés d'un port neutre à un port ennemi; il est également évident que le transport des mêmes objets, par cabotage neutre, d'un port belligérant à un autre, constitue sans conteste la destination ennemie.

Mais la réponse est moins facile quand, la contrebande ayant été exportée d'un port neutre à destination d'un autre port neutre, il est prouvé que les marchandises prohibées sont réellement destinées à l'ennemi et qu'elles n'ont été expédiées dans un port neutre que pour lui parvenir plus facilement.

Cette question a fait l'objet de longs débats à l'occasion de la saisie, dans les conditions ci-dessus, du navire neutre le *Springbock*. Pendant la guerre de Sécession, ce navire expédié de Londres, à destination de Nassau, port neutre, avec une cargaison de marchandises diverses comprenant des articles de contrebande, fut capturé par le croiseur nord-américain *Sonora*, aux environs de l'île de la Providence, et conduit à New-York. La cause fut instruite devant un tribunal des prises qui maintint la confiscation, en se basant sur les raisons suivantes :

« Lorsque des articles de contrebande sont destinés à l'ennemi, ils sont passibles de confiscation ; que le navire doive simplement faire escale dans un port neutre et continuer ensuite son voyage vers un port ennemi, ou que le chargement doive être transbordé dans le premier port pour de là être réexpédié à destination du second par navires différents, l'acte n'en constitue pas moins une infraction à la neutralité et, dans les deux cas, il y a réellement une opération unique.

La destination ennemie était déduite des apparences : la nature des objets et le libellé des connaissements, qui étaient à ordre et ne désignaient les consignataires que sous la simple qualification de représentants autorisés.

Mis en cause par les ayants droit, le Gouvernement anglais protesta et défendit pied à pied les intérêts de ses nationaux en prouvant que le chargement devait être remis au consignataire de Nassau pour être vendu par ses soins et que, dans ce cas, il ne pouvait y avoir lieu à confiscation, alors même que la cargaison ne comprendrait que de la contrebande de guerre.

Les publicistes et la presse européenne qui s'occupèrent de l'affaire condamnèrent presque unanimement, comme dangereuse, la jurisprudence consacrée à cette occasion par la Cour des prises américaine et soutinrent que le voyage d'un navire neutre entre deux ports neutres ne permet en aucun cas d'attribuer à sa cargaison le caractère de contrebande de guerre.

Je ne crois pas qu'il faille être aussi absolu. En réalité, une fois la destination bien déterminée, il est indifférent que le navire neutre fasse escale dans un port neutre d'où la marchandise doit être transportée dans un port belligérant. Tout dépend du fait, si l'on peut le prouver, que la cargaison est destinée à être appliquée aux besoins de la guerre ; mais il faut pour cela des faits absolument pertinents et ne permettant aucun doute.

C'est d'après ce principe que le Conseil des prises s'est guidé, le 26 mai 1855, pour déclarer de bonne prise la cargaison de salpêtre que le navire hanovrien *Frau-Houwina* transportait de Lisbonne à Hambourg. Mais, dans ce cas, la fraude était bien et dûment établie : les connaissements désignaient le chargement sous la simple dénomination de marchandises, et n'étaient signés que du capitaine : cette dissimulation seule de la nature de la cargaison était suffisante pour déterminer la confiscation. De plus, l'expédition du navire pour Hambourg cachait évidemment une destination ennemie, attendu qu'il était de notoriété publique que la ville de Hambourg avait reçu des quantités de salpêtre dépassant de beaucoup ses importations habituelles, et qu'elle servait de voie habituelle aux approvisionnements de l'ennemi.

La sentence résumait ainsi les circonstances du délit :

« Considérant qu'une expédition de contrebande de guerre préparée à l'aide d'une fraude dissimulée sur les papiers de bord, et faite à destination de parages rapprochés du pays ennemi, et servant de voie habituelle aux approvisionnements de l'ennemi, doit être effectuée pour compte et à destination de l'ennemi, et qu'il y a lieu dès lors de prononcer la confiscation des objets saisis ; par ces motifs, etc... »

Comme dernière condition exigée pour la validité de la prise, en cas de transport de contrebande de guerre, il faut que le navire soit saisi en flagrant délit.

Selon la jurisprudence française, le délit de contrebande accompli heureusement à l'aller ne rend pas au retour le navire passible de capture.

L'Amirauté anglaise n'admet pas ce principe d'une manière aussi absolue, elle se guide d'après les circonstances de chaque affaire et il lui est arrivé de prononcer des condamnations, parce que l'expédition s'était réalisée frauduleusement à l'aide de fausses pièces de bord et que la cargaison de retour avait été reconnue être le produit du chargement d'aller.

Est-il besoin d'ajouter à ces trois conditions (nature illicite du chargement, destination ennemie et flagrant délit) que les objets de contrebande doivent se trouver à bord en quantité plus que suffisante pour assurer les besoins du navire, qui doivent être respectés.

ARTICLE III.

RÉPRESSION DU DÉLIT DE TRANSPORT DE LA CONTREBANDE
DE GUERRE.

Deux principes paraissent guider la pratique des nations maritimes :

Les unes limitent la confiscation à la portion illicite du chargement, tandis que d'autres l'étendent au chargement tout entier et au navire, même lorsque la contrebande en forme la partie principale ou le but principal de sa mission.

La France est de celles-ci. Les instructions complémentaires de 1870 contiennent en effet la disposition suivante : « Quand la contrebande ne se trouve à bord que dans une proportion inférieure aux trois quarts du chargement, on pourra relâcher le navire si le capitaine consent à remettre tous les objets de contrebande dont il est porteur ».

Si la proportion dépasse cette limite, ou si le but du voyage est contraire aux obligations de la neutralité, comme dans le cas de transport de dépêches ennemies, le navire lui-même peut être saisi.

La pratique de quelques nations maritimes substitue

parfois à la confiscation une simple préemption ou préférence d'achat, c'est-à-dire que les capteurs retiennent par devers eux les articles de commerce illicite en en payant la valeur aux neutres.

Cette pratique ne peut s'expliquer d'ailleurs qu'en ce qui concerne les objets douteux appelés par l'Angleterre contrebande accidentelle, tels que les produits alimentaires. C'est un moyen de ménager les neutres quand on sort vis-à-vis d'eux de la légalité. Les célèbres ordonnances anglaises de 1793 et de 1795 dont nous avons parlé plusieurs fois, ont consacré, on sait dans quelles conditions, cette pratique qui depuis n'a pas reçu d'application.

SECTION II

Du blocus maritime et des neutres.

Définition et fondement du droit de blocus. — Le *blocus* est une mesure de guerre qui consiste à cerner un port ou une portion de côtes, au moyen de forces navales permanentes, de façon à empêcher toute communication avec le dehors par la voie de mer.

L'extension et la rapidité que les communications terrestres ont prises de nos jours, ont singulièrement diminué l'importance du blocus maritime ; ce qu'une place bloquée ne peut importer ou exporter par mer, passera par les pays neutres, au moyen des voies ferrées. De plus, on peut dire, dans une certaine mesure, que les progrès de l'art naval ont également rendu difficile un blocus très étroit. N'exagérons rien, pourtant, car, en même temps que les moyens de défense se perfectionnent, les moyens d'attaque deviennent plus formidables, de telle sorte que l'on peut croire que l'équilibre entre le belligérant bloqueur et le commerçant neutre ne sera guère troublé dans un sens désavantageux pour le premier.

Ce moyen de guerre est-il *légitime ?*

On peut se poser la question ; car le blocus, en arrêtant toute communication avec la place bloquée, pèse lourdement sur le commerce des neutres. Quoi qu'il en soit, presque tous les auteurs et tous les traités sont d'accord pour faire du blocus un moyen légitime.

D'abord, entre belligérants, c'est une mesure plus légitime que les autres, puisqu'elle a pour but de forcer l'ennemi à la paix, sans effusion de sang.

En ce qui concerne les neutres, si elle les atteint, ce n'est que par voie indirecte ; elle s'adresse directement à l'ennemi, et cette condition nous suffit. Le blocus aura pour effet de suspendre la réalisation d'un bénéfice à faire, mais, à moins de violation, il n'aboutira jamais à aucune dépossession.

Le blocus maritime est donc un moyen d'attaque licite à tous égards ; mais quel est le caractère de cette interdiction de commercer avec les places bloquées, ainsi imposée aux neutres ? Est-ce une restriction apportée par les belligérants à l'entière liberté du commerce, ou n'est-elle que l'exécution du devoir des neutres de s'abstenir des actes d'hostilité ?

Plusieurs systèmes sont en présence :

M. Gessner cherche la cause du blocus dans la nécessité d'interdire aux neutres le commerce avec les ports bloqués, si l'on ne veut pas faire perdre toute son efficacité au blocus.

Ce système conduit à donner au blocus une extension démesurée, le droit de nécessité ne pouvant avoir ni bornes, ni règles. S'il paraît au belligérant utile à ses intérêts de défendre non seulement l'entrée du port blo-

qué, mais aussi le simple affrètement et la seule destination des navires pour ce port, il faut le lui permettre.
De plus, ses intérêts peuvent lui conseiller de n'interdire
le commerce qu'à certains neutres seulement.

L'arbitraire, voilà donc le résultat auquel conduit la
théorie de Gessner.

Hautefeuille considère le blocus comme une interdiction de commerce imposée aux neutres par le belligérant,
en vertu de la conquête qu'il a faite du territoire ennemi.
Il est devenu ainsi le souverain du domaine ennemi qu'il
occupe, et il a le droit d'y exercer les droits de la souveraineté.

Cette notion est fausse; en matière de blocus, il ne
peut s'agir de conquête, il y a tout au plus occupation
militaire.

La conquête suppose, en effet, un objet susceptible
d'appropriation. Or, le droit international ne reconnaît
l'appropriation de la mer territoriale que comme accessoire de l'appropriation des terres. Un peuple n'a donc le
droit de se dire souverain sur la mer territoriale, que s'il
a déjà en sa puissance les terres riveraines ; or, un pareil
fait ne peut se produire dans le cas de blocus : on ne
bloque pas ordinairement son propre territoire.

D'ailleurs, si les bâtiments nécessaires au blocus stationnent en dehors des limites de la mer territoriale, ce
qui devient presque nécessaire aujourd'hui, en raison de
l'emploi des torpilles et des torpilleurs, le principe de la
liberté des mers détruit toute idée de conquête.

Ainsi, il ne peut y avoir conquête, il y a occupation ; et
nous avons déjà vu que l'occupation militaire ne transporte
pas au belligérant une entière souveraineté sur les lieux
occupés.

A mon avis, la notion du blocus doit être cherchée

dans une raison bien plus simple. Elle me semble, en effet, dériver du devoir des neutres de ne pas prendre part à la guerre, absolument comme la restriction du commerce neutre relative à la contrebande de guerre.

Quand une nation prend les armes, la neutralité oblige les neutres à ne pas entraver cette nation dans l'exercice de son mode de guerre ; lorsqu'un belligérant bloque une place ennemie pour la soumettre par la famine, les neutres doivent cesser tout commerce avec cette place, car, continuer ce commerce serait la ravitailler, lui fournir des armes nécessaires à la défense, et empêcher ainsi le belligérant d'employer contre son ennemi un moyen de guerre légitime.

Ce système a sur les autres l'avantage d'entraîner des conséquences essentiellement favorables aux peuples pacifiques.

Ainsi : 1° la prohibition de commerce doit être générale et atteindre également toutes les nations neutres.

2° En cas de violation de blocus, la neutralité se trouvera violée et, cessant d'être neutres, les forceurs deviendront ennemis, pouvant être traités comme tels. Au contraire déduit-on le droit de blocus des droits des belligérants, la violation du blocus devient alors la violation du droit des belligérants, et ceux-ci pourront prononcer telle peine qu'ils voudront, puisqu'ils sont souverains.

3° Un acte n'est obligatoire vis-à-vis d'un individu qu'autant que cet individu en a eu connaissance ; par conséquent, pour être respecté par les neutres, le blocus doit être notifié.

4° Enfin, le devoir de respecter le blocus ne s'impose aux neutres que si l'ennemi est mis par le bloqueur dans une situation telle que, livré à ses propres ressources, il serait inévitablement conduit à se rendre faute de subsistances. Il faut donc que la place soit bloquée effectivement.

Nous indiquons ici ces conséquences, qui feront l'objet d'une étude approfondie au cours de notre sujet. Quoiqu'elles ne semblent pas conciliables avec les deux premières théories, basées sur l'intérêt des belligérants, leurs auteurs en reconnaissent l'exactitude et essayent de les justifier.

ARTICLE I.

DES CONDITIONS D'EXISTENCE ET DE VALIDITÉ DU BLOCUS.

Un blocus n'est obligatoire, vis-à-vis des neutres, que s'il réunit certaines conditions :

1° Nous montrerons d'abord qu'un état de guerre doit exister pour qu'un blocus légitime puisse être établi.

2° Nous rechercherons en second lieu quelle autorité est compétente pour proclamer le blocus.

3° Une troisième section sera réservée au point de savoir si, pour exister valablement, ce moyen de guerre ne doit pas être effectif.

4° Nous indiquerons quels lieux peuvent être bloqués.

5° Enfin nous énumérerons les conditions de forme du blocus, notifications, etc.

§ 1. — *Le blocus suppose un état de guerre.*

Nous avons traité la question des blocus pacifiques dans le premier livre de cet ouvrage. Nous n'y reviendrons pas. Nous n'entendons parler ici que des blocus consécutifs à une déclaration de guerre.

§ 2. — *De l'autorité compétente pour décréter un blocus valable.*

Tout Gouvernement a le droit d'établir un blocus, même un Gouvernement de fait non encore reconnu par les puissances. Le blocus est un moyen de guerre qui peut être exercé par quiconque possède le titre de belligérant ; or un parti politique qui réunit certaines conditions peut, nous l'avons vu, être traité comme belligérant, alors même qu'il ne constituerait pas un État nouveau et indépendant reconnu par les puissances.

Quel est, dans un État déterminé, le pouvoir compétent pour déclarer un blocus ?

Le blocus est une simple opération de guerre et non une guerre locale venant s'ajouter à une guerre générale, comme l'ont prétendu à tort certains auteurs ; il faut donc reconnaître le droit de l'établir au pouvoir exécutif.

Dans la plupart des constitutions, même monarchiques, le droit de déclarer la guerre est réservé à la nation représentée par le pouvoir législatif. Le Gouvernement n'est que l'exécuteur de la décision prise par la législature nationale et, comme tel, peut employer tel ou tel moyen de guerre qui lui paraît utile.

Le Gouvernement peut même déléguer cette faculté à une autorité déterminée. Cette délégation est même présumée dans certains cas ; un chef d'escadre qui opérerait dans des régions lointaines, étant virtuellement investi de tous les pouvoirs nécessaires pour la réussite de l'entreprise militaire dont il est chargé, pourrait valablement établir un blocus.

§ 3. — *De l'effectivité du blocus.*

Pour que des neutres soient obligés de respecter les moyens de guerre employés par les belligérants, il faut que ces moyens existent d'une façon réelle et matérielle.

Il ne suffit pas d'une simple déclaration pour rendre dangereuse l'entrée ou la sortie d'un port.

Admettre la légitimité des blocus fictifs, comme le font certains auteurs, c'est faire peser tout le poids de la guerre sur les nations restées en paix et conserver tous les avantages de l'état pacifique au belligérant qui, cependant, devrait surtout souffrir des hostilités qu'il a provoquées. Avec ce système, le belligérant n'a pas besoin d'équiper des flottes nombreuses ; son commerce ne souffre même pas de la guerre, car ses sujets peuvent rester en rapports commerciaux avec l'ennemi ; les neutres seuls, obligés de s'incliner devant la déclaration de blocus, doivent cesser toutes relations avec la nation ennemie.

Telle serait, assurément, la politique que suivrait un belligérant d'une puissance militaire assez considérable pour ne pas craindre la coalition des autres peuples.

De plus, si l'on autorisait les blocus fictifs, il faudrait admettre, comme complément nécessaire de ce procédé, ce qu'on a appelé le *droit de prévention* et le *droit de suite*, c'est-à-dire considérer comme confiscable tout navire neutre qui a mis à la voile pour un lieu déclaré bloqué, ou qui est rencontré à la mer venant de ce lieu.

Nous devons donc repousser les blocus fictifs, non seulement à cause de l'idée même sur laquelle ils reposent, mais aussi à cause des conséquences qu'ils peuvent entraîner.

Ce n'est qu'à partir du XVIIe siècle qu'on commença à établir des règles fixes pour le droit de blocus. La théorie dominante alors est celle des blocus fictifs, sans toutefois qu'elle fût consacrée par aucun traité important jusqu'à la convention de Whitehall, du 22 août 1689, entre l'Angleterre et la Hollande.

Après 1689, le droit conventionnel essaya de revenir à des principes plus justes : les conventions du XVIIIe siècle exigèrent, pour la plupart, un investissement récl, quelques-unes allèrent même jusqu'à fixer le nombre des vaisseaux requis pour le blocus d'un port.

Toutefois, la pratique ne suivait pas toujours les enseignements des traités et l'Angleterre, comme toujours, fut la première à s'en écarter. En 1756 et en 1775, le cabinet de Saint-James déclara qu'à l'avenir tout navire qui tenterait de violer un blocus déclaré serait capturé et confisqué.

L'Europe s'émut des actes de violence qui suivirent et, en 1780, les États lésés formèrent une ligue de neutralité armée qui prohibait tout blocus par croisière ou sur papier et maintenait l'effectivité comme condition fondamentale de tout blocus.

« On n'accordera cette dénomination qu'à celui où il y a, par les dispositions de la puissance qui l'attaque avec des vaisseaux arrêtés et suffisamment proches, danger évident d'entrer. »

Ces principes, hélas ! n'eurent pas l'effet qu'on pouvait en attendre. En 1783, les puissances qui s'étaient unies pour repousser les doctrines maritimes de l'Angleterre se joignaient à elle et acceptaient les mêmes doctrines contre la France. Pendant toute la période troublée de la République et de l'Empire, elles ne s'en départirent pas.

Napoléon, poussé à bout par la mauvaise foi anglaise, inaugura, par le décret du 21 novembre 1806, daté de Berlin, le système devenu désormais célèbre sous le nom de « blocus continental ». Plus franc que l'Angleterre, il n'essaya même pas de lui donner les apparences d'un blocus effectif; dans les considérants du décret de Berlin, il avouait son intention d'appliquer à l'Angleterre les usages qu'elle avait consacrés dans sa législation maritime.

Les traités de 1815 restèrent muets sur la question du blocus; mais les conventions nombreuses qui suivirent adoptèrent les principes promulgués en 1780 et 1800 ; elles allèrent même plus loin dans la voie du progrès et décrétèrent les seules mesures efficaces pour faire cesser les blocus fictifs en abolissant les droits de suite et de prévention.

La Grande-Bretagne seule se retranchait dans son système; mais en 1854, par les nécessités de son alliance avec la France, elle fut amenée à renoncer formellement à ses anciens principes.

Au congrès de Paris, en 1856, les plénipotentiaires confirmèrent sans difficulté ces règles par la déclaration suivante :

« *Les blocus, pour être obligatoires, doivent être effectifs, c'est-à-dire maintenus par une force suffisante pour interdire réellement l'accès du littoral ennemi.* »

Cette définition n'était pas suffisante, les événements en donnèrent bientôt la preuve. Sans doute, elle supprime le blocus sur papier, mais exclut-elle les blocus par croisière?

Nous ne croyons pas que la déclaration de Paris ait voulu précisément les autoriser, mais il aurait mieux valu comme en 1780, exiger l'investissement de fait du port ennemi.

Il est alors permis de douter que l'Angleterre se fût ralliée aussi facilement à cette définition du blocus effectif.

Sa conduite dans les événements postérieurs le laisse supposer.

Dans la guerre de Sécession, les États-Unis s'écartèrent des principes du traité de Paris, qu'ils avaient déclaré pourtant adopter, quoique non signataires de la convention.

Les blocus que le Nord déclara ne furent pas effectifs; tout au plus peut-on dire que ce furent des blocus par croisière.

Il est vrai que, n'ayant pas accédé à la déclaration de Paris, un blocus de cabinet même, décrété par les États-Unis, eût été obligatoire pour les autres puissances.

En 1864, dans la guerre que l'Autriche et la Prusse ont faite au Danemark, le Danemark, quoique signataire du traité de Paris, édicta des blocus fictifs par croisière, souvent hors de vue. Il faut dire qu'ils ne furent respectés ni par les neutres, ni par les belligérants. Les puissances européennes· dont les sympathies étaient au Danemark, n'élevèrent pas la voix pour interdire de semblables procédés.

En 1863 (blocus de Rio par les Anglais), et en 1865 (blocus des côtes chiliennes par l'Espagne), les blocus déclarés par ces deux puissances furent fictifs; mais, sur les représentations de la France, l'Espagne limita son blocus à six ports et le rendit ainsi effectif.

En 1870, la France s'inspira des règles que son initiative avait fait prévaloir. Les blocus établis par elle furent réellement effectifs.

Pendant la guerre d'Orient, en 1877, les blocus établis par la Porte furent des blocus fictifs. Il faut en dire autant des blocus établis pendant la guerre du Pérou et du Chili en 1879 (blocus d'Iquique, Callao, Mollendo, etc.).

Mais que faut-il entendre réellement par blocus *effectif ?*

Un blocus a pour but d'interdire toute communication avec la place bloquée. Il ne saurait donc exister réellement que si l'entrée et la sortie de la place se trouvent être matériellement impossibles.

Comment obtenir ce résultat ?

Cela est sans doute une question de fait dont on ne peut que poser les bases :

Ainsi : 1° Il nous semble nécessaire que les bâtiments bloquants ne soient pas éloignés l'un de l'autre par une étendue de mer supérieure à la portée du canon ; l'artillerie actuelle ayant une portée considérable, j'exigerais pour les navires qui sont munis de grosses pièces, qu'ils ne soient pas séparés par une distance supérieure à la portée de la vue, de telle façon qu'ils puissent tirer sur tout navire qui essayerait de pénétrer dans le port ou d'en sortir.

2° Les navires stationnés ayant pour mission de canonner à coup sûr les vaisseaux coupables et ne devant jamais quitter leur position, seront complétés par quelques croiseurs à grande vitesse, se tenant entre chacun des bâtiments stationnés et chargés d'arrêter les vaisseaux qu'ils apercevront pour leur notifier le blocus et les visiter. (Plan de blocus adopté par M. le vice-amiral Lafont, lors des manœuvres de l'escadre d'évolutions en 1886.)

Quant à la distance à laquelle devra être stationnée la flotte investissante, on ne peut fixer aucune règle : on peut dire seulement qu'en général un belligérant a intérêt à établir un blocus le plus près possible de la côte ennemie, car plus un blocus sera proche, moins il exigera de vaisseaux. Quelquefois, au contraire, en raison d'une position géographique particulière, il en est tout différemment. C'est ainsi qu'on peut, en établissant un cordon de vaisseaux dans le Bosphore, bloquer du même coup tous les ports de la mer Noire. Nous considérons ce mode de blocus comme parfaitement légitime.

Nous savons maintenant quelle doit être la nature et la situation des forces bloquantes : une double ligne, composée comme il est dit plus haut, est nécessaire et suffisante pour rendre un blocus effectif.

Elle est nécessaire ; nous repoussons ainsi le blocus par vaisseaux stationnnés et suffisamment proches, admis par les traités de 1780. Ce moyen de bloquer un port, outre qu'il exigerait un nombre de navires tellement considérable que la nation la plus puissante sur mer devrait se borner à bloquer deux ou trois ports, laissant les autres ouverts au commerce, n'est pas réellement effectif. En effet, si un navire se prépare à franchir la portion de mer qui sépare deux des vaisseaux stationnés, ces vaisseaux sont obligés d'abandonner leur station pour l'avertir qu'un blocus existe ou pour le poursuivre s'il continue sa route malgré l'avertissement ; dès lors, la ligne de blocus se trouve ouverte.

Nous en dirons autant du blocus par croisière ; pour qu'il fût effectif, il faudrait que les différents croiseurs fussent entre eux à une distance au moins inférieure à la double portée du canon, et alors quels avantages réalise-t-il sur le blocus dont nous avons indiqué les caractères essentiels ?

Quant aux blocus par pierres, constitués avec des

navires chargés de pierres, coulés à l'entrée des ports, je les crois légitimes, si la ligne de barrage offre un passage accessible aux navires qui pourraient entrer ou sortir malgré le blocus : navires en avarie, etc..., et si elle est gardée par des vaisseaux bloquants en nombre suffisant pour avertir, visiter et poursuivre les neutres.

Nous avons montré que nos conditions d'effectivité du blocus sont nécessaires.

J'estime aussi qu'elles sont suffisantes.

Nous repousserons, par suite, l'opinion de certains publicistes qui exigent pour la validité du blocus une attaque simultanée par terre ; car, avec ce système, on rendrait illusoire la force maritime d'une puissance, puisqu'elle ne pourrait user du blocus qu'autant qu'elle aurait envahi le territoire continental de son ennemi.

Les blocus fictifs étant illégitimes, un blocus n'est obligatoire que s'il est effectif et tant qu'il reste tel. Le droit disparaît dès que le fait lui-même cesse d'exister. C'est le fait matériel de la présence ou de l'absence des forces bloquantes qui, seul, détermine si le blocus existe ou non.

Telle est la règle que nous appliquons d'une façon absolue à toutes les causes de cessation d'effectivité.

Cela est d'évidence, si les vaisseaux bloquants abandonnent leur station volontairement et sans esprit de retour, ou même lorsque l'éloignement volontaire n'est pas définitif, mais doit seulement durer un certain temps. Je vais même jusqu'à considérer le blocus comme n'étant plus obligatoire si certains points de la ligne d'investissement se trouvent dégarnis, parce que tel ou tel bâtiment a quitté son poste pour se lancer à la poursuite d'un navire suspect.

Mais si l'éloignement, au lieu d'être volontaire, est forcé : coups de vent, événements de guerre, etc., doit-on adopter la même solution? Oui, à mon avis, ici d'ailleurs, quoique en contradiction avec quelques publicistes, je suis d'accord avec le droit positif : « Le blocus n'existant qu'à la condition d'être effectif, portaient les instructions de 1870, si les forces navales françaises étaient obligées par une circonstance quelconque de s'éloigner du point bloqué, les navires neutres recouvreraient le droit de se rendre sur ce point. Tout blocus levé ou interrompu doit être rétabli et notifié à nouveau dans les formes prescrites ».

Les Anglais essayent de faire prévaloir une doctrine contraire et pour eux, dans tous les cas, le blocus par notification accompagné du fait continue d'exister, alors même qu'il a cessé d'être effectif. Nous avons combattu cette théorie en prouvant la nécessité de l'effectivité du blocus. Il est inutile d'y revenir et nous nous bornerons à proclamer une dernière fois l'effectivité absolue comme condition indispensable d'un blocus.

§ 4. — *Des lieux susceptibles d'être bloqués.*

Le premier caractère des lieux susceptibles de blocus est d'appartenir à l'ennemi ou d'être occupés par lui. La France, par exemple, agissait suivant ses droits en mettant en état de blocus en 1870 les ports de Rouen, Dieppe et Fécamp qui étaient aux mains des Allemands. Ces ports constituaient en effet d'excellents points de ravitaillement que la France avait le droit d'investir.

Dans ces conditions, la nature ou la destination du point bloqué n'a aucune importance ; qu'il s'agisse d'un port de commerce ou d'un port de guerre, de lieux habités ou déserts, le droit reste le même.

On a voulu limiter le droit de blocus aux seuls ports de

guerre ou citadelles. Quelques auteurs ont adopté cette doctrine. J'y ferai simplement deux réponses : le blocus ayant pour but d'entraver le commerce ennemi et d'intercepter toute relation commerciale, c'est surtout devant les ports de commerce qu'il doit pouvoir être établi.

De plus, les puissances qui, par l'infériorité de leurs forces navales seraient exposées à des blocus, n'auraient qu'à raser leurs moyens de défense pour éviter tout danger. Que dire des fleuves et rivières? Peuvent-ils être l'objet d'un blocus ?

La question diffère suivant qu'on les suppose traversant le territoire d'un seul État, ou arrosant plusieurs États, ou les deux rives appartenant à deux peuples distincts.

Quant aux premiers, s'ils appartiennent à l'ennemi, il va sans dire qu'ils peuvent être valablement bloqués.

S'il s'agit des autres la difficulté apparaît.

Pour quelques fleuves spéciaux, des conventions internationales stipulent la liberté de navigation même en temps de guerre. Nous citerons dans ce cas : le Rhin (15 août 1804); le Parana et l'Uruguay (10 juillet 1853).

Mais la question est restée entière pour certains autres : le Danube, par exemple.

En 1877, la Russie, en déclarant le Danube en état de blocus, en interdit la navigation aux neutres. Était-elle dans la juste observation de son droit?

Non, à mon avis; les fleuves communs sont la propriété de tous les riverains. En permettre le blocus, c'est autoriser l'investissement de territoires neutres : les devoirs de la neutralité obligent les neutres à ne pas communiquer avec le belligérant bloqué; mais les neutres peuvent toujours communiquer entre eux.

Pour nous, les bâtiments neutres doivent avoir accès dans tous les ports du fleuve commun qui ne sont pas investis réellement. Les belligérants se contenteront donc d'investir chacun des ports ennemis qui se trouvent le long d'un fleuve commun, mais laisseront libre l'embouchure de ce fleuve.

La question des détroits et canaux dont les rives appartiennent à des nations distinctes, ou dont les rivages sont tous deux en pays ennemi, mais qui aboutissent à des mers communes, doit être résolue d'après le même principe. Un belligérant ne peut donc bloquer l'entrée de ces voies de communication; il est seulement autorisé à investir réellement les différents ports qui se trouvent sur la côte ennemie. Il faudrait en décider autrement si le détroit conduisait à une mer fermée, et reconnaître que le blocus devrait être autorisé, si le détroit formant une mer territoriale aboutit à des mers dont les rivages appartiennent exclusivement aux belligérants.

Le traité de San-Stefano, dans un but d'intérêt commun, a décidé, contrairement à cette doctrine, que le Bosphore et les Dardanelles resteraient ouverts en temps de guerre comme en temps de paix, aux navires marchands des États neutres arrivant des ports russes ou à destination de ces ports.

Que dire des voies artificielles comme le canal de Suez? Une nation qui se trouverait en guerre avec la nation sur le territoire de laquelle est creusé le canal, pourrait-elle bloquer ces voies de communication?

A mon avis, lorsque ces voies sont situées de telle façon qu'en les bloquant, on ne détruit pas entièrement, comme pour les fleuves, la navigation avec un endroit neutre, mais qu'on la rend seulement plus difficile et plus longue, le blocus des bouches du canal doit être autorisé. Au contraire, il doit être interdit quand il entraîne le blocus de certains territoires non engagés dans la guerre.

Tel est le principe; toutefois pour éviter un semblable
résultat si nuisible à l'intérêt commun des puissances,
nous avons vu que d'un commun accord les États intéressés ont décidé en 1887 de neutraliser le canal de Suez
et d'empêcher ainsi tout blocus. Les mesures qu'a
décidées cette convention pour atteindre ce résultat sont
placées sous le contrôle et la garantie des puissances
signataires.

§ 5. — *Des notifications de blocus.*

Les publicistes et les traités distinguent, en général,
trois espèces de notifications :

La première est celle que le commandant des forces
bloquantes, afin de marquer le commencement du blocus
et d'en circonscrire l'action, signifie aux autorités des lieux
dont il est chargé d'intercepter les communications avec
le dehors par la voie de mer.

La deuxième est celle qu'on qualifie de générale ou
diplomatique et qui est communiquée aux gouvernements
neutres.

La troisième, qui prend le nom de spéciale, est celle que
le commandant bloqueur fait aux navires qui se dirigent
sur la ligne de blocus ou qui s'y trouvent.

Indépendamment de ces trois notifications, le blocus est
encore annoncé aux sujets de la puissance bloquante par
le *Journal officiel* du Gouvernement.

Ces diverses notifications sont-elles toutes nécessaires
pour rendre le blocus obligatoire vis-à-vis des neutres?

Il ne peut y avoir de discussion sur la notification
envoyée à la place soumise au blocus, ni sur celle qui est
adressée aux sujets de la puissance bloquante. Les neutres
n'y sont nullement intéressés.

Il ne peut s'agir que de la notification diplomatique et de la notification spéciale.

A ce sujet, l'Angleterre applique les règles suivantes :

La notification spéciale est nécessaire, mais suffisante pour légitimer la capture d'un navire neutre, lorsque le blocus qu'on a essayé de violer est un blocus de fait.

Par blocus de fait, il faut entendre les blocus établis par des commandants de forces navales dans des lieux éloignés de leur pays, de telle sorte qu'il y a impossibilité de faire la notification diplomatique, ou que du moins il n'y a possibilité de la faire que longtemps après l'existence du blocus.

Au contraire, dans le cas d'un blocus notifié, c'est-à-dire quand une notification diplomatique est utilement possible, cette notification suffit à rendre le blocus obligatoire : il ne peut être question d'une notification spéciale; du moment où le blocus a été notifié diplomatiquement, il y a présomption de droit que tous les neutres ont eu connaissance du blocus.

Le Danemark suit la même pratique.

Les États-Unis font une distinction analogue et ils y ajoutent pourtant ce correctif que, du moment où il y a eu notification diplomatique, un navire neutre ne peut être condamné pour violation de blocus que s'il est prouvé que ledit bâtiment a pu apprendre en route que l'état de blocus continuait. En dehors de cette hypothèse, une notification spéciale, pour rendre le blocus opposable aux neutres, est nécessaire.

Les dispositions de la loi ottomane, le décret chilien du 2 avril 1838 sont, sur ce point, d'accord avec la jurisprudence américaine.

La France admet des principes différents :

Pour elle, la notification diplomatique n'est jamais suffisante. Il faut, dans tous les cas, une notification spéciale. Le tribunal des prises a même admis dans plus d'une circonstance, et spécialement à raison de l'affaire de la *Carolina* (*décision* du 4 mars 1830), que la notification diplomatique n'est pas nécessaire pour rendre opposable aux neutres un blocus qui leur est spécialement notifié.

Les instructions françaises du 25 juillet 1870 ordonnaient, dans tous les cas, la notification individuelle du blocus.

Cette pratique est éminemment rationnelle.

Il est, en effet, de bon sens qu'on n'est tenu au respect d'une règle que si on en connaît l'existence. L'aspect des lieux, la seule vue de la force bloquante ne peut suffire. Le neutre ne saurait être fixé à cet égard que s'il est averti.

Or la notification diplomatique ne saurait suffire, car de deux choses l'une :

Ou bien la notification diplomatique sera faite au moment même de l'investissement réel et alors, pendant un certain temps (le temps nécessaire pour que la notification parvienne à l'État neutre), un blocus existant en fait ne devra pas être respecté ;

Ou, au contraire, elle aura lieu avant l'investissement réel, et alors les neutres devront croire à l'existence d'un blocus avant qu'il soit réellement commencé.

Je maintiens ensuite que cette notification n'est pas nécessaire, car elle est inefficace. Elle ne sera connue que par un nombre assez restreint d'intéressés : elle ne pourra, en effet, avertir du blocus les navires déjà en mer au moment où elle a été faite, ou ceux qui ont quitté leur pays entre le moment où elle a eu lieu et celui où elle y a été reçue.

De plus, elle est pour les neutres un moyen imparfait

de connaître l'existence du blocus, car si cette notification leur apprend que le blocus existait au moment où elle a été envoyée, elle ne leur fait pas savoir si le port demeure encore bloqué à l'époque où elle est parvenue à leur connaissance.

La loi rationnelle ne peut ainsi imposer une obligation inefficace.

La notification spéciale est, au contraire, pleinement efficace, puisqu'elle avertit du blocus tous les intéressés, et cela au moment utile.

Sans doute elle n'empêchera pas les expéditions utiles vers les lieux bloqués ; mais, dans la réalité des choses, celles-ci seront-elles vraiment empêchées par la notification diplomatique ? On peut, certes, en douter. Les blocus n'étant obligatoires que s'ils sont réels, et d'autre part l'investissement réel pouvant cesser d'un moment à l'autre, l'intérêt bien entendu des neutres sera souvent de faire leur expédition malgré la notification, afin de profiter de la première interruption de blocus pour entrer dans la place.

Nous pouvons donc conclure : la notification spéciale est nécessaire, mais suffisante, pour rendre le blocus obligatoire vis-à-vis de chaque navire neutre. L'utilité effacée que la notification diplomatique peut avoir ne la rend pas indispensable ; les belligérants peuvent toutefois la faire, mais c'est alors une simple mesure de courtoisie internationale.

La même doctrine est-elle applicable aux navires neutres entrés dans le port avant l'établissement du blocus et qui en veulent sortir ?

D'après la pratique suivie généralement, ces bâtiments peuvent sortir sur lest et même avec les marchandises embarquées avant l'investissement. Quelques traités permettent même aux navires neutres de sortir avec leur cargaison complète. La question n'a d'intérêt que pour les nations qui prétendent prohiber le chargement après l'investissement.

Quelle notification doit alors en être faite aux intéressés ? J'estime, avec la majorité des publicistes, et avec les usages internationaux, que la signification du blocus faite officiellement aux autorités des lieux investis, ainsi que la fixation d'un délai pour permettre à ces navires de sortir librement, suffit pour les avertir de l'existence du blocus.

D'ailleurs, une signification individuelle serait impossible dans presque tous les cas.

Quant aux formes de la notification spéciale, les usages internationaux exigent l'accomplissement d'une triple condition :

1° Il faut que l'avertissement spécial soit donné sur les lieux mêmes du blocus. Une déclaration faite dans un port qu'un autre port est bloqué ne suffit pas pour constater le fait du blocus de celui-ci : il est loisible aux navires neutres d'aller s'en assurer.

2° Elle doit être faite par l'un des bâtiments de guerre formant le blocus. C'est le meilleur avis, en effet, que le port est effectivement bloqué.

3° Enfin l'avertissement doit être donné par écrit et inscrit sur les papiers du navire visité avec mention du jour, du lieu où sera faite la signification, et le capitaine du navire visité en donnera un reçu contenant les déclarations exigées pour le visa. Toutefois, ce reçu n'est qu'une question d'ordre et n'est pas exigé par les traités.

L'accomplissement de ces formalités n'est pas purement théorique, les tribunaux français ayant invalidé des prises faites à la suite d'avertissements donnés de vive voix et

constatés par un simple procès-verbal dressé par le bâtiment bloqueur (Affaire de la *Joséphine*, 17 juillet 1843 ;
affaire de la *Louisa*, en 1849).

Le comte Molé, dans une dépêche du 17 mai 1838 à
l'occasion du blocus des ports de la République Argentine, a exposé clairement les principes d'après lesquels
procèdent les tribunaux des prises :

« Tout blocus, pour être valable envers les neutres,
doit avoir été notifié et être effectif. Un navire se présen-
tant devant un port bloqué avant d'avoir eu connaissance
du blocus, doit d'abord en être averti et la notification
doit en être faite par écrit et sur son rôle d'équipage ;
mais cet avis ayant été donné et cette formalité ayant été
remplie, s'il persiste à entrer dans le port ou s'il vient à y
pénétrer de nouveau, le commandant du blocus a le droit
de l'arrêter. »

ARTICLE II.

DES EFFETS DU BLOCUS ET DE SA VIOLATION.

§ 1. — *Des effets du blocus.*

En ce qui concerne les navires appartenant à l'État
bloqué, le blocus ne modifie pas les conditions dans lesquelles ils se trouvaient: ils peuvent toujours être capturés par les navires de guerre de l'ennemi, qu'il y ait
blocus ou non. Le blocus ne pourra avoir quelque effet
spécial pour ces navires que le jour où le droit international aura reconnu l'inviolabilité de la propriété privée
ennemie sur mer.

Quant aux neutres, l'état de blocus leur crée des obligations qui ont pour base le principe même de cette mesure de guerre : à savoir l'interruption des communica-

tions qui peuvent aider la place ennemie et nuire au belligérant bloqueur.

Mais quelles sont ces communications qui fortifient le port bloqué et qu'il faut interdire ?

C'est ici qu'il y a discussion. Pour plus de clarté, distinguons, suivant que le navire neutre réclame l'entrée ou la sortie du port.

1° *Entrée du port*. — L'entrée du port investi est-elle interdite d'une façon absolue ?

Un premier système interdit toutes les communications commerciales, quelles qu'elles soient, accordant pourtant le libre passage aux navires sur lest.

Une ordonnance russe, des 2-15 mars 1806 ; une circulaire du vice-amiral Hayden, en date des 16-18 octobre 1828, consacrent cette manière de procéder.

Un second système écarte tous les navires marchands, même sur lest, mais permet l'entrée du port aux bâtiments de guerre neutres, alors que ceux-ci porteraient des marchandises et des passagers. (*Ordonnance suédoise* du 21 janvier 1804 ; *Règlement danois* du 11 mai 1848 et du 16 février 1864 ; *Ordonnance italienne* du 20 juin 1866; *Instructions américaines* du 2 mai 1861 et du 11 mai de la même année.)

D'autres systèmes se bornent à interdire certains commerces particuliers avec le port bloqué.

Lors du blocus de Trieste, en 1848, le gouvernement sarde n'attribua d'autre effet au blocus que d'interdire l'accès du port aux marchandises de contrebande de guerre. Un traité entre la France et Hambourg, du 1er avril 1769, défend l'introduction des seuls articles pouvant entraver le siège, soit les armes, les munitions et les vivres.

Enfin une dernière doctrine interdit, avec le port blo-qué, toute espèce de communications par bâtiments de guerre ou de commerce.

C'est la théorie qui se rencontre dans les traités les plus importants.

La déclaration de Paris de 1856, décide, d'une manière générale, que le blocus interdit aux neutres l'accès du port et de la côte ennemie.

D'autres traités sont plus précis, en ce qu'ils ont dé-claré le port fermé à tous les bâtiments neutres, quelles que soient leur nature et leur cargaison.

Citons les plus importants : Traité des États-Unis avec la Grande-Bretagne du 28 octobre 1795 ; avec la France du 30 septembre 1800 ; avec la Colombie du 3 octobre 1824 ; Convention du 31 août 1858, entre la Belgique et le Chili ; enfin, traités des 3 novembre 1864 et 26 février 1871, conclus par les États-Unis avec Haïti et l'Italie ; Ordonnances suédoises des 12 avril 1808 et 8 avril 1854 ; Règles russes de 1809 ; Déclaration autrichienne du 11 mai 1877, et enfin Instructions françaises du 25 juillet 1870.

Cette opinion, que le droit positif a ainsi consacrée dans une certaine mesure, nous semble conforme aux principes de la raison.

Quand un belligérant bloque un port ou une côte, c'est qu'il veut isoler son ennemi, de façon à le réduire à ses propres forces, en l'empêchant de chercher au dehors un aide quelconque. Les neutres doivent donc cesser avec la portion bloquée toute communication qui faciliterait sa résistance et rendrait moins efficaces les opérations mili-taires du bloqueur.

D'abord les neutres ne doivent pas importer dans la place investie ou en exporter des marchandises quelconques, car le commerce lui permettrait de résister plus longtemps ; mais il y a plus : on peut aussi aider un belligérant en lui annonçant des renforts ou en le renseignant sur la situation matérielle et militaire de son ennemi.

Nous écarterons ainsi non seulement les navires de guerre ou de commerce portant cargaison, mais encore ceux de ces bâtiments qui sont sur lest ou qui transportent des passagers.

Nous interdisons aussi l'accès du port aux paquebots de correspondance. Une exception est faite quelquefois, relativement aux correspondances diplomatiques d'un État neutre, reconnaissable au sceau du gouvernement qui les envoie. Sans permettre au paquebot qui l'apporte de pénétrer dans le port investi, le bloqueur devra faire tous ses efforts pour qu'elles parviennent à destination. C'est ainsi que, par exception, on pourrait accorder libre accès au navire de guerre neutre, ayant à bord ces correspondances officielles ou un agent diplomatique neutre. C'est, qu'en effet, les droits et les intérêts des neutres exigent que leurs relations diplomatiques et consulaires ne soient pas interrompues pendant la guerre.

Mais, cette réserve faite, le bloqueur sera autorisé à exiger du commandant du bâtiment de guerre neutre, auquel il laisse libre accès, tel engagement qui lui paraîtra nécessaire : comme de ne fournir aucune indication au bloqué ; de ne rester dans le port investi que le temps nécessaire pour déposer le courrier ; de retenir son équipage à bord.

2° *Sortie du port investi.* — Suivant une première opinion, le blocus maritime ne doit avoir d'effet que sur l'entrée des navires neutres ; la sortie du port resterait libre pour tous les bâtiments étrangers.

Cette doctrine se trouve exprimée dans les règles russes de 1869, dans le traité des États-Unis avec l'Italie du 26 février 1871, etc.

Un deuxième système autorise la sortie des navires sur lest ou de ceux qui ont à bord des marchandises chargées antérieurement au blocus. (*Convention des États-Unis avec le Pérou* le 13 novembre 1836; *avec la Belgique* le 16 mai 1850; *avec le Brésil* le 12 décembre 1828; *avec le Chili* le 16 mai 1832; *avec l'Italie* le 26 février 1871; *la France avec l'Italie, Ordonnance italienne* du 20 juin 1866; *Ordonnance française* du 25 juillet 1870.)

Un troisième système permet la sortie du port à tout bâtiment sur lest ou chargé dans un certain délai, à partir de l'ouverture du blocus. (*Instructions françaises* de 1838; *Instructions américaines* du 14 mai et du 24 décembre 1846; *Règlement danois* des 1er mai 1848 et 16 février 1864; *Règlement prussien* du 20 juin 1864; *Déclaration turque* du 8 mai 1877.)

Cette pratique a été fort souvent observée, notamment durant la guerre de Sécession et par l'Espagne en 1865, lors de son différend avec le Chili.

Enfin, suivant un dernier système, que je crois plus rationnel, aucun navire neutre, quelle que soit sa situation, ne doit sortir du port après que celui-ci a été mis en état de blocus.

A mon avis, les navires neutres qui se trouvent dans un port bloqué n'ont pas le droit d'en sortir avec une cargaison chargée après le blocus, voire même dans un certain délai, si court qu'il soit.

L'exportation des denrées indigènes est, en effet, pour un peuple, une condition de prospérité aussi certaine que l'importation de produits exotiques, car l'absence de débouchés pour les produits d'un pays amène toujours l'encombrement, et l'encombrement c'est souvent la ruine.

Les neutres, par conséquent, aideraient singulièrement le bloqué au détriment du bloqueur, s'ils pouvaient sortir avec une cargaison postérieure au blocus.

Je prohiberais même la sortie d'un chargement antérieur au blocus, car, en leur accordant ce droit, on leur donnerait un moyen bien facile et toujours certain de sortir avec une cargaison prise, en réalité, après l'investissement. Quoi de plus facile que d'antidater le connaissement? Sans doute, pourra-t-on dire, la mauvaise foi ne se présume pas; mais, en réalité, les belligérants ne doivent pas laisser péricliter leurs droits en croyant à la bonne foi de tout le monde.

D'ailleurs, du moment qu'on admet que la sortie d'une cargaison postérieure au blocus est un secours porté à la place, il faut, par conséquent, prohiber aussi la sortie de marchandises prétendues chargées avant l'investissement.

Là, toutefois, doivent se borner les rigueurs des blocus. J'autoriserai donc la sortie des navires neutres sur lest, dans un délai très court; ce sera une garantie sérieuse pour le bloqueur qu'ils ne divulgueront pas certains faits pouvant gêner ses opérations militaires.

J'autoriserai également, à toute époque, la sortie de la correspondance diplomatique.

Ces effets du blocus constituent sans doute le maximum des effets qu'un blocus peut produire. Rien ne s'oppose à ce que la nation bloquante tempère la sévérité de ses moyens de guerre : mais, dans les limites que nous avons fixées, nous prétendons ces procédés parfaitement légitimes.

De plus, si la nation bloquante a, dans tous les cas, le

droit d'adoucir les rigueurs du blocus en faveur des navires neutres, elle a, d'un autre côté, l'obligation de le
faire dans certaines hypothèses exceptionnelles que l'humanité impose. Toutefois il est nécessaire, pour qu'il s'impose au bloqueur, que le péril qui menace le neutre soit
tel qu'il ne puisse l'éviter qu'en entrant dans le port
bloqué ; par exemple, un navire coulant bas d'eau, etc.;
et ce navire doit limiter ses relations avec le fort aux faits
indispensables pour pouvoir reprendre la mer. Ainsi, il
ne pourrait vendre sa cargaison et, s'il a besoin d'argent
pour se réparer et qu'il ne puisse s'en procurer autrement,
il ne pourra vendre que dans les limites indispensables.

Si sa cargaison contenait de la contrebande de guerre,
elle devrait être transbordée sur l'un des vaisseaux blo-
queurs pour n'être reprise qu'à la sortie du port.

§ 2. — *De la violation du blocus.*

1º Dans quels cas y a-t-il *violation de blocus?*

Nous supposerons naturellement que le blocus soit
régulier, c'est-à-dire qu'il ait été déclaré, en temps de
guerre, par l'autorité compétente, constitué d'une manière
effective et notifié spécialement à chacun des navires qui
se présentent devant la place.

Cela posé, déterminons les faits constitutifs d'une violation de blocus.

Lorsqu'un navire est surpris alors qu'il vient de traverser la ligne d'investissement, aucune difficulté ne peut
s'élever.

S'il est arrêté au moment où il traverse la ligne de
blocus, il y a tentative suivie d'un commencement d'exécution et sa culpabilité ne peut faire doute.

Mais si le navire s'approchant du lieu investi jette

l'ancre devant la place ou croise tellement près du port qu'il peut lui être facile de profiter d'un moment d'inattention pour y pénétrer, faut-il voir dans ce fait une tentative coupable de forcer le blocus ?

A notre avis, la question ne saurait être tranchée *à priori;* les circonstances auront ici la plus grande influence.

Il est un principe, toutefois, qui doit dominer la matière, c'est le suivant : il faut un acte matériel de rupture ; la seule intention connue de forcer le blocus ne suffit pas.

Deux puissances seules, l'Angleterre et les États-Unis, considèrent comme suffisante la seule intention de rompre un blocus sans un commencement d'exécution non équivoque sur les lieux mêmes.

Suivant elles, sont coupables de violation et peuvent être saisis en pleine mer tout navire qui a mis à la voile pour un lieu déclaré bloqué, après avoir eu connaissance de la signification diplomatique, et tout navire qui, ayant appris en route l'existence, soit de la notification, soit de l'effectivité du blocus dans les blocus de fait, a continué à se diriger vers le lieu investi.

Cette théorie, que ces deux nations appliquent avec rigueur, constitue une atteinte aux plus simples notions de justice et aux règles générales du droit des gens ; car, à supposer même qu'il y ait intention certaine et prouvée de violer le blocus, il faudrait encore, pour qu'il y ait infraction pénale, un fait coupable, car on ne punit pas les simples résolutions. Saisir un navire dans ces conditions, c'est méconnaître aussi le principe de la liberté des mers. Enfin, la saisie pouvant s'effectuer en dehors du point investi, qui sait si, à ce moment, l'effectivité du blocus continue ?

En définitive, cette mesure a pour but de forcer les neutres à respecter les blocus fictifs, car en vérité, si l'investissement est réel, à quel besoin répond cette saisie sur la haute mer, alors qu'il y a devant la place une force navale suffisante pour empêcher l'entrée des navires neutres ?

Et même cette mesure inique n'atteindra son résultat que si l'on ajoute encore à son iniquité en permettant non seulement la saisie en pleine mer des navires à destination des lieux bloqués, mais aussi, afin de déjouer tout moyen d'y échapper, la saisie de navires à destination d'un port libre ou neutre, lorsque le bloqueur est amené à penser que la cargaison sera, de là, transportée dans la place investie. Cette conséquence a, du reste, été mise en pratique par les États-Unis pendant la guerre de Sécession.

Cette fiction de la continuité du voyage est absolument inadmissible. Choquant le sens commun, elle anéantit la liberté commerciale des neutres, conduit à déclarer l'État bloqueur seul maître de l'Océan (il suffira qu'il y ait dans le monde un seul port bloqué pour que tout commerce soit rendu impossible aux peuples neutres); elle autorise pour ainsi dire le blocus des ports neutres sur simple soupçon qu'après un ou plusieurs voyages successifs, un chargement neutre consigné pour un port neutre sera finalement envoyé à un port ennemi bloqué.

Enfin que devient la règle que la propriété ennemie est libre sous pavillon neutre, admise par l'Angleterre en 1856 ?

2º Dans quels cas y a-t-il *violation de blocus punissable?*

Les actes de violation de blocus sont en principe punissables; ils ne cessent de l'être que si l'une des deux situations suivantes se produit :

Le navire neutre peut présenter quelque excuse légitime.

Il n'a pas été pris sur le fait par les bloquants.

Théorie des excuses. — La jurisprudence britannique admet deux sortes d'excuses : la première est l'absolue nécessité, tempête, manque de vivres, etc. La seconde se produit lorsque le capitaine d'un navire a été mal informé sur la situation du port par un officier des croiseurs belligérants. Il faut, par exemple, qu'on ait dit au capitaine que le blocus était levé alors qu'il subsistait.

Mais elle repousse l'ivresse constatée, l'ignorance de la côte et la perte de la boussole.

Nous qui n'autorisons la capture qu'après avertissement spécial, devons-nous admettre ces causes d'excuses ?

Elles deviendront naturellement plus rares, mais je crois qu'il ne faut pas les repousser en principe ; ainsi, je ne punirais pas un navire neutre qui, averti spécialement, se serait éloigné du port investi, mais serait venu ensuite se jeter sur une ligne bloquante à la suite d'événements de mer de force majeure.

Théorie du flagrant délit. — Lorsqu'un navire a violé de fait un blocus, à quel moment doit-il être saisi pour être régulièrement punissable ?

L'Angleterre et les États-Unis enseignent qu'ils sont punissables tant qu'ils n'ont pas atteint leur destination finale, qu'ils aient été ou non poursuivis par les croiseurs belligérants. Une relâche dans un port intermédiaire n'interrompt pas le droit de suite.

Cette doctrine est absolument repoussée par les autres puissances qui admettent qu'un navire coupable peut seulement être atteint :

1º) Au moment où il traverse les eaux occupées par la nation bloquante.

2º) Dans la rade ou le port bloqué.

3º) Au moment où il se présente pour sortir.

Toutefois, en cas de poursuite à vue par le bloquant au moment de la rupture du blocus, elles admettent le droit de saisie jusqu'à l'entrée dans un port neutre.

Nous nous rangerons à ce système, et nous exigerons le flagrant délit pour que la capture soit régulière, mais il paraît impossible d'admettre que le flagrant délit puisse exister pendant tout un voyage, alors que le coupable n'a été ni vu ni aperçu au moment du délit et que, pour avoir connaissance du fait, il faut monter à bord du navire et chercher la preuve dans ses papiers.

Ce que nous avons dit du navire qui, à sa sortie, est poursuivi par le bloquant, doit être entendu aussi de celui qui est entré dans la place investie et qui s'y trouve encore au moment où elle est prise. Ce navire, qui n'a jamais cessé d'être en vue, est toujours sous le coup de la poursuite légitime du bloqueur.

3º *Des peines à infliger aux infracteurs de blocus.* — Lorsqu'une guerre éclate, les États neutres interdisent généralement à leurs sujets tout fait enfreignant les lois de la neutralité et comme tels les violations de blocus.

Quelques États infligent, en cas de violation, des peines assez sévères, mais en général ils se bornent à refuser toute protection aux coupables.

Toutefois, ce n'est pas de ces peines que nous devons nous occuper. Il s'agit pour nous de savoir quelle pénalité l'État bloqueur peut infliger à ceux qui ont rompu un blocus régulièrement constitué.

Le navire qui viole un blocus contenant le plus souvent

des marchandises et toujours un équipage, il faut examiner si le belligérant peut confisquer les biens, navire et cargaison, et s'il peut prononcer des peines contre l'équipage.

D'après toutes les conventions qui ont été signées durant ce siècle, la violation d'un blocus doit toujours entraîner la confiscation du navire et de la cargaison, et les lois particulières suivent cette pratique internationale. Est-elle légitime ?

Les auteurs ne sont pas d'accord. Les publicistes anglais déclarent qu'on doit confisquer dans tous les cas le navire et la cargaison, seulement quand son propriétaire peut être rendu responsable de l'acte du capitaine.

M. Fèvre se borne à admettre la confiscation de la cargaison, seule raison d'être du blocus.

Pour nous, toujours fidèle aux mêmes principes, nous croyons que l'État bloqueur a le droit de confisquer le navire et la cargaison.

En effet, lorsqu'un neutre viole un blocus, il ne saurait plus prétendre aux privilèges de la neutralité ; il se déclare l'ennemi de la nation bloquante qui, par suite, a le droit d'agir envers lui comme envers un ennemi.

Ce sont des ennemis et non plus des neutres qu'il s'agit de punir.

Que les propriétaires de la cargaison aient ou non connaissance du projet de violation du blocus, peu importe. Ils doivent être déclarés responsables des actes du capitaine en qui ils ont placé leur confiance.

Quant au navire, étant l'instrument du délit, il ne doit pas échapper à cette mesure afflictive, car il est de principe, en droit criminel, que les choses qui ont servi à commettre une infraction doivent être soumises à la confiscation.

La confiscation suivie de séquestre ne saurait non plus être admise.

Que décider de l'équipage?

Les neutres pouvant secourir un port bloqué soit en lui fournissant des vivres et en alimentant son commerce, soit en lui apportant des renseignements écrits ou oraux utiles à sa résistance, nous sommes conduit à permettre l'arrestation de l'équipage comme prisonnier de guerre.

Là toutefois doivent s'arrêter les rigueurs du droit, et la nation dont les droits ont été méconnus ne saurait infliger aux marins une peine corporelle, car les prisonniers de guerre ne sont pas des prisonniers criminels et ne doivent pas être maltraités.

Ces principes pourtant n'ont pas triomphé dans le droit positif, et les nations sont généralement d'accord pour laisser absolument libre l'équipage d'un navire qui a violé un blocus.

Ce qui appartient en propre aux passagers ne suit pas le sort de la cargaison, lorsqu'il est établi que ces passagers n'ont aucun intérêt ni dans le navire, ni dans la cargaison.

SECTION III

Du droit de visite.

Le droit de visite se rattache principalement à l'interdiction du commerce de contrebande et à l'observation des blocus; il en est pour ainsi dire le corollaire, voire même la conséquence nécessaire.

La visite a en effet pour but de s'assurer si le navire qu'on arrête et son chargement n'appartiennent pas à l'ennemi, ou si le navire ne porte pas à l'ennemi des objets de contrebande; elle peut tendre aussi à empêcher le navire de communiquer avec les ports bloqués.

L'exercice du droit de visite en temps de guerre est autorisé par les plus anciens règlements maritimes de la France et de l'Angleterre. Un grand nombre de traités modernes en ont réglé les formes ; citons, entre autres, les traités d'Utrecht et des Pyrénées, le traité de 1742 entre la France et le Danemark, de 1797 entre la Russie et l'Angleterre, du 26 septembre 1786 entre la France et l'Angleterre, etc.

Les auteurs peuvent être divisés sur la portée des clauses conventionnelles relatives à l'exercice du droit de visite, mais ils sont unanimes pour reconnaître et proclamer la parfaite légitimité du droit lui-même.

§ 1er. — *Étendue du droit de visite.*

Hautefeuille, faisant dériver le caractère illicite des marchandises de la destination du navire qui les porte, limite la visite à l'inspection des papiers de bord, et il est d'avis que, lorsque ces papiers sont réguliers, établissent la neutralité du navire et son expédition pour un port neutre, ou qu'il ne porte aucune marchandise prohibée, le croiseur doit se retirer immédiatement et laisser le neutre libre de continuer sa route.

Hubner conteste que le droit de visite puisse aller jusqu'à faire des perquisitions à bord.

Cependant, il peut arriver que le navire n'ait que l'apparence de la neutralité et soit en réalité un bâtiment ennemi ; dans ce cas, l'exercice du droit de visite doit évidemment comporter en fait une étendue beaucoup plus vaste que ne l'admettent ces deux publicistes.

Aussi dirons-nous avec Perels et Gessner, que l'exercice du droit de visite est sans limites. Celui qui l'exerce est simplement tenu d'y mettre toute la modération que les circonstances comportent, mais sans qu'il puisse être tracé aucune règle à cet égard.

Le droit de visite peut être exercé partout par le belligérant, dans ses eaux territoriales et celles de l'ennemi, en mer libre. Son droit se limite toutefois aux eaux territoriales neutres.

Il commence du jour où l'état de guerre est régulièrement établi jusqu'à la cessation des hostilités.

Le droit de visite s'étend à tous les navires marchands, quels que soient leur pavillon, leur cargaison ou leur destination ; c'est d'ailleurs précisément dans le but de s'assurer de ces points que le droit d'enquête existe.

Une exception a été faite toutefois pour les navires de guerre. Lorsque deux navires de guerre se rencontrent en mer, celui qui désire savoir à quelle nation l'autre appartient, arbore son pavillon en l'assurant d'un coup de canon à poudre, acte destiné à certifier sur l'honneur du commandant la sincérité de son pavillon.

Le navire interrogé, en temps de guerre, est tenu de répondre de la même façon.

Les preuves de la nationalité et du caractère neutre d'un navire de guerre, résident donc tout d'abord dans le pavillon et surtout dans la flamme militaire ou dans les marques distinctives. Elles résident, en second lieu, dans l'attestation de son commandant, donnée au besoin sur sa parole d'honneur et dans la commission dont il est muni.

Le belligérant qui ne s'en contenterait pas manquerait gravement aux égards internationaux ainsi qu'aux principes les moins contestés du droit des gens.

Dans les quelques difficultés qui se sont produites à cet égard, telle a été la règle constante :

Navire confédéré américain, *Sumter*, en 1861.

Frégate péruvienne, *Independencia*, en 1866.

L'Independencia, construite en Angleterre, craignant d'y être retenue lors de la déclaration de guerre de l'Espagne au Pérou, prit immédiatement la mer et gagna le petit port de Terneuzen sur la côte de Hollande. Quelques jours plus tard, le commandant était informé que le représentant de l'Espagne à La Haye avait dénoncé son navire au Gouvernement comme étant un corsaire chilien battant indûment pavillon péruvien. Sur la production de ses dépêches officielles, le commandant du navire péruvien ne fut plus inquiété.

Sont encore exempts de la visite les navires marchands convoyés, c'est-à-dire escortés par un ou plusieurs navires de la marine militaire. Nous avons vu dans l'histoire de la neutralité, que la Grande-Bretagne s'était longtemps refusée à reconnaître l'inviolabilité des convois neutres.

Tout en la respectant depuis le commencement du siècle, elle ne s'en est pas moins toujours refusée à l'admettre dans son droit conventionnel.

Quoi qu'il en soit, l'inviolabilité absolue des bâtiments neutres convoyés par navire de guerre également neutre, est devenue une loi indiscutable pour toutes les nations maritimes. Le navire belligérant doit se contenter de la déclaration du commandant du convoi, attestant que les navires placés sous sa protection sont de sa nation et ne portent pas de contrebande à l'ennemi.

(*Traité des États-Unis avec la France* du 3 octobre 1824).

(*Neutralité armée* du 16 décembre 1800, etc...).

Un navire de guerre neutre peut-il escorter des navires de commerce appartenant à des nations neutres étrangères et les faire bénéficier de la même immunité?

Hautefeuille et Ortolan répondent négativement; les traités sont muets à cet égard, sauf celui du 30 septembre 1800 entre la France et les États-Unis qui n'admet dans un convoi que les navires appartenant à la nation dont le navire de guerre porte le pavillon.

Je crois en conséquence que le navire qui se trouverait dans ces conditions pourrait être visité.

Un navire neutre qui ferait partie d'un convoi ennemi n'est pas, à mon avis, confiscable par là même, s'il fournit la preuve manifeste de sa neutralité. Il y a des précédents pour et contre, mais je crois qu'au nom du principe de la neutralité qui autorise les neutres à commercer librement, le fait de se trouver parmi des ennemis sans qu'aucune preuve de coopération puisse être imputée au navire neutre ne peut entraîner sa confiscation.

§ 2. — *Comment s'exerce le droit de visite ?*

Comme les traités qui ont servi de base aux neutralités armées de 1780 et de 1800 ainsi que la déclaration de Paris n'ont pas réglementé en détail l'exercice du droit de visite, il faut nécessairement s'en tenir aux usages :

Le belligérant manifeste son intention de procéder à la visite en hissant son pavillon et en tirant un coup de canon à poudre dit de *semonce*, ou bien encore en faisant connaître son intention à la voix.

Le navire neutre est tenu de s'arrêter aussitôt, s'il ne veut s'exposer à l'emploi de la force.

Toute résistance de sa part, toute tentative de se soustraire à la visite revêtirait *de plano* le caractère d'infraction à une loi d'ordre supérieur et assujettirait le délinquant à des mesures rigoureuses.

En cas de fuite, le visiteur serait autorisé à tirer sur le navire neutre, sans qu'en cas d'avaries, ce dernier puisse élever aucune réclamation.

C'est d'ailleurs l'unique pénalité attachée à la tentative

de fuir. S'il est atteint ensuite et s'il justifie pleinement de sa neutralité à tous points de vue, il doit être laissé libre de continuer sa route.

En cas de résistance, hypothèse bien invraisemblable pour un navire marchand, généralement dépourvu d'armes (mais enfin la circonstance est à prévoir), dans ce cas, dis-je, cet acte d'hostilité fait perdre tout caractère neutre au navire, et, le classant parmi les ennemis, l'assujettit par là même à la confiscation. (*Affaire de la Maria.* — Art. 12 de l'*Ordonnance* de 1681, toujours en vigueur.)

Dès que le bâtiment à visiter a mis en travers, le croiseur détache un de ses canots armés, placé sous le commandement d'un officier, pour procéder à la visite.

On procède quelquefois dans le sens inverse, c'est-à-dire que le capitaine visité est tenu de se rendre lui-même avec ses papiers à bord du croiseur qui l'a semoncé.

Perels critique vivement les dispositions des traités qui ont fixé la distance à laquelle doit se tenir le croiseur durant la visite : soit à portée de canon, hors de portée, à demi-portée, etc... Dans la plupart des cas, dit-il, il est impossible d'observer rigoureusement ces règles, et on voit bien qu'elles n'ont pas été faites par des marins.

Aussi, les traités récents stipulent-ils avec raison qu'on agira suivant les circonstances.

Il est alors procédé à l'examen des pièces de bord.

Parmi celles-ci, quelques-unes ont une importance particulière, aussi sont-elles désignées spécialement dans la plupart des traités de commerce, et l'exhibition en est rigoureusement prescrite. Ce sont les passeports, les certificats d'origine du navire et de la cargaison, les connaissements, les chartes-parties, le rôle d'équipage et le journal de bord.

Nous n'entrerons pas à nouveau dans la discussion de

la valeur juridique de chacun des papiers de bord ; nous renverrons à ce qui a été dit à ce sujet au titre *De la propriété privée sur mer*, page 128. Répétons seulement que, selon la pratique française, l'absence de tel ou tel document, requis en pareille circonstance, n'entraîne pas nécessairement la saisie du navire, lorsque les autres pièces présentées sont reconnues en bonne forme et suffisent à dissiper tout doute sur la nationalité du navire et le caractère de sa cargaison ; en d'autres termes, les pièces de bord ne constituent qu'un commencement de preuves par écrit, et aucune d'elles n'est exigée à peine de confiscation. (Art. 11 et 20 du *Règlement* du 26 juillet 1778.)

L'application de ces principes ne laisse pas que d'être très délicate et d'entraîner pour le commandant du bâtiment visiteur une lourde responsabilité. Il s'efforcera de s'assurer en toute bonne foi et par tous les documents trouvés à bord, de la nationalité du navire, et si, après ce consciencieux examen, quelque doute lui reste dans l'esprit, il pourra arrêter le navire dont l'irrégularité des papiers permet de suspecter tout au moins le pavillon. Le tribunal décidera ensuite de la validité de la prise.

Quelle serait la conduite à tenir en cas de soustraction ou de jet de papiers de bord à la mer ?

L'article 3 du règlement de 1778 est formel : « Tous vaisseaux pris, de quelque nation qu'ils soient, desquels il sera constaté qu'il y a eu des papiers jetés à la mer ou autrement supprimés ou distraits, seront déclarés de bonne prise avec leur cargaison, sur la seule preuve du jet des papiers et sans qu'il soit besoin d'examiner quels étaient ces papiers, par qui ils ont été jetés et s'il en est resté suffisamment à bord pour justifier que le navire et son chargement appartiennent à des amis ou alliés ».

Ces principes sont toujours en vigueur. Leur rigueur est toutefois tempérée par la lettre que Louis XVI adressa le 13 novembre 1779 au Conseil des prises, pour l'autoriser à tenir compte, en ce cas, des circonstances de chaque affaire et à interpréter librement la portée de la disposition que nous venons de rappeler.

Les archives du Conseil des prises contiennent nombre de condamnations intervenues dans ces conditions. Quelques navires, cependant, ont été relâchés parce que les papiers restants, suffisant à prouver la neutralité, il n'avait pu être démontré que le capitaine eût intérêt à jeter à la mer les papiers qui n'avaient pas été produits.

Dans ces circonstances, je crois qu'il faut, comme le conseillent MM. Pistoye et Duverdy dans leur *Traité des Prises*, « vérifier si ce ne sont pas des dépêches ennemies qui sont ainsi détruites, et si, dès lors, même en dehors de la question de propriété, les capturés n'ont pas eu intérêt à détruire la preuve de leur coopération à la guerre, par le jet, à la mer, de dépêches compromettantes.

« C'est au Conseil des prises à apprécier si ce soupçon est fondé, et, dans le doute, comme le texte de la loi est positif, la confiscation doit être prononcée. Le jet de papiers est prohibé d'une façon absolue, c'est donc au capturé à prouver l'innocence du fait constaté contre lui. »

L'usage de faux papiers n'est pas non plus par lui-même une preuve concluante contre le navire, parce qu'il peut arriver qu'il n'y ait eu recours que pour se soustraire aux lois intérieures d'un pays étranger ou pour échapper aux poursuites de l'ennemi.

Les tribunaux n'en tirent une juste cause de condamnation que lorsqu'ils peuvent accuser les coupables d'avoir sciemment employé de fausses expéditions pour tromper le belligérant et le gêner ou le léser dans l'exercice de ses droits légitimes.

Telle est la théorie. Mais, en fait, dans ces deux dernières circonstances : jet à la mer constaté de papiers de bord et usage de faux papiers, il sera bien difficile au croiseur, quelles que soient les raisons alléguées par le navire visité, de ne pas en ordonner la saisie.

Il appartiendra ensuite au tribunal des prises de décider si elle doit être maintenue.

Nous avons dit plus haut que l'exercice du droit de visite comprenait le droit de perquisition, si le visiteur juge qu'il est nécessaire d'y procéder.

La perquisition comporte la visite minutieuse du navire et de la cargaison ; elle a pour but de contrôler les énonciations de l'équipage et des papiers de bord. Cette mesure a pour seule limite la modération qu'il est recommandé aux officiers de notre marine d'apporter en toutes choses, et surtout vis-à-vis de navires pouvant appartenir à une puissance amie qu'il importe de ne pas désaffectionner.

TITRE III

DES PRISES ET REPRISES — PROCÉDURE
ET JUGEMENT DES PRISES

———

§ 1ᵉʳ. — *Obligations du capteur.* — *Formalités à observer.*

Le droit de s'emparer de la propriété ennemie ou de la
propriété neutre confiscable est, nous l'avons vu, essentiellement inhérent à l'état de guerre. L'exercice de ce
droit est toutefois soumis à des règles précises, surtout en
ce qui concerne les prises maritimes. Ce sont ces règles
que nous allons exposer.

Et d'abord le droit de prise, depuis la déclaration de
Paris qui a aboli la course, ne peut être exercé que par
bâtiment de guerre.

Comme la visite et *à fortiori*, l'exercice de ce droit n'est
légitime que dans l'étendue du territoire national et sur la
haute mer. Il est interdit dans les limites des eaux juridictionnelles neutres, et nous avons constaté, à propos des
droits de la neutralité, que l'infraction à cette défense
avait donné lieu à l'annulation d'un grand nombre de
captures.

L'exercice du droit de prise est également limité au seul
temps de la durée de la guerre. Aussi généralement les
tribunaux de prises n'entrent-ils en fonctions qu'après le
commencement d'une guerre et finissent avec elle.

La prise n'est définitive et le capturé n'est irrévocable-
ment dépouillé de sa propriété que par le jugement qui a
statué sur sa validité. Tant que la sentence de condamna-

tion n'est pas intervenue, le capteur ne possède qu'un droit précaire susceptible d'être annulé, si les juges décident que la prise n'a pas été régulière ou suffisamment justifiée et qu'elle doit être restituée à ceux au préjudice de qui elle a été opérée.

Il est si vrai qu'aussi longtemps que sa validité n'a pas acquis force de chose jugée, la prise n'appartient pas au capteur, que tous les pays reconnaissent au chef du pouvoir la faculté de rendre, à la paix, les navires et les cargaisons non encore condamnés par les tribunaux compétents.

Ainsi donc, tant que la prise n'a pas été jugée, le capteur ne possède sur elle qu'un droit imparfait, en quelque sorte éventuel. Cette situation particulière lui impose des obligations spéciales qu'il ne saurait négliger sans compromettre gravement la reconnaissance ultérieure de son droit.

Ainsi nos tribunaux des prises exigent expressément la production en justice du procès-verbal de capture et de l'inventaire certifié de la prise.

L'arrêté du 2 prairial an xi, qui est encore en vigueur aujourd'hui, détermine ainsi dans son article 59 les devoirs du capteur :

« Aussitôt après la prise d'un navire, les navires capteurs se saisiront des congés, passeports, lettres de mer, chartes-parties, connaissements et autres papiers existant à bord. Le tout sera déposé dans un coffre ou sac, en présence du capitaine pris, lequel sera interpellé de le sceller de son cachet ; ils feront fermer les écoutilles et autres lieux où il y aura des marchandises et se saisiront des clefs des coffres et armoires. »

Les nouvelles instructions rédigées en 1870 rendent obligatoire pour le capteur la rédaction d'un procès-verbal, à l'égard duquel l'arrêté de prairial ne contenait pas de dispositions précises. Il importait de combler cette lacune, car ainsi que le font judicieusement observer Pistoye et Duverdy, « il faut que les tribunaux qui auront à prononcer sur la prise puissent connaître toutes les circonstances de la capture et les motifs qui ont déterminé le croiseur à y procéder.

« Si les croiseurs n'étaient pas obligés d'indiquer ces motifs dans un procès-verbal, il serait à craindre qu'ils n'arrêtassent des navires sans aucune raison, espérant que quelque motif de nature à faire valider la prise pourrait surgir dans la suite. »

Aussi les instructions précitées disposent que « *si la visite détermine la saisie du bâtiment, l'officier qui en aura été chargé devra :*

« *1° S'emparer de tous les papiers de bord et les mettre sous scellés après en avoir dressé inventaire.*

« *2° Dresser un procès-verbal de capture, ainsi qu'un inventaire du bâtiment.*

« *3° Constater l'état du chargement, puis faire fermer les écoutilles de la cale, les coffres et les soutes, et y apposer les scellés.* »

Toujours, d'après les mêmes instructions, la prise doit être conduite dans le port de France le plus proche, le plus accessible et le plus sûr, ou dans un port de la colonie française la plus voisine.

En cas de force majeure seulement, elle peut être conduite dans un port étranger où réside un consul.

Les règlements de la plupart des contrées maritimes interdisent de faire entrer les prises non jugées dans les ports étrangers autrement qu'en relâche forcée, pour cause d'avaries ou de manque de vivres. Ils défendent d'une manière générale la vente des prises ennemies dans leurs ports, cet acte impliquant une atteinte sérieuse aux devoirs de la neutralité.

Il peut survenir des circonstances qui rendent impraticable la conduite d'une prise dans un port ou exposent la prise à être délivrée. Dans ces cas, le capteur a le droit de prévenir ces éventualités en détruisant sa prise. L'article 64 de l'arrêté du 2 prairial an XI fait bien défense de détruire la prise, mais seulement pour le cas où cela se ferait en vue de celer la prise (ce sont ses termes); mais dans les autres cas où il y aurait imprudence à s'en charger, il est permis au capteur de brûler ou de couler le navire.

La dernière guerre franco-allemande nous fournit un exemple de ce genre :

Deux bâtiments portant pavillon allemand, le *Ludwig* et le *Vorwærts*, furent incendiés le jour même de leur prise (21 octobre 1870), sur l'ordre du commandant du *Desaix*, qui eut soin de constater par procès-verbal la nécessité de cette destruction.

L'affaire fut portée devant le Conseil des prises et en appel devant le Conseil d'État, qui jugèrent tous deux que la prise étant bonne et valable, ces navires et leur cargaison étant ennemis, les capteurs avaient usé d'un droit rigoureux sans doute, mais dont l'exercice est prévu par les lois de la guerre et recommandé par les instructions dont ils étaient porteurs.

§ 2. — *Du jugement des prises.*

La prise, avons-nous dit, ne devient définitive qu'autant qu'elle a été consacrée par une sentence judiciaire.

Le jugement des prises maritimes appartient aux tribu-

naux du pays du capteur. L'exercice du droit de prise
étant un acte connexe à la guerre, le droit des gens en
fait peser toute la responsabilité sur le gouvernement du
capteur.

Cette règle est tacitement ou formellement inscrite dans
un grand nombre de traités.

Aucune difficulté n'est à prévoir lorsque la prise est
directement conduite dans un port de France. Mais si elle
est conduite dans un port neutre, ce fait n'entraîne-t-il
pas la compétence des tribunaux neutres ?

Quelques auteurs l'ont soutenu, mais la jurisprudence
générale des États reconnaît quand même en ce cas la
compétence des tribunaux du capteur.

Seule, la jurisprudence espagnole contient une exception.

Dans le cas où la moitié du chargement appartient à des
sujets de l'Espagne, les prises neutres amenées par le
capteur dans un port espagnol sont jugées par les tribunaux espagnols. Ainsi du moins en décide le règlement
du 14 juin 1797.

La question présente plus de difficulté quand la prise
est conduite dans un port de l'État du capturé.

Hautefeuille et Ortolan admettent alors la compétence
du tribunal neutre.

Les auteurs anglais et américains, en général, ne partagent pas cette manière de voir, non plus que Pistoye et
Duverdy, qui sont d'avis que la puissance neutre ne peut
pas, parce qu'elle donne asile au capteur et au capturé qui
est sien, usurper le droit de juger de la validité de la
prise, ce droit appartenant exclusivement, en vertu du
droit de guerre, au Gouvernement au nom duquel la
capture a été faite. La puissance neutre peut demander
une compensation pour l'asile donné, tout au plus exiger

la relaxation du navire, mais non la juridiction en matière de prises.

C'est dans ce sens qu'ils expliquent et légitiment l'article 15 de l'ordonnance de 1681, d'après lequel :

« Si dans les prises amenées dans nos ports par les navires de guerre armés sous commission étrangère, il se trouve des marchandises qui soient à nos sujets ou alliés, celles de nos sujets leur seront rendues et les autres ne pourront être vendues ».

Le jugement des prises appartient chez nous au Conseil des prises, créé par lettres patentes du 20 décembre 1659, réorganisé par un arrêté du 8 germinal an VIII, et rétabli lors de la guerre d'Orient, par décret impérial du 18 juillet 1854.

Le Conseil des prises est rétabli à titre permanent comme juridiction de première instance ; la connaissance des affaires en appel est confiée au Conseil d'État.

Les tribunaux de prises doivent se guider d'après les règles et les principes généraux du droit international ; il faut par conséquent qu'ils consultent de préférence les lois spéciales et les stipulations conventionnelles en vigueur entre l'État du capteur et celui de la prise.

La base de la procédure est toute dans une instruction sommaire confiée à l'autorité administrative du port où la prise a été conduite, et dont les résultats sont ensuite adressés au Conseil.

Voici en général comment on procède :

Le capteur, dès qu'il arrive au mouillage, est tenu de remettre à l'autorité chargée de faire l'instruction, l'ensemble des documents qu'il a en sa possession.

Ces premières formalités remplies, un délégué spécial se rend à bord de la prise, lève les scellés, dresse en présence des intéressés un inventaire détaillé tant du navire que de la cargaison, ordonne, s'il y a lieu, la vente des marchandises périssables et fait emmagasiner celles qui doivent être conservées. Aussitôt qu'il se trouve muni du dossier résumant cette instruction préliminaire, le Conseil procède au jugement.

Nous ne pouvons entrer ici dans le détail des formalités. Elles sont toutes suffisamment décrites dans les articles 69 à 82 du décret du 2 prairial an XI, auxquels nous renvoyons.

§ 3. — Du partage des prises.

La sentence du tribunal des prises, quand la prise est validée, donne ouverture au partage du produit.

Aucune difficulté quand le navire capteur a agi isolément ; quelques questions délicates se présentent lorsque les prises sont faites en commun.

Le principe est que tous ceux qui sont présents au moment de la capture ont droit au partage de son produit.

Mais le bâtiment qui réclame une semblable participation doit avoir été réellement présent à l'acte de la capture, ou au moins au commencement de la chasse et du combat, c'est-à-dire que son intervention doit avoir été au moins morale, si elle n'a pu être matérielle.

C'est une question de fait, par conséquent, à déduire des circonstances. Nous allons citer quelques espèces :

Un bâtiment en vue est réputé présent s'il a pu être aperçu par le capteur et le capturé, de telle sorte que la présence du tiers puisse être considérée comme une cause d'intimidation ou de découragement pour le navire poursuivi, et d'appui moral pour le poursuivant.

Les services rendus antérieurement et postérieurement à l'amarinage d'une prise, ne donnent aucun droit aux bénéfices qui en proviennent.

Lorsque plusieurs navires sont réunis pour opérer sur un même point ou pour mener à bonne fin la même entreprise, et lorsqu'ils sont sous les ordres d'un seul et même chef, par exemple dans le cas d'une armée navale, d'une escadre ou d'une division, l'usage a prévalu d'accorder à tous un droit égal de participation aux bénéfices des prises, quand bien même ils ne se seraient pas trouvés en vue au moment de la capture.

On suppose, en effet, qu'ils ne forment qu'un même corps et que partant ils ont tous droit de profiter de ce qu'un ou plusieurs d'entre eux ont pu capturer.

Dans ces circonstances, l'unique point à résoudre est de savoir si effectivement tous les bâtiments en question faisaient partie de l'escadre au moment de la prise.

Je dis effectivement, car un navire en avarie et hors d'état de rendre aucun service au moment de la capture devrait, à mon avis, être exclu du partage.

En cas de coopération à la prise par des forces de terre, batteries de côte ou autres, le Conseil d'État, dans un avis motivé du 4 août 1809, les admet au partage au même titre qu'un bâtiment et proportionnellement à leur effectif.

Les prises faites par des embarcations armées détachées du navire, se partagent avec le navire dont elles font partie intégrante.

Il faudrait assimiler à ce fait le cas d'un détachement envoyé à terre pour armer une batterie et qui viendrait à faire une prise. Celle-ci devrait être partagée entre tous les hommes de l'équipage du navire auquel le détachement appartient. Ainsi jugé par le Conseil d'État, le 25 août 1835, sur réclamation du quartier-maître canonnier Lebrasse, détaché de la *Gazelle*, en station aux Antilles.

Les navires alliés ont droit au partage. D'ailleurs, au début de toute guerre dans laquelle plusieurs gouvernements sont engagés comme tels, un arrangement spécial est généralement conclu pour régler ces difficultés. (*Convention spéciale* du 20 mai 1854, au moment de la guerre de Crimée.)

§ 4. — *De la reprise ou recousse.*

Nous avons vu, qu'en principe, une prise n'est consommée et définitive que quand le tribunal des prises a statué sur sa validité ; jusque-là elle peut être annulée par la reprise ou recousse qui en est faite.

Quelle application la loi française fait-elle de ce principe, quand le navire repris à l'ennemi est un navire français ? Quels sont alors les droits du capteur et des propriétaires du navire ?

L'article 54 de l'arrêté du 2 prairial an XI qui règle toujours la matière, est ainsi conçu :

« Lorsque la reprise sera faite par un bâtiment de l'État, elle sera restituée aux propriétaires, mais sous la condition qu'ils payeront aux équipages repreneurs le trentième de la valeur de la reprise, si elle a été faite avant les 24 heures, et le dixième si la reprise a eu lieu après les 24 heures ; tous les frais relatifs à cette reprise restituée seront à la charge des propriétaires. »

Une condition essentielle pour qu'il y ait lieu à reprise et par suite à l'exercice du droit de recousse, c'est que la prise soit réellement au pouvoir de l'ennemi ou qu'elle soit dans une condition tellement précaire que la capture en soit considérée comme inévitable.

Ainsi celui qui s'emparerait d'une prise nationale abandonnée en mer et qu'il prend sans coup férir, ne saurait invoquer le bénéfice de la recousse pour s'en faire attribuer les avantages.

Article 55 de l'*arrêté de prairial*, le navire revient purement et simplement à ses propriétaires.

L'exercice du droit de recousse est limité au jugement déclaratif de la capture. Après ce jugement, si le navire est repris par ses nationaux, il ne doit pas être traité comme recous : c'est une nouvelle prise ayant acquis caractère ennemi et à l'égard de laquelle ses anciens propriétaires ne sauraient élever aucune prétention.

Mais *quid*, si le navire recous sur l'ennemi est un navire neutre. Les capteurs acquièrent-ils par le fait de la recousse un droit particulier sur ce navire ?

Ici la législation est muette ; aucune loi précise, aucun règlement n'a prévu le cas.

A mon avis, le capteur n'acquiert *ipso facto* aucun droit sur le navire neutre recous sur l'ennemi. Il se trouve purement et simplement en présence d'un navire neutre auquel le fait d'avoir été pris une première fois par l'ennemi n'a rien fait perdre de son caractère. Si donc le neutre prouve pleinement sa neutralité, il doit être relâché ; s'il est en contravention comme porteur de contrebande ou à quelque autre titre, il sera jugé comme prise et non comme recousse. Ainsi jugé d'ailleurs dans l'affaire du navire neutre *Statira*, recous par un corsaire français sur un corsaire anglais.

§ 5. — *De la reprise d'une reprise ou recousse-recousse.*

Lorsqu'un navire pris par un croiseur, repris ensuite par l'ennemi, est enfin repris de nouveau par un autre croiseur, français comme le premier, y a-t-il prise ou recousse et auquel des deux capteurs en attribuer le bénéfice ?

Ce point est réglé par un arrêt du Conseil d'État du 5 novembre 1748, rendu en la forme d'un règlement. La recousse-recousse est assimilée à une prise faite directement sur l'ennemi, et le navire recous doit être adjugé au dernier capteur.

TITRE IV

DES TRAITÉS DE PAIX

Le dernier but de la guerre est la paix, c'est-à-dire le rétablissement des rapports de bonne harmonie entre les nations que les hostilités avaient mises aux prises.

L'usage consacré veut que les belligérants, quand ils entendent mettre fin à la guerre, stipulent à cet effet des arrangements qui portent le nom de *traités de paix*.

Afin que les traités de paix soient revêtus d'un caractère obligatoire, le droit des gens a dû exiger pour leur conclusion des conditions analogues à celles que le droit civil prescrit à l'égard des engagements privés, et principalement des conditions de capacité personnelle de la part des contractants. Ces conditions sont réglées par le droit politique de chaque pays, suivant la constitution qui le régit.

En principe, on peut établir que l'autorité suprême investie de la faculté de déclarer la guerre possède seule aussi le droit de signer la paix. En France, les traités sont passés par le Président de la République, après approbation des Chambres.

Les plénipotentiaires qu'il délègue à ce sujet agissent en son nom et dans la limite des pouvoirs qui leur sont confiés.

L'ouverture des négociations pour la conclusion de la paix soulève quelques questions préliminaires.

Il s'agit d'abord du choix du lieu où les négociations se poursuivront. Cette question est sans doute plutôt du domaine des convenances particulières que de celui du droit international ; on peut dire cependant qu'on recherche généralement un lieu d'un accès facile pour l'un et l'autre des belligérants, et presque toujours sur territoire neutre.

Les plénipotentiaires s'y réunissent alors, échangent leurs pouvoirs et s'occupent de régler les formes qui seront observées dans la conduite des négociations.

Dans la plupart des cas, de nombreux pourparlers et travaux préparatoires retardent la signature du traité de paix définitif ; alors, afin d'assurer immédiatement le rétablissement de la paix, on a recours à une convention provisoire connue généralement sous le nom de « préliminaires de paix ».

Dans les traités de paix on distingue communément les articles généraux et les articles particuliers.

Les *articles généraux* sont ceux qu'on retrouve dans tous les traités de paix et qui comportent les clauses comprenant : le rétablissement de la paix, la cessation des hostilités et de leurs conséquences immédiates, l'échange ou la restitution des prisonniers, l'amnistie, la reprise du commerce, de la correspondance, etc..

Les *articles particuliers* sont ceux qui renferment plus spécialement les conditions de la paix.

Après l'introduction qui énonce les motifs du traité et les noms des plénipotentiaires, on commence par ranger les articles généraux, puis on fait suivre les articles spéciaux ; enfin un dernier article règle le mode de ratifications, le temps et le lieu de leur échange.

Chaque nation a le droit d'employer sa langue dans la rédaction des traités de paix. C'est pourquoi, dans la plupart des traités rédigés en français, nous trouvons la réserve que l'usage de cette langue ne doit pas être regardé comme un précédent pour l'avenir.

Quant aux stipulations particulières des traités de paix, il nous est impossible de déterminer aucune règle à leur sujet ; tout ce qu'on peut dire, c'est qu'elles ont pour but et qu'elles doivent avoir pour résultat de régler d'une façon définitive la difficulté qui a donné naissance à la guerre. Nous ne pouvons que passer en revue les conventions les plus importantes et le plus généralement rencontrées dans les traités :

1° *Cession de territoires.* — Le droit de conquête est un des facteurs qui ont joué le plus grand rôle dans les révolutions de l'histoire.

Qualifier d'illégitimes, comme le font certains publicistes, les annexions de territoire me semble être un nonsens d'autant moins soutenable qu'à notre époque ces séparations ont toujours pour base la sanction donnée par la population conquise. Témoin l'article 2 du traité de Francfort, ainsi conçu :

« *Les sujets français originaires du territoire cédé, domiciliés actuellement sur ce territoire qui entendront conserver la nationalité française, jouiront jusqu'au 1ᵉʳ octobre 1872 moyennant une déclaration préalable à l'autorité compétente, de la faculté de transporter leur domicile en France et de s'y fixer, etc.* »

2° *Cessation des contributions et réquisitions de guerre.* — Toutes les pratiques violentes de la guerre cessent avec la signature de la paix. Le vainqueur perd donc en principe tout droit de percevoir les impôts, d'ordonner des réquisitions, de lever des contributions sur le territoire ennemi encore occupé ou d'exiger les arrérages de celles qu'il n'aurait pas encore eu le temps d'encaisser.

Dès que la paix est conclue, les caisses publiques doivent être remises sans retard aux autorités régulières.

3° *Occupation après la paix.* — En principe la conclusion de la paix met un terme à l'occupation ennemie, sauf toutefois conventions particulières résultant de circonstances spéciales. Telle l'occupation des départements français jusqu'à payement intégral de l'indemnité de guerre, stipulée en 1871.

Le pouvoir de l'occupant dans ce cas n'est plus entier, et se trouve généralement limité par la convention même qui mintient son droit d'occupation.

4° *Amnistie.* — On entend par amnistie, en matière de traités de paix, la cessation des poursuites ou des actes de répression concernant les actes commis pendant la guerre et qui n'ont pas été réprimés conformément aux lois militaires avant la cessation des hostilités.

Presque tous les traités comportent une clause dans ce sens. L'article 2 du traité de Francfort disposait qu'aucun habitant des territoires cédés ne pourra être inquiété ou recherché dans sa personne ou dans ses biens à raison de ses actes politiques ou militaires pendant la guerre.

5° *Mise en liberté des prisonniers.* — Leur libération est de droit, mais comme il pourrait y avoir des inconvénients et même des dangers à relâcher brusquement les prisonniers, surtout s'ils sont en grand nombre, certains traités stipulent des dispositions particulières à ce sujet.

Le traité de Francfort, tout spécialement, entourait la rentrée des prisonniers en France de garanties exceptionnelles, exigeait qu'ils se retirent derrière la Loire, etc.

Sans aucun droit, à mon avis, l'Allemagne retenait jusqu'à expiration de leur peine, les prisonniers punis de prison pour infraction à la discipline.

La France n'usa pas ou ne put user à cet égard du droit de réciprocité.

6° *Remise en vigueur des traités antérieurs à la guerre et qui ne sont pas modifiés par le traité actuel.* — Leur remise en vigueur est de droit, mais est souvent quand même stipulée à nouveau.

7° *Prises maritimes.* — Il est d'usage de restituer ces prises dont la condamnation n'a pas encore été prononcée au moment de la conclusion de la paix ou d'en payer la valeur si la restitution est impossible.

Quant à cette dernière conséquence de la paix, quoiqu'elle soit insérée dans l'article 13 du traité de Francfort, je ne la crois ni fondée ni rationnelle.

7° *Un dernier effet du traité de paix est de rendre illégal tout acte d'hostilité commis après sa conclusion et d'autoriser de la part de la partie lésée une demande en réparations, lors même que le tort aurait été causé par un individu ignorant encore la signature de la paix.* — Telle a été la jurisprudence adoptée dans l'affaire du *Mentor*, navire nord-américain, capturé par les Anglais en 1783 et détruit postérieurement à la cessation des hostilités.

TABLE DES MATIÈRES

TITRE III.

DES ACQUISITIONS PACIFIQUES DE TERRITOIRE.

LIVRE II.

**Du commmandant de bâtiment de guerre en cas de conflit
international qui n'est pas la guerre.**

LIVRE III.

Du commandant de bâtiment de guerre en temps de guerre.

TITRE PREMIER.

DES RAPPORTS DES BELLIGÉRANTS ENTRE EUX.

TITRE II.

DES RAPPORTS DES BELLIGÉRANTS AVEC LES NEUTRES ; DES DROITS ET DES OBLIGATIONS DES NEUTRES EN TEMPS DE GUERRE.

TITRE III.

DES PRISES ET REPRISES. — PROCÉDURE ET JUGEMENT DES PRISES.

TITRE IV.

DES TRAITÉS DE PAIX........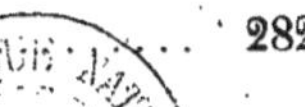..... 282

TABLE ALPHABÉTIQUE

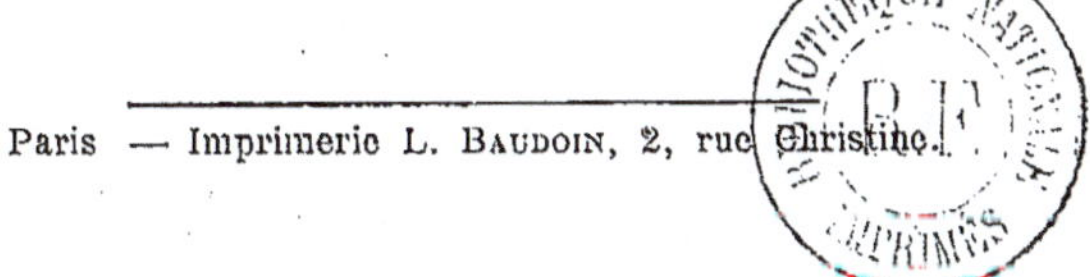

Paris — Imprimerie L. Baudoin, 2, rue Christine.

MANUEL DU SECRÉTAIRE DE COMMANDANT-COMPTABLE

CONFORME AU PROGRAMME DU COURS

des Candidats au brevet de Secrétaire de Commandant comptable

(Arrêté ministériel du 13 août 1887)

Par L. BURLE, Sous-commissaire de la marine.

Paris, 1891. 1 vol. in-8, 6 fr. 50 ; — *franco* . . . . 7 fr.

DÉCRET DU 5 JUIN 1883

PORTANT RÉORGANISATION

DU CORPS DES ÉQUIPAGES DE LA FLOTTE

2e édition mise en vigueur le 1er janvier 1889

Paris, 1889. 1 vol. in-8 . . . . 2 fr. 50

ARRÊTÉ MINISTÉRIEL DU 1er JUIN 1890

RELATIF A LA

COMPOSITION DES ÉQUIPAGES

A BORD DES BATIMENTS DE L'ÉTAT ARMÉS OU EN RÉSERVE

Paris, 1899. In-4° . . . . 2 fr.

Arrêté ministériel du 14 avril 1888, relatif à l'**embarquement des lieutenants de vaisseau** et enseignes de vaisseau. (Extrait du *Bulletin officiel de la marine*.) Paris, 1888, broch. in-8 . . . . 75 c.

Décret portant réorganisation du personnel des électro-sémaphores. (13 mai 1889). Paris, 1889, br. in-8 . . . . 75 c.

Caisse des invalides de la marine ; par J. Delarbre, conseiller d'État honoraire, trésorier général des invalides de la marine. (Extrait de la *Revue maritime et coloniale*.) Paris, 1890, broch. in-8 . . . . 1 fr. 50

Décret portant règlement sur la solde et les accessoires de solde des officiers, fonctionnaires, employés et agents civils et militaires des **services coloniaux et locaux.** (28 janvier 1890.) Paris, 1890, in-4 . . . . 1 fr. 50

Indicateur alphabétique des décisions ministérielles et des articles des lois, décrets, ordonnances, règlements et instructions qui régissent actuellement les divers parties du service à bord des bâtiments de l'État. Publié avec l'autorisation du Ministre de la marine, par M. **Leplat-Duplessis,** aide-commissaire de la marine. Paris, 1859, 1 vol. gr. in-8 . . . . 9 fr.

Supplément à l'indicateur alphabétique; par M. **Leplat-Duplessis,** sous-commissaire de marine, **contenant les modifications survenues** dans les diverses parties du service à la mer depuis le 1er janvier 1859 jusqu'au 1er janvier 1867. Paris, 1867, 1 vol. in-8 . . . . 3 fr.

Rapport général au Ministre de la marine et des colonies sur la **pêche de la sardine,** fait au nom du comité consultatif des pêches maritimes; par M. **Gerville-Réache,** député, président du comité. (Extrait de la *Revue maritime et coloniale*). Paris, 1888, broch. in-8 . . . . 2 fr.

Recueil des actes rendus par les puissances contractantes en exécution de la **convention internationale** signée à **La Haye,** le 6 mars 1882, pour régler **la police de la pêche dans la mer du Nord,** en dehors des eaux territoriales. (Extrait de la *Revue maritime et coloniale*.) Paris, 1888, broch. in-8 . . . . 2 fr.

Aide-mémoire à l'usage des membres des tribunaux de la marine; par **Gay-Lussac,** lieutenant de vaisseau. Paris, 1875, 1 vol. gr. in-8 . . . . 12 fr. 50

Inventaire des archives de la marine. Série B : *Service général.* TOME Ier (1er fascicule). Paris, 1885, 1 vol. grand in-8 . . . . 5 fr.
— (2e fascicule). Paris, 1886 1 vol. grand in-8 . . . . 5 fr.
— TOME II (1re fascicule). Paris, 1889, 1 vol. grand in-8 . . . . 5 fr.

Observations sur les vitesses relatives du vent et du navire à bord du *Jean-Bart*. Article posthume de M. Armand **Paris**, lieutenant de vaisseau (Extrait de la *Revue maritime et coloniale*). Paris, 1885, in-8 .... 2 fr.

Etudes sur l'histoire militaire et maritime des Grecs et des Romains; par le contre-amiral **Serre**. Paris, 1889, 1 vol. in-12.................. 3 fr.

Description des projectiles lancés par les bouches à feu rayées de l'artillerie de la marine allemande; par **H. de Poyen**, capitaine d'artillerie de la marine. Paris, 1876, broch. in-8 avec planches .... 3 fr.

Description sommaire des bouches à feu employées par l'artillerie des Etats-Unis; par M. **de Poyen**, capitaine d'artillerie de le marine. Paris, 1875, broch. in-8 avec planche .... 2 fr.

Renseignements sur les bouches à feu de gros calibre mises en service depuis 1873 dans l'artillerie anglaise; par M. H. **de Poyen**, chef d'escadron de l'artillerie de la marine. Paris, 1880, broch. in-8 avec planches.
.... 1 fr. 50

Renseignements sur l'artillerie de la marine et sur l'artillerie de côte de l'Italie; par M. H. **de Poyen**, chef d'escadron de l'artillerie de la marine, Paris, 1878, broch. in-8 avec planches .... 3 fr.

Exposé sommaire du système d'artillerie adopté pour le service de la marine espagnole ppr ordre royal du 24 septembre 1879, ainsi que de sa fabrication; par D.-J. **Gonzalès-Hontoria**, colonel de l'artillerie espagnole. Traduit par H. **de Poyen**, chef d'escadron de l'artillerie de la marine. Paris, 1881, broch. in-8 avec planches.................. 2 fr.

Description sommaire des bouches à feu et projectiles de l'artillerie de la marine russe; par H. **de Poyen**, chef d'escadron de l'artillerie de la marine. Paris, 1877, broch. in-8 avec planches.................. 4 fr.

Renseignements sommaire sur l'artillerie de marine et l'artillerie de terre de Suède et de Norwège; par M. H. **de Poyen**, chef d'escadron de l'artillerie de la marine. Paris, 1879, broch. in-8 avec planches.................. 5 fr.

La théorie du navire; par le marquis de **Potérat**. Paris, 1826, 2 vol. in-4 avec 5 planches.................. 30 fr.

Traité de l'artillerie de la marine; par **Lempereur**, commissaire d'artillerie de la marine. Toulon, 1671. (Extrait du *Mémorial de l'artillerie de la marine*.) Paris, 1890, broch. in-8.................. 3 fr.

Stratégie maritime à vapeur; par le lieutenant général sir Howard **Douglas**. Ouvrage traduit de l'anglais, par F.-X. **Franquet**, lieutenant de vaisseau en retraite. Paris, 1862, 1 vol. in-8, cartonné à l'anglaise, avec planche.................. 7 fr.

Notice sur les ports de la Manche et de la mer du Nord. — Port de Dunkerque; par **Dumas-Vence**, contre-amiral (Extrait de la *Revue maritime et coloniale*). Paris, 1886, broch. in-8.................. 3 fr.

Les ports du Tonkin; par J. **Renaud**, ingénieur hydrographe (Extrait de la *Revue maritime et coloniale*). Paris, 1886, broch. in-8.................. 1 fr.

Guide maritime et stratégique dans la mer Noire et la mer d'Azof; par J. **Corréard**. 1 fort vol. in-8 avec un atlas in-folio, composé de 40 planches, contenant 82 cartes, plans, vues, etc. Paris, 1854.................. 30 fr.

De la navigation sous-marine appliquée à la défense des ports. — Le *Plongeur*, bateau sous-marin de MM. **Brun**, ingénieur, et **Bourgeois**, capitaine de vaisseau (Extrait de la *Revue maritime et coloniale*). Paris, 1887, broch. in-8.
.... 2 fr.

De l'armement des côtes en France; par Fr. d'E... (Extrait du *Journal des sciences militaires*). Paris, 1887, broch. in-8.................. 1 fr. 50

Note sur l'emploi des mortiers de 30 centimètres en fonte, rayés et frettés, dans la défense des côtes (Suite aux études sur les opérations combinées); par **Degouy** (Extrait de la *Revue maritime et coloniale*). Paris, 1888, broch. in-8.
.... 1 fr. 25

CONDUITE DU NAVIRE

Par H. **BERSIER**, Lieutenant de vaisseau.

Paris, 1891. In-8 avec 24 figures dans le texte. .... 3 fr. 50

LES MARINES DE GUERRE
DE L'ANTIQUITÉ ET DU MOYEN AGE
Par le Contre-Amiral SERRE

2e *volume*. Paris, 1891. 1 vol. in-8 avec nombreuses figures. 6 fr.

TOURVILLE ET LA MARINE DE SON TEMPS
NOTES, LETTRES ET DOCUMENTS (1642-1701)
Par J. DELARBRE
Conseiller d'État honoraire, Membre du Conseil de l'Ordre de la Légion d'honneur.

Paris, 1889. 1 vol. in-8 avec un portrait. 7 fr. 50

CHRONIQUES MILITAIRES D'ANVERS DE 1804 A 1814

HISTOIRE D'UNE FLOTTE DU TEMPS PASSÉ
Par M. KÉRAVAL
Capitaine de frégate en retraite.

Paris, 1890. 1 vol. in-8 . . . . 4 fr.

Les nouvelles bouches à feu de la marine française; par M. Sebert, capitaine d'artillerie de marine. Paris, 1873, broch. in-12 de 72 pages avec planche . . . . . . 1 fr. 50

L'artillerie de la marine à Formose; par le colonel H. de Poyen-Bellisle, de l'artillerie de la marine. Paris, 1880, broch. in-8 avec 4 planches. . . . . 3 fr. 50

Les projectiles-torpilles; par R. de la Rocque, lieutenant-colonel de l'artillerie de la marine. Paris, 1884, broch. in-8 . . . . 75 c.

Notice sur de nouveaux appareils balistiques employés par le service de l'artillerie de la marine; par H. Sebert, lieutenant-colonel d'artillerie de la marine. Ire PARTIE. Paris, 1881, 1 vol. in-8 avec 43 fig. et atlas in-fol. de 17 pl. 8 fr.

Essais d'enregistrement de la loi des projectiles; par H. Sebert, lieutenant-colonel d'artillerie de la marine. Expériences faites à la poudrerie de Sevran-Livry. Paris, 1881, broch. in-8 avec 10 figures. . . . . 1 fr.

Tableaux numériques pour la résolution des questions relatives aux **vitesses restantes des projectiles ogivaux de la marine** et à la perforation des murailles cuirassées; par M. Rodier, capitaine d'artillerie de la marine. Paris, 1882, broch. in-8 . . . . 1 fr. 25

Essai sur l'histoire de la tactique navale et des évolutions de mer. La marine du passé et la marine contemporaine; par Lullier. Paris, 1867, 1 volume in-18 . . . . 7 fr. 50

Les batailles navales au milieu du XVIIe siècle, par Ch. Chabaud-Arnault, capitaine de frégate (Extrait de la *Revue maritime et coloniale*). Paris, 1885, brochure in-8 . . . . 2 fr.

Un corsaire et un armateur bretons à la fin du XVe siècle. — *Jehan et Nicolas de Coetanlem*; d'après des documents trouvés dans les archives du Finistère par M. le Meu, archiviste du département (archives de Goëzbriant); par Jacquelot du Boisrouvray, chef de bataillon breveté d'infanterie, chef d'état-major de le 17e division d'infanterie. Paris, 1889, 1 vol. in-8 . . . . 1 fr.

Batailles de terre et de mer, jusques et y compris la bataille de l'Alma; par le contre-amiral comte E. Bouet-Willaumez. Paris, 1885, 1 vol. in-8, avec 70 planches ou gravures de batailles, vaisseaux, costumes, etc. . . . . 9 fr.

Attaques et bombardements maritimes avant et pendant la guerre d'Orient — (Sébastopol. — Bomarsund. — Odessa. — Sweaborg. — Kinburn); par Richild Grivel, lieutenant de vaisseau. 2e édition. Paris, 1857, 1 vol. in-8. 3 fr.

La marine au Niger; par E. Caron, lieutenant de vaisseau (Extrait de la *Revue maritime et coloniale*). Paris, 1888, broch. gr. in-8 . . . . 1 fr. 50

Expédition autrichienne à l'île Jan-Mayen; rapport préliminaire de M. E. **de Wolgemuth**, capitaine de frégate; traduit de l'allemand par Ferdinand Silas, ancien archiviste de l'ambassade de France (Extrait de la *Revue maritime et coloniale*). Paris, 1887, 1 vol. in-8 avec planche.......... 5 fr.

De la mortalité dans les colonies des jeunes soldats venant de France. Moyens de la faire cesser en augmentant les revenus de ces pays, en temps de paix, et assurant la défense de leur territoire en temps de guerre. De l'établissement du service militaire aux colonies, par Armand **Jusselain**, ancien élève de l'École polytechnique. Paris, 1877, broch. in-12.......... 30 c.

Une expédition oubliée à la recherche de Lapérouse; par Gabriel **Marcel**, bibliothécaire à la Bibliothèque nationale. Paris, 1888, broch. gr. in-8. 75 c.

Indicateur du mouvement ou contrôleur des marches des machines marines; par **Lambinet** (Extrait de la *Revue maritime et coloniale*). Paris, 1888, broch. in-8.......... 1 fr.

Le cinémomètre; par **Jacquemier** (Extrait de la *Revue maritime et coloniale*). Paris, 1887, broch. in-8.......... 1 fr.

Historique et état actuel du service des chronomètres au service hydrographique de la marine; par M. **Rollet de l'Isle**, sous-ingénieur hydrographe de 2ᵉ classe (Extrait de la *Revue maritime et coloniale*). Paris, 1889, brochure gr. in-8.......... 1 fr. 50

Etude sur l'emploi du sextant pour les observations de précision; par H. **Schwérer**, lieutenant de vaisseau (Extrait de la *Revue maritime et coloniale*). Paris, 1890, 1 vol. in-8.......... 2 fr. 50

Rapport à l'Académie des sciences sur le Gyroscope-collimateur, de M. le capitaine de vaisseau Fleuriais; par de **Fauque de Jonquières**, vice-amiral (Extrait de la *Revue maritime et coloniale*). Paris, 1887, broch. in-8.......... 1 fr.

Gyroscope-collimateur. Substitution d'un repère artificiel à l'horizon de la mer; par G. **Fleuriais**, capitaine de vaisseau (Extrait de la *Revue maritime et coloniale*). Paris, 1887, broch. in-8.......... 2 fr. 50

Lois sur les distances astrales, par **Delauney** (Extrait de la *Revue maritime et coloniale*). Paris, 1888, broch. in-8.......... 1 fr.

Le compas Bisson; par Léon **Vidal**, capitaine de frégate (Extrait de la *Revue maritime et coloniale*). Paris, 1886, broch. in-8.......... 50 c.

Indication et contrôle de la route au compas par repères lumineux; par J. **Lephay**, lieutenant de vaisseau (Extrait de la *Revue maritime et coloniale*), Paris, 1889, broch in-8.......... 1 fr. 25

Note sur l'emploi du déflecteur pour la régulation des compas à la mer; par R. **Jacquemier**, capitaine de frégate en retraite (Extrait de la *Revue maritime et coloniale*). Paris, 1889, broch. in-8.......... 1 fr.

Régulation immédiate du compas étalon aux atterrages avec ou sans dérangement de la route du navire; par E. **Fournier**, capitaine de vaisseau, suivie d'une note de P.-V. **Gaffré**, professeur d'hydrographie (Extrait de la *Revue maritime et coloniale*). Paris, 1890, broch. in-8.......... 1 fr. 50

Théorie élémentaire du mouvement de la toupie; par **Fauque de Jonquières** (Extrait de la *Revue maritime et coloniale*). Paris, 1887, br. in-8. 75 c.

Note sur la toupie du commandant Fleuriais; par A. **Baule**, lieutenant de vaisseau en retraite (Extrait de la *Revue maritime et coloniale*). Paris, 1890, broch. in-8.......... 2 fr. 50

Loch à double moulinet; par G. **Fleuriais**, capitaine de vaisseau (Extrait de la *Revue maritime et coloniale*). Paris, 1889, broch. in-8.......... 75 c.

La navigation en temps de brume; par **Serpette** (Extrait de la *Revue maritime et coloniale*). Paris, 1887, 1 vol. in-8.......... 1 fr.

Les collisions en mer. — Iʳᵉ PARTIE : **Routes de navigation et signaux phoniques** en temps de brume; par M. **Banaré**, capitaine de frégate. Paris, 1888, 1 vol. in-8 avec de nombreuses figures et planches.......... 6 fr.

IIᵉ PARTIE : **Feux de route** et Règlement pour prévenir les collisions; avec un appendice à la première partie. Paris, 1888, 1 vol. gr. in-8.......... 7 fr.

Engins de sauvetage. Résumé des expériences effectuées par le département de la marine sur le tir des projectiles porte-amarres. Paris, 1877, br. in-8 avec pl. 4 fr. 50

De l'application du phosphure de calcium à l'appareil éclairant les bouées de sauvetage. Résumé des expériences entreprises par le département de la marine. Paris, 1877, broch. in-8 avec planches et figures............ 2 fr. 50

Le filage de l'huile ; par **Cloué** (Extrait de la *Revue maritime et coloniale*). Paris, 1887, broch. in-8... 1 fr.

Les cyclones dans le golfe du Bengale ; traduit du *Nautical Magazine*. Paris, 1887, broch. in-8.. 50 c.

Cyclones et typhons — **Loi des dépressions barométriques dans ces ouragans et ses applications à la mer** ; par E. **Fournier**, capitaine de vaisseau. Publié avec l'autorisation du Ministre de la marine. Paris, 1890, broch. in-8. 75 c.

L'ouragan de juin 1855 dans le golfe d'Aden (second mémoire) ; par le vice-amiral G. **Cloué** (Extrait de la *Revue maritime et coloniale*). Paris, 1887, broch. in-8... 1 fr. 50

Rapport du Comité hydrographique sur le travail de M. **de Cornulier-Lucinière**, capitaine de frégate, commandant le *Limier*, relatif aux **ouragans de Madagascar en 1885** (Extrait de la *Revue maritime et coloniale*). Paris, 1888, broch. in-8... 1 fr.

Les périodes météorologiques ; par **Delauney**, chef d'escadron d'artillerie de marine (Extrait de la *Revue maritime et coloniale*). Paris, 1890, br. in-8. 60 c.

Etude des mouvements de l'atmosphère ; par E. **Tournier**, lieutenant de vaisseau (Extrait de la *Revue maritime et coloniale*). Paris, 1890, br. in-8. 1 fr. 25

Histoire de la Compagnie française des Indes ; par **Donneau du Plan**, conservateur de la bibliothèque de Brest. Ouvrage couronné par la Société des études historiques. Paris, 1889, broch. in-8................... 1 fr. 50

Notes sur Madagascar. IVᵉ Partie ; par M. Laurent **Cremazy**, conseiller à la cour d'appel de la Réunion (Extrait de la *Revue maritime et coloniale*). Paris, 1886, broch. in-8... 1 fr.

Vᵉ Partie. Paris, 1888, broch. in-8............................. 1 fr. 50

Renseignements sur le royaume de Porto-Novo et le Dahomey ; par **Bertin**, capitaine d'infanterie de marine (Extrait de la *Revue maritime et coloniale*). Paris, 1890, 1 vol. in-8................................ 75 c.

Expédition autrichienne à l'île Jan-Mayen ; rapport préliminaire de M. E. de **Wolgemuth**, capitaine de frégate ; traduit de l'allemand par Ferdinand **Silas**, ancien archiviste de l'ambassade de France (Extrait de la *Revue maritime et coloniale*). Paris, 1887, 1 vol. in-8 avec planche.................... 5 fr.

Voyage en Sénégambie ; par le Dʳ Jean **Bayol**, lieutenant-gouverneur du Sénégal (Extrait de la *Revue maritime et coloniale*). Paris, 1888, 1 vol. gr. in-8 avec carte.. 6 fr.

Voyage au Laos ; par M. **Heurtel**, capitaine de frégate (Extrait de la *Revue maritime et coloniale*). Paris, 1890, broch. in-8 avec 2 cartes.......... 1 fr. 50

Voyage du vapeur le « Yunnan » à Lao-Kay (Extrait de la *Revue maritime et coloniale*). Paris, 1891, broch. in-8.................................... 1 fr.

Un voyage à Bornéo ; par le Dʳ A. **Petit**, médecin de la marine (Extrait de la *Revue maritime et coloniale*). Paris, 1888, broch. in-8.............. 1 fr. 25

Les Iles vierges ; par M. **Reveillière**, contre-amiral (Extr. de la *Revue maritime et coloniale*). Paris, 1891, broch. in-8........................... 75 c.

Les pêches maritimes en Algérie et en Tunisie. Rapport au Ministre de la marine par MM. **Bouchon-Brandely**, inspecteur général des pêches maritimes, et A. **Berthoule**, secrétaire général de la Société nationale d'acclimatation (Extrait de la *Revue maritime et coloniale*). Paris, 1891, broch. in-8............. 3 fr.

Archives de Saint-Servan. Paris, 1886, broch. in-8.............. 1 fr. 50

Inventaire des archives de la marine à Marseille. Paris, 1888, 1 vol. in-8. 4 fr.

Polvérel et Sonthonax ; par **Reveillère**, contre-amiral (Extrait de la *Revue maritime et coloniale*). Paris, 1891, broch. in-8.......................... 1 fr.

Essai d'un instrument destiné à se rendre compte du roulis ; par le vice-amiral **Pâris** (Extrait de la *Revue maritime et coloniale*). Paris, 1887, broch. in-8... 1 fr. 50

Manuel du marin-torpilleur. — Ire PARTIE : Électricité, suivie du *Manuel spécial de télégraphie.* Paris, 1890. 1 vol. in-18 relié.   3 fr.

Manuel du mécanicien-torpilleur, publié par ordre du Ministère de la marine. — IIe et IIIe PARTIES : Pompes de compression. — **Appareils photo-électriques.** Paris, 1890. 1 vol. in-8 avec planches, relié.   4 fr. 50

Guide pratique du chauffeur et du mécanicien sur les bateaux-torpilleurs, rédigé en conformité de la dépêche ministérielle du 15 janvier 1887, par E. **Clergeau,** mécanicien en chef de la marine. Dessins du 2e maître mécanicien DEGUY. Paris, 1888. Un beau volume in-8 relié.   5 fr. 50

Privilèges et prééminences concédés aux gens de mer dans les XIIIe, XIVe, XVe, XVIe et XVIIe siècles ; par don Miguel **Lobo,** capitaine de frégate. Paris, 1864, broch. in-8.. 1 fr. 50

Étude des effets de la poudre dans un canon de 10 centimètres ; par H. **Sebert,** lieutenant-colonel d'artillerie de la marine, et **Hugoniot,** capitaine d'artillerie de la marine. Paris 1882, 1 vol. in-8, avec planches en couleurs.................... 5 fr.

La torpille Brennan ; par **Malapert,** lieutenant de vaisseau (Extrait de la *Revue maritime et coloniale*). Paris, 1888, brch. in-8............................ 1 fr.

Appareil directeur permettant de gouverner de terre les torpilles automobiles. Application à la torpille Whitehead ; par Henri **Pugibet,** lieutenant de vaisseau. Paris, 1881, broch. in-12 avec planches...................... 2 fr.

Étude sur les bateaux sous-marins (présentée à l'Académie des sciences) ; par A. **Ledieu,** correspondant de l'Institut de France (Extrait de la *Revue maritime et coloniale*). Paris, 1889, broch. gr. in-8....................... 1 fr. 25

Rapports de mer des torpilleurs 60, 67, 69, 70 et 71 (Extrait de la *Revue maritime et coloniale*). Paris, 1886, broch. gr. in-8........................ 60 c.

Artillerie de la marine. — **Carnet de notes et renseignements ;** par L. **Gadaud,** capitaine de vaisseau. 2e édition. Paris, 1885, 1 vol. in-8 relié en toile anglaise.. 4 fr.

Pyrodynamique. *Théorie des explosions dans les canons et les torpilles,* par A. **Moisson,** chef d'escadron d'artillerie de la marine, commandant l'École de pyrotechnie. Paris, 1887. 1 vol. in-8 avec figures.   6 fr.

Revue maritime et coloniale, paraissant le 1er de chaque mois, par livraison d'au moins 15 feuilles grand in-8, avec figures dans le texte et planches, et formant tous les trois mois un volume d'environ 1000 pages avec table : 4 volumes par an.

Prix d'abonnement :

Paris... 50 fr.
Départements et pays de l'Union postale............................ 56 fr.
Pays hors de l'Union postale...................................... 60 fr.

Table alphabétique et analytique des matières contenues dans les **40 volumes de la Revue coloniale et maritime,** de 1879 à 1888. Paris, 1889, 1 vol. in-8.   3 fr.

Paris. — Imprimerie L. BAUDOIN, 2, rue Christine.